L b⁴ 204 et 204
            A

1808-1809. Bull. 5,6,8,10,14,16,17. # 1-33.

Ed. A. Bull. 2-8, 10-14, 16-18, 20-33. #, ~~20-33~~

1er Bulletin
De l'Armée d'Espagne.

Extrait du Moniteur du 15 novembre 1808.

Vittoria, le 9 novembre 1808.

POSITION de l'armée française au 25 octobre :
Le quartier-général à Vittoria ;
Le maréchal duc de Conegliano avec la gauche, bordant l'Arragon et l'Ebre, son quartier-général à Rafalla ;
Le maréchal duc d'Elchingen, son quartier-général à Guardia ;
Le maréchal duc d'Istrie, son quartier-général à Miranda, occupant le fort de Pancorba par une garnison ;
Le général de division Merlin, occupant avec une division les hauteurs de Durango, et contenant l'ennemi, qui paraissait vouloir tomber sur les hauteurs de Mondragon.
Le maréchal duc de Dantzick étant arrivé avec la division

Sébastiani et Leval, le roi jugea à propos de faire rentrer la division Merlin.

Cependant l'ennemi ayant pris de l'audace, et ayant occupé Lerina, Viana et plusieurs postes sur la rive gauche de l'Ebre, le Roi ordonna au maréchal duc de Conegliano de marcher sur lui. Le général Watier, commandant la cavalerie, et les brigades des généraux Habert, Brun et Razout, marchèrent contre les postes ennemis. L'ennemi fut culbuté partout dans la journée du 27. Douze cents hommes cernés dans Lerin voulurent d'abord se défendre; mais le général de division Grandjean ayant fait ses dispositions pour les attaquer, les culbuta, fit prisonniers un colonel, deux lieutenants-colonels, quarante officiers et les douze cents soldats. Ce sont les troupes qui faisaient partie du camp de Saint-Roch.

Dans le même temps, le maréchal, duc d'Elchingen, marchait sur Logroño, passait l'Ebre, faisait à l'ennemi 500 prisonniers; le poursuivait plusieurs lieues de l'Ebre, et rétablissait le pont de Logrono. Par suite de cet événement, le général espagnol Pignatelli, qui commandait les insurgés, fut lapidé par eux.

Les troupes du traître la Romana et les Espagnols prisonniers en Angleterre que les Anglais avaient débarqués en Espagne, et les divisions de Galice, formant une force de 50,000 hommes, de Bilbao menaçaient le maréchal duc de Dantzick, qui, emporté par une noble impatience, marcha à eux dans la journée du 31; et les culbuta de toutes leurs positions, au pas de charge. Les troupes de la confédération du Rhin se sont distinguées, principalement le corps de Bade.

Le maréchal duc de Dantzick poursuivit l'ennemi, l'épée dans les reins toute la journée du 1er novembre jusqu'à Guenès, et entra dans Bilbao. Des magasins considérables ont été trouvés dans cette ville, plusieurs Anglais ont été faits prisonniers. La perte de l'ennemi a été considérables en tués et blessés, elle l'a été peu en prisonniers. Notre perte n'a été que d'une quinzaine de tués et d'une centaine de blessés. Toute honorable qu'est cette affaire, il était à desirer qu'elle n'eût pas eu lieu. Le corps espagnol était dans une position à être enlevé.

Sur ces entrefaites le corps du maréchal Victor étant arrivé fut dirigé de Vittoria sur Orduna. Dans la journée du 7, l'ennemi renforcé de nouvelles troupes arrivées de Saint-Ander, avait couronné les hauteurs de Guenès. Le maréchal duc de Dantzic marcha à eux, perça leur centre. Les cinquante-huitième et trente-deuxième se sont distingués.

Si ces événemens se fussent passés en plaine, pas un ennemi n'eût échappé, mais les montagnes de Saint-Ander et de Bilbao sont presque inaccessibles.

Le duc de Dantzic poursuivit toute la journée l'ennemi dans les gorges de Valmaseda.

Dans ces dernières affaires, l'ennemi a perdu en hommes tués, blessé et prisoniers plus de trois mil cinq cent à quatre mil hommes.

Le duc de Dantzick se loue particulièrement du général de division Leval, du général de division Sébastiani, du général hollandais Chassey, du colonel Lacoste, du 27e. régiment d'infanterie de légère ; du colonel Bacon, du 63e. d'infanterie de ligne ; et des colonels des régimens de Bade et de Nassau, auxquels S. M. a accordé une récompense.

L'armé est abondamment pourvue de vivres le temps est très-beau.

Nos colonels marchent en combinant leur mouvement.

On croit que le quartier général part cette nuit de Vittoria.

De l'Imprimerie de M. HENEE, rue S. Severin, n°. 8.

Extrait du Moniteur du 19 Novembre 1808.

Second Bulletin
DE L'ARMÉE D'ESPAGNE.

Burgos, le 12 novembre 1808.

Le duc de Dantzick est entrée dans Valmaseda en poursuivant l'ennemi.

Dans la journée du 8, le général Sébastiani découvrit sur une montagne très élevée, sur la droite de Valmaseda, l'arrière-garde des insurgés; il marcha sur le champ à eux, les culbuta et fit une centaine de prisonniers.

Cependant la ville de Burgos était occupée par l'armée d'Estramadoure formée en trois divisions : l'avant-garde composée des troupes Wallones et espagnoles, du corps d'étudians des Universités de Salamanque et de Léon formant plusieurs bataillons, plusieurs régimens de ligne et des régimens de nouvelle formation, formés depuis l'insurrection de Badajoz, portaient cette armée à environ 20,000 hommes.

L'Empereur ayant donné le commandement de la cavalerie de l'armée au maréchal duc d'Istrie, donna le commandement du 2.ᵉ corps au maréchal duc de Dalmatie.

Le 10, à la pointe du jour, ce maréchal marcha à la tête de la division Mouton, pour reconnaître l'ennemi. Arrivé à Gamonal, il fut accueilli par une décharge de trente pièces de canon.

Ce fut le signal du pas de charge. L'infanterie de la division Mouton marcha soutenue par des salves d'artillerie.

Les gardes wallones et espagnoles furent culbutées à la première attaque. Le duc d'Istrie à la tête de sa cavalerie déborda leurs ailes; l'ennemi fut mis en pleine déroute, trois mille hommes sont restés sur le champ de bataille; douze drapeaux, vingt-cinq pièces de canon ont été pris, trois mille prisonniers ont été faits; le reste est dispersé. Nos troupes sont entrées pêle-mêle avec l'ennemi dans la ville de Burgos, et la cavalerie le poursuit dans toutes les directions.

Cette armée d'Estramadure, qui venait de Madrid à marches forcées, qui s'était signalée pour premier exploit par l'égorgement de son infortuné général le comte de Torès, toute armée de fusils anglais et spécialement soldée par l'Angleterre, n'existe plus. Le colonel des gardes-walonnes et un grand nombre d'officiers supérieurs ont été faits prisonniers. Notre perte a été très-légère, elle consiste en douze ou quinze hommes tués et cinquante blessés au plus. Un seul capitaine a été tué d'un coup de boulet.

Cette affaire, due aux bonnes dispositions du duc de Dalmatic et à l'intrépidité avec laquelle le duc d'Istrie a fait charger la cavalerie, fait le plus grand honneur à la division Mouton; il est vrai que cette division est composée de corps dont le seul nom est depuis long-tems un titre d'honneur.

Le château de Burgos a été occupé et trouvé en bon état.

Il y a des magasins considérables de farines, de vin et de blé.

Le 11, l'empereur a passé la revue de la division Bonnet, et la dirigée immédiatement sur les débouchés des gorges de Saint-Ander.

Voici la position de l'armée aujourd'hui:

Le maréchal duc de Bellune poursuivant vivement les restes de l'armée de Galice qui se retire par Villarcayo et Reynosa, points vers lequel le duc de Dalmatie est en marche.

Il ne lui restera plus d'autre ressource que de se disséminer les montagnes, et abandonnant son artillerie, ses bagages et tout ce qui constitue une armée.

S. M. l'Empereur est à Burgos avec sa garde.

Le général Milhaud avec sa division de dragons marche sur Palencia. Le général Lasalle a pris possession de Lerma.

Ainsi, dans un moment, les armées de Galice et d'Estramadure, ont été battues, dispersées, et en partie détruites, et cependant tous les corps de l'armée ne sont pas arrivés.

Les trois quarts de la cavalerie sont en arrière, et de la moitié de l'infanterie.

On a remarqué dans l'armée insurgée les contrastes les plus opposés.

On a trouvé dans la poche des officiers morts, des contrôles de compagnies del Popolo; c'étaient les compagnies des étudians des écoles : d'autres dont les compagnies portaient des noms de saints; c'était l'insurrection des paysans.

Anarchie et désordres, voilà ce que l'Angleterre sème en Espagne; qu'en recueille-t-elle? la haine de cette brave nation éclairée et réorganisée.

L'extravagance des meneurs des insurgés s'apperçoit partout. Il y a des drapeaux parmi ceux que nous avons pris, où l'Aigle impérial se trouve déchiré par le Lion d'Espagne; et qui se permet de pareilles allégories? les troupes les plus mauvaises qui existent en Europe.

La cavalerie de l'armée d'Estramadure a été battue de l'œil. Du moment que le 10e de chasseurs l'a apperçue, elle s'est mise en déroute et on ne l'a plus revue.

L'Empereur a passé la revue du duc de Dalmatie. Comme il partait de Burgos pour marcher sur les derrières de l'armée de Galice S. M. a fait des promotions, donné des récompenses, et a été fort contente de la troupe. Elle a témoigné sa satisfaction aux vainqueurs de Medina, de Rio-Secco et de Burgos, le maréchal duc d'Istrie et les généraux Merle et Mouton.

De l'imprimerie d'Aubry au Palais de justice, à Paris.

Extrait du Moniteur du 21 Novembre 1808.

Troisième Bulletin
DE L'ARMÉE D'ESPAGNE.

Burgos, le 13 novembre 1808.

L'armée de Galice qui est en fuite depuis Bilbao, est poursuivie par le maréchal duc de Bellune dans la direction d'Espinosa ; par le maréchal duc de Dantzick, dans celle de Villarcayo, et tournée sur Reynosa par le maréchal duc de Dalmatie. Des évènements importants doivent avoir lieu.

Le général Milhaud avec sa division de cavalerie est entré à Palencia, et a poussé des détachements sur les débouchés de Reynosa, à la suite d'un parc d'artillerie de l'armée de Galice.

Les jeunes étudiants de Salamanque qui croyaient faire la conquête de la France, les paysans fanatiques qui rêvaient déjà le pillage de Bayonne et de Bordeaux, et se croyaient conduits par tous les saints apparus à des moines imposteurs, se trouvent déchus de leurs folles chimères. Leur désespoir et leur consternation sont au comble. Ils se lamentent des malheurs auxquels ils sont en proie, des mensonges qu'on leur a fait accroire et de la lutte sans objet dans laquelle ils sont engagés.

Toute la plaine de Castille est déjà couverte de notre cavalerie : l'élan et l'ardeur de nos troupes les portent à faire sans effort quatorze et quinze lieues par jour. Nos grandes gardes sont sur le Duero. Toute la côte de Saint-Ander et de Bilbao est nettoyée d'ennemis.

L'infortunée ville de Burgos, en proie à tous les maux d'une ville prise d'assaut, fait frémir d'horreur. Prêtres, moines, habitans, se sont sauvés à la première nouvelle du combat, menacés de voir les soldats de l'armée d'Estramadure se défendre dans les maisons, comme ils en avaient annoncé l'intention, pillés d'abord par eux, et ensuite par nos soldats entrant dans les maisons pour en chasser les ennemis et n'y trouvant plus d'habitans.

Il faudrait que les hommes comme M. de Stein, qui, au défaut des troupes de ligne qui n'ont pu résister à nos aigles, méditent le sublime projet de lever des masses, fussent témoins des malheurs qu'elles entraînent et du peu d'obstacles que cette ressource peut offrir à des troupes réglées.

On a trouvé à Burgos et dans les environs pour trente millions de laines que S. M. l'Empereur a fait séquestrer. Toutes celles qui appartiendraient à des moines, et à des individus faisant partie des insurgés, seront confisquées et serviront de première indemnité aux Français pour les pertes qu'ils ont éprouvées; car à Madrid même, les Français domiciliés depuis quarante ans ont été dépouillés de leurs biens; les Espagnols fidèles à leur roi ont été déclarés émigrés.

Les biens de d'Azanza, le ministre le plus vertueux et le plus éclairé; de Massaredo, le marin le plus instruit; d'Offarill, le meilleur militaire de l'Espagne, ont été vendus à l'encan. Ceux de Campo d'Alange, respectable par ses vertus, par son nom et par sa fortune, propriétaire de 60,000 mérinos et de trois millions de revenus, sont devenus la proie de ces frénétiques.

Une autre mesure que l'Empereur a ordonnée, c'est la confiscation de toutes les marchandises de fabrique anglaise et celle des denrées coloniales débarquées en Espagne depuis l'insurrection. Les marchands de Londres feront donc bien d'envoyer des marchandises à Lisbonne, à Porto et dans les ports d'Espagne. Plus ils en enverront, et plus grande sera la contribution qu'ils nous paient.

La ville de Palencia, dirigée par un digne évêque, a accueilli nos troupes avec empressement.

Cette ville ne se ressent pas des calamités de la guerre.

Un saint évêque qui pratique les principes de l'Evangile, animé par la charité chrétienne, des lèvres duquel il ne découle que du miel, est le plus grand bienfait que le ciel accorde aux peuples.

Un évêque passionné, haineux et furibond, qui ne prêche

que la désobéissance et la rebellion, le désordre et la guerre, est un monstre que Dieu a donné aux peuples dans sa colère, pour les égarer dans la source même de la morale.

« Dans les prisons de Burgos étaient renfermés plusieurs moines. Les paysans les ont lapidés. » Malheureux que vous êtes, « leur disaient-ils, » c'est vous qui nous avez entraînés dans ce comble d'infortunes. Nos malheureuses femmes, nos pauvres enfans, nous les reverrons peut-être plus. Misérables que vous êtes, le Dieu juste vous punira aux enfers de tous les maux que vous causez à nos familles et à notre patrie. »

De l'imprimerie d'Aubry au Palais de justice, à Paris.

4ᵐᵉ. BULLETIN
DE
L'ARMÉE D'ESPAGNE.

(Extrait du Moniteur, du 22 novembre.)

Burgos, le 15 novembre 1808.

Sa majesté a passé hier la revue de la division Marchand, a nommé les officiers les plus méritans à toutes les places vacantes, et a donné des récompenses aux soldats qui s'étaient distingués.

Sa majesté a été extrêmement contente de ces troupes, qui arrivent presque sans s'arrêter des bords de la Vistule.

Le duc d'Elchingen est parti de Burgos.

L'empereur a passé ce matin la revue de sa garde dans la plaine de Burgos.

Sa majesté a vu ensuite la division Dessolles, et a nommé à toutes les places vacantes dans cette division.

Les évènemens se préparent et tout est en marche.

Rien ne réussit à la guerre qu'en conséquence d'un plan bien combiné.

Parmi les prisonniers, nous en avons trouvé qui portaient à la boutonnière un aigle renversé percé de deux flèches avec cette inscription : Au vainqueur de la France.

A cette ridicule fanfaronnade, on reconnait les compatriotes de Don Quichotte.

Le fait est qu'il est impossible de trouver de plus mauvaises troupes, soit dans les montagnes, soit dans la plaine.

Ignorance crasse, folle présomption, cruauté contre le faible, souplesse et lâcheté avec le fort, voilà le spectable que nous avons devant nos yeux.

Les moines et l'inquisition ont abruti cette nation.

Dix mille hommes de cavalerie légère et de dragons, avec vingt-quatre pièces d'artillerie légère, s'étaient mis en marche le onze pour courir sur les derrières de la division anglaise que l'on disait être à Valladolid.

Ces braves ont fait trente-quatre lieues en deux jours, mais notre espérance a été déçue.

Nous sommes entrés à Palencia, à Valladolid : on a poussé six lieues plus loin ; point d'Anglais, mais bien des promesses et des assurances.

Il paraît cependant certain qu'une division de leurs troupes a débarqué à la Corogne, et qu'une autre division est entrée à Badajoz au commencement du mois.

Le jour où nous les trouverons sera un jour de fête pour l'armée française.

Puissent-ils rougir de leur rang ce Continent qu'ils dévastent par leurs intrigues, leur monopole et leur épouvantable égoïsme!

Puissent-ils au lieu de 20,000, être 80 ou 100,000 hommes, afin que les mères de famille anglaises apprennent ce que c'est que les maux de la guerre, et que le gouvernement britannique cesse de se jouer de la vie et du sang des peuples du Continent.

Les mensonges les plus grossiers, les moyens les plus vils sont mis en œuvre par le machiavélisme anglais pour égarer la nation espagnole.

Mais la masse est bonne : la Biscaye, la Navarre, la Vieille-Castille, la plus grande partie de l'Arragon même, sont animées d'un bon esprit.

La généralité de la nation voit avec une profonde douleur l'abîme où on la jette, et ne tardera pas à maudire les auteurs de tant de maux.

Florida Blanca, qui est à la tête de l'insurrection

espagnole, est le même qui a été ministre sous Charles III.

Il a toujours été ennemi décidé de la France et partisan zélé de l'Angleterre.

Il faut espérer qu'à sa dernière heure, il reconnaîtra les erreurs de la politique de sa vie.

C'est un vieillard qui réunit à l'anglomanie la plus aveugle, la dévotion la plus supertitieuse.

Ses confidens et ses amis sont les moines les plus fanatiques et les plus ignares.

L'ordre est rétabli dans Burgos et dans les environs.

A ce premier moment de terreur a succédé la confiance.

Les paysans sont retournés dans leurs villages et à leur labour.

T, rue Bailleul, n°. 11, à Paris.

24 novembre 1808

5ᴍᴇ. BULLETIN
DE L'ARMÉE D'ESPAGNE.

Extrait du Moniteur du 24 Novembre 1808.

Burgos, le 16 Novembre 1808.

LES destinées de l'armée d'Estramadure se sont terminées dans les plaines de Burgos.

L'armée de Galice battue aux combats de Durango, de Guenès, de Valmacéda, a péri ou a été dispersée à la bataille d'Espinosa.

Cette armée était composée de l'infanterie de l'ancienne armée espagnole qui étoit en Portugal et en Galice, et qui avoit quitté Porto à la fin du jour, des milices de la Galice, des Asturies et la vieille-Castille.

De cinq mille prisonniers espagnols que les Anglais avaient habillés et armés à leurs frais et débarqués à Saint-Ander.

De volontaires de levées extraordinaires de la Galice, de la Vieille-Castille et des Asturies;

Des régimens d'artillerie, des garnisons de marine, et de matelots des départemens de la Corogne et du Ferrol;

Enfin des corps que le traître de la Romana avait amenés du Nord et débarqués à Saint-Ander.

Dans sa folle présomption, cette armée manœuvrait sur le flanc droit de l'armée française, et voulait couper la communication par la Biscaye.

Pendant l'espace de dix jours, elle a été menée battante de gorge en gorge, de mamelon en mamelon.

Enfin le 10 novembre, arrivée à Espinosa, elle voulut couvrir sa retraite, ses parcs, ses hôpitaux et ses magasins.

Elle se rangea en bataille, et se crut dans une position inattaquable.

Le Maréchal duc de Bellune culbuta son arriere-garde, et se trouva à trois heures après-midi devant son front de bataille.

Le général Pacthod, avec les 64e et 95e régimens de ligne, eut ordre d'enlever un mamelon situé en avant de la ligne de bataille qu'occupait la troupe du traître la Romana.

La position était belle; les soldats qui la défendaient, les meilleurs du pays, et soutenus par toute la ligne ennemie.

Le général Pacthod gravit, l'arme au bras, ces montagnes escarpées, et fondit sur ces régimens qui avaient abusé de notre loyauté et faussé leurs sermens.

Dans un clin-d'œil, ils furent rompus et jettés dans les précipices. Le régiment de la Princesse a été détruit.

La ligne ennemie se porta alors en avant et combina des attaques pour reprendre le plateau.

Toutes les colonnes qui avancerent, disparurent et trouvèrent la mort.

La nuit obscure surprit les deux armées dans cette position.

Pendent ce tems, le Maréchal duc de Dalmatie filait sur Reynosa seule retraite de l'ennemi.

A la pointe du jour, le duc de Bellune fit déborder par le général de brigade Maison, à la tête du 16e. régiment d'infanterie légère, la gauche de l'ennemi; de son côté, le duc de Dantzinck accourut au feu, et déborda sa droite.

Le général Maison, avec les braves du 16e. gravit sur des montagnes escarpées, à toute autre inaccessibles, et culbuta l'ennemi.

Le duc de Bellune fit alors avancer le centre; et l'ennemi coupé et tourné, fuit à la débandade, jettant ses armes, ses drapeaux, et abandonnant ses canons.

La division Sébastiani poursuivit les fuyards dans la direction de Villarcayo; attaqua, tua, prit ou dispersa une division et lui enleva ses canons.

Le duc de Dalmatie enleva, à Reynosa, tous les parcs, magasins, bagages, et fit quelques prisonniers.

Le colonel Tascher, envoyé à la poursuite de l'ennemi à la tête d'un régiment de chasseurs, a ramené un grand nombre de prisonniers.

Cependant l'ennemi qui nous menaçait avec tant d'ignorance et une si aveugle présomption, était non-seulement tourné par Raynosa, mais encore par Palentia, par la cavalerie qui déjà occupait les débouchés des montagnes dans la plaine, à 20 lieues de ses derrières.

Soixante pièce de canons, vingt mille hommes tués ou pris, le reste dispersé ; douze généraux espagnols tués ; tous les secours en armes, habillemens, munitions que les Anglais avait débarqués, tombés en notre pouvoir, sont le résultat de cette affaire.

La terreur est dans l'ame du soldat espagnol.

Il jette sa veste rouge au chiffre du roi Georges, son fusil anglais, et cherche à se cacher dans des cavernes, dans des hameaux sous l'habit de paysan.

Blake se sauve errant dans les montagnes des Asturies : la Romana, avec quelques milliers d'hommes, s'est jeté sur la marine de Saint-Ander.

Cependant notre perte est de peu de conséquence. Aux combat de Durango, de Guenes, de Valmaceda, d'Espinosa, nous n'avons perdu que 80 hommes tués et 300 blessés, aucun homme de marque.

On a brisé 30,000 fusils, et on en a pris autant en magasin à Reynosa.

S. M. a nommé le général de brigade Pacthod, général de division, et a accordé dix décorations de la Légion d'honneur aux quatre-vingt-quatorzième et quatre-vingt-quinzième d'infanterie de ligne, et au seizième d'infanterie légère.

De l'Imprimerie de Mme. LABARRE, rue St.-Germain-l'Auxerrois.

26 novembre 1808.

6ᵐᵉ. BULLETIN

DE

L'ARMÉE D'ESPAGNE.

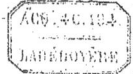

(Extrait du Moniteur, du 26 novembre.)

Burgos, le 18 nombre.

Des quarante-cinq mille hommes qui composaient l'armée de Galicie, partie a été tuée et prise, le reste a été éparpillé.

Les débris en tombant de tous côtés dans nos postes.

Le général de division Debelle a fait cinq cents prisonniers du côté de Vasconcellos.

Le colonel Tascher, commandant le premier régiment provisoire de chasseurs, a donné sur l'escorte du général espagnol Acebedo, l'escorte ayant fait résistance, tout a été tué.

Le général Bonnet est tombé avec sa division sur la

tête d'une colonne de fuyards de 200 hommes, partie à été prise et l'autre partie détruite.

Le maréchal duc d'Istrie, commandant la cavalerie de l'armée, est entré à Aranda, le 16 à midi.

Nos partis de cavalerie vont sur la gauche jusqu'à Soria et Madrid, et sur la droite jusqu'à Léon et Zamora.

L'ennemi a évacué Aranda avec la plus grande précipitation.

Il y a laissé quatre pièces de canon.

On a trouvé dans cette ville un magazin considérable de biscuit, quarante mille quintaux de blé et une grande quantité d'effets d'habillement.

A Reynosa, on a trouvé beaucoup d'objets anglais et des approvisionnemens considérables de toute espèce.

Les habitans de la Montâna, de toute la plaine de la Castille jusqu'au Portugal, de la province de Soria maudissent hautement les auteurs de cette guerre, et demande à grands cris le repos et la paix.

Le maréchal duc de Dantzick fait une mention particulière du général de brigade Roguet.

Il cite avec éloge le lieutenant de Coigny, aide-de-camp du général Sébastiani, qui a eu un cheval tué sous lui.

Le duc de Bellune fait une mention particulière du général de division Villatte.

Vingt mille balles de laine valant 15 à 20 millions, saisies à Burgos, ont été dirigées sur Bayonne.

La vente publique en sera faite à l'enchère le premier janvier.

Tous les négocians de France pourront y concourir.

Sur le produit de cette vente, le droit de vingt pour cent est dû au roi.

Le surplus servira, soit à rendre aux propriétaires qui n'ont point pris part à l'insurrection, le prix des laines qui leur appartiennent, ce qui se réduit à peu de chose ; soit pour servir d'indemnité aux négocians français qui ont été pillés, ou essuyé des confiscations en Espagne.

S. M. a ordonné qu'une commission présidée par un maître des requêtes, et composée de deux membres de chacune des chambres de commerce des villes de Bayonne, Bordeaux, Toulouse et Marseille, un auditeur du conseil d'état faisant les fonctions de secrétaire-général, se réunirait à Bayonne, et que toutes les villes et corporations de commerce françaises et italiennes qui auraient des réclamations à faire, à raison des pertes et confiscations qu'elles auraient essuyées en Espagne, s'adresseraient à cette commission pour en poursuivre la liquidation.

Sa Majesté a chargé le ministère de l'intérieur de faire un réglement sur la manière de procéder de cette commission.

L'intention de S. M. est également que les biens qui sont en France, dans le royaume d'Italie ou dans le royaume de Naples, appartenant à des Espagnols insurgés soient séquestrés, pour servir également d'indemnités.

De l'imprimerie de Maudet, rue Bailleul, n°. 11.

7ᵉᵐᵉ. Bulletin

DE L'ARMÉE D'ESPAGNE.

(Extr. du Moniteur du 27 novembre 1808).

Burgos, 20 novembre.

Le 16, l'avant-garde du maréchal duc de Dalmatie est entrée à Saint-Ander, et y a trouvé une grande quantité de farine, de blé, de munitions de guerre et de poudre, un magasin de 9000 fusils anglais, des dépôts assez considérables de coton et de marchandises de fabrique anglaise et coloniales.

Pendant que nos troupes entraient à Saint-Ander, il y avait à deux lieues au large un grand convoi anglais chargé de troupes, de munitions et d'habillemens; lorsqu'il a vu le drapeau français arboré et salué par la garnison, il a pris le large.

On a trouvé à St-Ander un dépôt considérable de laines, et qui est transporté en France.

Le 17 le colonel Tascher a rencontré à Cunillas les fuyards ennemis.

Il y eut quelques coups de sabre de donnés; on a fait une trentaine de prisonniers.

L'évêque de Saint-Ander, animé plutôt de l'esprit du démon que de l'esprit de l'Évangile, homme furibond et fanatique, marchant toujours un coutelas au côté, s'est sauvé à bord des frégates anglaises.

Toutes les lettres interceptés font voir la terreur et l'effroi qui agitent cette partie de l'armée espagnole.

On a procédé au désarmement de la Montâna, de Bilbao et de la partie de la Biscaye qui s'est insurgée.

On marche également du côté de Soria pour désarmer cette province.

Les provinces de Valladolid et de Palencia le sont déjà.

Le général Franceschi, commandant un corps de cavalerie légère, a rencontré à Sahagun, 6 lieues de Léon, un grand convoi de bagages et de malades de l'armée de Galice, qu'il a enlevé.

A Mayorga, un escadron de cavalerie légère a rencontré 300 hommes, qu'il a chargés ; partie a été tuée, l'autre prise.

La cavalerie du général Lasalle a poussé des partis jusqu'à Somo-Sierra.

Des officiers des régimens espagnols de Zamora et de la Princesse qui étaient dans le Nord et qui s'étaient sauvés à Zamora, ont été faits prisonniers.

« Vous avez prêté serment au roi, leur a-t-on dit. »

Ils l'ont avoué.

— Vous avez faussé votre serment.

— Nous avons obéi à notre général.

Vous faisiez partie de l'armée française, et vous avez reconnu les meilleurs procédés par la plus infâme trahison. —

Ils répondirent encore qu'ils étaient sous les ordres de leur général, et qu'ils n'avaient fait qu'obéir.

On aurait pu vous désarmer, a-t-on ajouté, peut-être l'aurait-on dû ! Mais on a eu confiance en vos sermens.

Il vaut mieux pour la gloire de l'Empereur qu'il ait eu à vous combattre que s'être porté à un acte qui aurait pu être taxé de trop de méfiance.

(4)

Vous n'êtes plus couverts par le droit des gens que vous avez violé.

Vous devriez être passés par les armes. L'Empereur veut vous pardonner une seconde fois. »

Au reste, les régimens de Zamora et de la Princesse ont cruellement souffert. Il en est peu resté aux drapeaux.

De l'Imprimerie de MORONVAL, rue des Prêtres-St-Severin.

29 novembre 1808

VII.ᵐᵉ BULLETIN
DE L'ARMÉE D'ESPAGNE,

(*Extrait du Moniteur du 29 novembre.*)

De Burgos, 24 novembre 1808.

Le duc de Dalmatie poursuit ses succès avec la plus grande activité.

Un convoi chargé d'artillerie, de munitions et de fusils anglais, a été pris dans le port de Cunillas au moment où il voulait appareiller : on en fait l'inventaire.

On a déjà noté trente pièces de canon et une grande quantité de malles d'officiers.

Le général Sarrut, à la tête de sa brigade, pousse vivement l'ennemi.

Arrivé à Saint-Vincent et côtoyant la mer, l'ennemi s'aperçut d'une hauteur qui couvrait le défilé de Saint-Vincent, que le général Sarrut n'avait que 900 hommes.

Il crut avoir le tems de tenir pour passer le défilé qui est un pont de do 400 toises sur un bras de mer. Mais il ignorait que ces 900 hommes étaient du deuxième d'infanterie légère ; il ne tarda pas à l'apprendre.

À peine le général Sarrut fut à portée, que ces braves chargèrent ; et l'on vit neuf cents hommes rompre et mettre en désordre six mille hommes bien postés, sans éprouver de pertes et presque sans coup férir.

Cependant le colonel Tascher avait habillement placé 150 hommes de son régiment de chasseurs en colonne serrée, par peloton, derrière cette avant garde ; et aussitôt qu'il vit l'ennemi ébranlé, il chargea sans délibérer, dans le défilé, tua et jeta dans la mer et le marais, on prit la plus grande partie de cette colonne.

On avait déjà fait un millier de prisonniers lorsque le dernier compte a été rendu, et la colonne du général Sarrut avait deja dépassé la province de la Montāna et était entrée dans les asturies.

Les Voltigeurs du 36e régiment ont arrêté dans le port de Santillana un convoi anglais chargé de sucre, de café, de coton et d'autres denrées coloniales.

Le nombre de bâtimens anglais, richement chargés, qui ont été pris sur cette côte, était déja de 25.

Dans la plaine, le général de division Milhaud annonce que le 19, non loin de Léon, une reconnaissance a chargé, dans le village de Valverde, un bataillon d'étudians, dont un grand nombre a été sabré et le reste dispersé.

Le septième corps de l'armée d'Espagne, que commande le général Gouvion Saint-Cyr, commence aussi à faire parler de lui.

Le 5 novembre, la place de Roses a été investie par les généraux Reille et Pino.

Les hauteurs de Saint-Pedro ont été enlevées par les Italiens avec cette impétuosité qu'ils avaient au quinzième siècle, et dont les troupes du royaume d'Italie ont donné tant de preuves dans la dernière campagne d'Allemagne.

Un grand nombre de Miquelets et d'Anglais débarqués occupaient le port de Selva.

Le général Fontana, à la tête de trois bataillons d'infanterie légère italienne et des grenadiers et voltigeurs du septième régiment français, se porta sur Selva, chargea les Miquelets et les Anglais, les culbuta dans la mer et s'empara de dix pièces de 24, dont quatre de bronze que les Anglais n'eurent pas le tems d'embarquer.

Le 8, la garnison de Roses fit sortir trois colonnes protégées l'artillerie des vaisseaux anglais. Le général Mazuchelli les reçut à bout portant, et leur tua plus de 600 hommes.

Le 12, les ennemis voulurent encore faire une sortie; ils trouvèrent les mêmes braves, et le général Mazuchelli en couvrit ses tranchées. Depuis ce moment, la garnison a paru consternée, et n'a plus voulu sortir.

Dans Barcelone, le général Duhesme fait le plus grand éloge des vélites et des troupes d'Italie qui sont sous ses ordres.

On croit que le quartier général part cette nuit de Burgos.

de l'imprimerie de GAILLARD, rue du petit Pont.

9.° BULLETIN

DE L'ARMEE D'ESPAGE.

Extrait du Moniteur du 2 Décembre 1808.

Aranda, le 25 novembre 1808.

LE système militaire de l'ennemi paraît avoir été le suivant :

Sur leur gauche était l'armée de Galice, composée de la moitié des troupes de ligne d'Espagne et de toutes les ressources de la Galice, des Asturies et du royaume de Léon.

Au centre était l'armée d'Estramad re, que les corps

corps anglais avaient promis d'appuyer, et qui était composée de toutes les ressources que pouvaient fournir toute l'Estramadure et les provinces voisines.

L'armée d'Andalousie, de Valence, de la Nouvelle-Castille et de l'Arragon, que l'on porte à 70 ou 80,000 hommes, occupait le 20 novembre, Calaborra, Tudela et les bords de l'Arragon. Cette armée appuyait la droite de l'ennemi : elle était composée de toutes les troupes qui se trouvaient au camp de Saint-Roch ' en Andalousie, à Valença, à Carthagène et à Madrid, de toutes les levées et de toutes les ressources de ces provinces. C'est contre cette armée que les corps de l'armée française manœuvrent aujourd'hui, les autres ayant été dispersés et détruits dans les batailles d'Espinosa et de Burgos.

Le quartier-général a été transporté le 22 de Burgos à Lerma, et le 13 de Lerma à Aranda.

Le duc d'Elchingen s'est porté le 22 à Soria. Cette ville, qui est ancienne Numance, est un chef-lieu de province. C'est un des pays de l'Espagne où les têtes avaient été le plus volcanisées, et c'est celui qui a fait le moins de résistance. La ville a été désarmée, et un comité, composé de gens bien intentionnés, a été chargé de l'administration de la province.

Le duc d'Elchingen occupait par sa cavalerie légère Medina-Celi, et battait la route de Sarragosse à Madrid; son avant-garde marchait sur Agreda.

Le 22, les ducs de Montebello et de Conegliano faisaient leur jonction au pont de Lodosa.

Le 24, le duc de Bellune portait son quartier-général à Venta-Gomez.

Presque toutes les routes de communication de Madrid avec les provinces du nord se trouvent interceptées, un grand nombre de courriers et de malles de poste aux lettres sont tombées entre les mains de nos coureurs. La confusion paraît extrême à Madrid, et il régne dans toute la nation un défaut de confiance et un desir du repos et de la paix que la puérile arrogance et la criminelle astuce des meneurs ne parviennent pas à détruire.

Il paraît difficile que l'armée qui forme la droite de l'ennemi, et qui est sur l'Ebre, puisse se replier sur Madrid et sur le midi de l'Espagne. Les événemens qui se préparent décideront probablement du sort de cette autre moitié de l'armée espagnole.

Le tems est humide ; un brouillard épais règne depuis trois jours. Cette saison est plus défavorable encore aux naturels du pays qu'aux hommes accoutumés aux climats du Nord.

Le général Gouvion-Saint-Cyr continue à faire pousser vivement le siége de Roses. Voici le rapport de la tranchée.

Rapport du 18 novembre au soir, sur le siége de Roses.

La tranchée a été ouverte devant Roses, sur les plateaux vis-à-vis le bastion de droite de l'attaque, à huit heures du soir : les officiers de tranchée étaient MM. Eretelle, Theviote, Lafitte, Poulain et Euzenate ; les travailleurs avaient été tirés des premier et cinquante-sixième régimens de ligne et du trente-deuxième d'infanterie légère, au nombre de mille. Il y avait en outre la deuxième compagnie du troisième bataillon de sappeurs. La mauvaise qualité du terrain dans la portion de gauche a été cause que la tranchée a été moins avancée dans cette partie. Néanmoins les travaux étaient couverts au jour. La parallèle, y compris les retours de ses extrémités, a de 14 à 1500 mètres de développement, et se trouve distante de 500 mètres de la place. Elle enveloppe le bastion n°. 5 du front d'attaqua, et se termine à droite par un retour le long des talus que forme le terrain en cet endroit, à-peu-près parallèlement à la mer, et à gauche au grand ruisseau.

L'artillerie a établi en arrière de la parallèle, et sur la capitale du bastion, no. 5, une batterie destinée à recevoir six mortiers.

Le travail a été entièrement dérobé à l'ennemi, qui n'a pas tiré un seul coup de canon, et très-peu de coups de fusil sur la droite, sans aucun effet.

La tranchée a été relevée à la petite pointe du jour. Les 16 et 17 du courant, la compagnie de sappeurs italiens, aidée d'un détachement d'infanterie pris sur la division du général Pino, a mis la route de la plaine de Bouton de Roses en état de transporter l'artillerie qui s'y est rendue le 18 du courant pour dresser une batterie de brèche contre ledit fort.

Ce travail a été dirigé et surveillé par M. Rugieri, officier du génie italien, et par M. Lafitte, officier du génie français.

Au quartier-général de Palau, le 29 novembre 1808.

Le colonel du génie, Signé, RIBES.

4 Décembre 1808

10ᵐᵉ. BULLETIN
DE
L'ARMÉE D'ESPAGNE.

(Extrait du Moniteur, du 4 décembre.)

Aranda de Duero, le 25 novembre 1808.

Il paraît que les forces espagnoles s'élèvent à 180,000 hommes effectifs.

80,000 hommes effectifs faisant 60,000 hommes sous les armes qui composaient les armées de Galice et d'Estramadure, et que commendaient Blake, la Romana et Galuzzo, ont été dispersés et mis hors de combat.

L'armée d'Andalousie, de Valence, de la Nouvelle Castille el d'Aragon, que commandaient Castanos, Penas et Pulalox, et qui paraissait être également de quatre-vingt mille hommes, c'est-à-dire de soixante mille hommes sous les armes, aura, sous peu de jours accomplis ses destins.

Le maréchal duc de Montebello a ordre de l'attaquer de front avec trente mille hommes, tandis que les ducs d'Elchingen et de Bellune sont déjà placés sur ses derrières.

Reste soixante mille hommes effectifs qui peuvent donner quarante mille hommes sous les armes, dont trente mille sont en Catalogne et dix mille existent à Madrid, à Valence et dans les autres lieux de dépôt, ou sont en mouvement.

Avant de faire un pas au delà du Duero l'Empereur a pris la résolution de faire anéantir les armées du centre et de gauche, et de faire subir le même sort à celle de droite du général Castanos.

Lorsque ce plan aura été exécuté, la marche sur Madrid ne sera plus qu'une promenade. Ce grand dessein doit à l'heure qu'il est être accompli.

Quant au corps de Catalogne, étant en partie composé des troupes de Valence, Murcie et Grenade, ces provinces menacées retireront leurs troupes, si toutefois l'état des communications le permet; dans tous les cas le septième corps, après avoir terminé le siege de Roses, en rendra bon compte.

A Barcelonne, le général Duhesme, avec quinze mille hommes approvisionnés pour six mois, répond de cette importante place.

Nous n'avons pas parlé des forces anglaises. Il paraît qu'une division est en Galice, et qu'une autre s'est montrée à Badajoz vers la fin du mois passé. Si les Anglais ont de la cavalerie, nous devrions nous en appercevoir, car nos troupes légeres sont presques parvenues aux frontieres du Portugal. S'ils ont de l'infanterie, ils ne sont pas probablement dans l'intention de s'en servir en faveur de leurs alliés; car voilà trente jours que la campagne est ouverte; trois fortes armées ont été détruites, une immense artillerie a été enlevée, les provinces de Castille, de la Montana, d'Aragon, de Soria, etc., sont conquises; enfin le sort de l'Espagne et du Portugal est décidé, et l'on n'entend parler d'aucun mouvement des troupes anglaises.

Cependant la moitié de l'armée française n'est point encore arrivée : une partie du quatrieme corps d'armée, le cinquieme et le huitieme corps entiers, six régimens de cavalerie légere, beaucoup de compagnies d'artillerie et sapeurs, et un grand nombre d'hommes des régimens qui sont en Espagne, n'ont pas encore passé la Bidassoa.

A la vérité et sans faire tort à la bravoure de nos soldats, on doit dire qu'il n'y a pas de plus mauvaises troupes que les troupes espagnoles : elles peuvent, comme les Arabes, tenir derriere des maisons ; mais elles n'ont aucune discipline, aucune connaisance des manoeuvres, et il leur est impossible de résister sur un champ de bataille.

Les montagne même ne leur ont offert qu'une faible protection.

Mais graces à la puissance de l'inquisition, l'influence

des moines, à leur adresse à s'emparer de toutes les plumes et à faire parler toutes les langues, on croit encore dans une grande partie de l'Espagne que Blake a été vainqueur, que l'armée française a été détruite, que la garde impériale a été prise.

Quel que soit le succès momentané de ces misérables ressources et de ces ridicules efforts, le règne de l'inquisition est fini ; ses tribunaux révolutionnaires ne tourmenteront plus aucune contrée de l'Europe ; en Espagne comme à Rome l'inquisition sera abolie, et l'affreux spectacle des auto-da-fé ne se renouvellera pas ; cette réforme s'opérera malgré le zèle religieux des anglais, malgré l'alliance qu'ils ont contractée avec les moines imposteurs, qui ont fait parler la Vierge d'el Pilar et les saints de Valladolid.

L'Angleterre a pour alliés le monopole, l'inquisition et les franciscains : tout lui est bon, pourvu qu'elle divise les peuples et qu'elle ensanglante le Continent.

Un brick anglais le Ferrets, parti de Portsmouth le onze de ce mois, a mouillé le 22 dans le port de Saint-Ander qu'il ne savait pas être occupé par les Français ; il avait à bord des dépêches importantes et beaucoup de papiers anglais dont on s'est emparé.

On a trouvé à Saint-Ander une grande quantité de quinquina et de denrées coloniales qui ont été envoyées à Bayonne.

Le duc de Dalmatie est entré dans les Asturies, plusieurs villes et beaucoup de villages ont demandé à se soumettre pour sortir enfin de l'abîme creusé par les conseils des étrangers, et par les passions de la multitude.

De l'imprimerie de Maudet, rue Bailleul, n°. 11.

11eme Bulletin

DE L'ARMÉE D'ESPAGNE.

(Extrait du Moniteur du 5 décembre 1808.)

Aranda de Duero, le 27 novembre 1808.

S. M. dans la journée du 19, avait fait partir le maréchal duc de Montebello avec des instructions pour les mouvemens de la gauche dont elle lui donna le commandement.

Le duc de Montebello et le duc de Conegliano se concertèrent le 20, à Lodosa, pour l'exécution des ordres de S. M.

Le 21, la division du général Lagrange, avec la brigade de cavalerie légère du général Colbert et la brigade de dragons du général Dijon, partirent de Logrogno par la droite de l'Èbre.

Au même moment, les quatre divisions composant le corps d'armée du duc de Conegliano, passèrent le fleuve à Lodosa, abandonnant le pays entre l'Èbre et Pampelune.

Le 22, à la pointe du jour, l'armée française se mit en marche. Elle se dirigea sur Calahora où était la veille le quartier général de Castanos, elle trouva cette ville évacuée. Elle marcha ensuite sur Alfaro : l'ennemi s'était également retiré.

Le 23, à la pointe du jour, le général de division Lefebvre, à la tête de la cavalerie, appuyé par la division du général Morlot, faisant l'avant garde, rencontra l'ennemi. Il en donna sur le champ avis au duc de Montebello, qui trouva l'armée ennemie forte de sept divisions, formant 45,000 hommes présens sous les armes, la droite en avant de Tudela, et la gauche occupait une ligne d'une lieue et demie, disposition absolument vicieuse. Les Arragonais étaient à la droite, les troupes de Valence et de la Nouvelle-Castille étaient au centre, et les trois divisions d'Andalousie, que commandait plus spécialement le général Castanos, formaient la gauche. Quarante pièces de canon couvraient la ligne ennemie.

A 9 heures du matin, les colonnes de l'armée française commencèrent à se déployer avec cet ordre, cette régularité, ce sang froid qui caractérisent de vieilles troupes. On choisissait les emplacemens pour établir en batterie une soixantaine de pièces de canon; mais l'impétuosité des troupes et l'inquiétude de l'ennemi n'en donnèrent pas le temps; l'armée espagnole était déjà vaincue par l'ordre et par les mouvemens de l'armée française.

Le duc de Montebello fit enfoncer le centre par la division du général Maurice Mathieu. Le général de division Lefebvre, avec sa cavalerie, passa aussitôt au trot par cette trouée, et enveloppa, par un quart de conversion à gauche, toute la droite de l'ennemi.

Le mouvement où la moitié de la ligne ennemie se trouva ainsi tournée et culbutée fut celui où le général Lagrange attaqua le village de Cascante, où était placée la ligne de Castanos, qui ne fit pas meilleure contenance que la droite et abandonna le champ de bataille en laissant son artillerie et un grand nombre de de prisonniers. La cavalerie poursuivit les débris de l'armée ennemie jusqu'à Mallen, dans la direction de Sarragosse, et jusqu'à Tarraçone, dans la direction de Sarragosse, et jusqu'à Tarraçone, dans la direction d'Agreda. Sept drapeaux, trente pièces de canon avec leurs attelages et leurs caissons, 12 colonels, 300 prisonniers et 3000 hommes ont été pris. 4000 Espagnols sont restés sur le champ de bataille ou ont été jetés dans l'Ebre. Notre perte a été légère; nous avons eu 60 hommes tués et 400 blessés, parmi ces derniers se trouve le général de division Lagrange, qui a été atteint d'une balle au bras.

Nos troupes ont trouvé à Tudela beaucoup de magasins.

Le maréchal duc de Conegliano s'est mis en marche sur Sarragosse.

Pendant qu'une partie des fuyards se retirait sur cette place, la gauche, qui avait été coupée, fuyait en désordre sur Tarraçone et Agreda.

Le duc d'Elchingen, qui était le 22 à Soria, devait être le 23 à Agreda; pas un homme n'aurait échappé. Mais ce corps d'armée se trouvant trop fatigué, séjourna le 23 et le 24 à Soria. Il arriva le 25 à Agreda assez à temps pour s'emparer encore d'une grande quantité de magasins.

Un nommé Palafox, ancien garde du corps, homme sans talens et sans courage, espèce de mannequin d'un moine, véritable chef du parti qui lui avait fait donner le titre de général, a été le premier a prendre la fuite. Au reste, ce n'est pas la première fois qu'il agit de la sorte : il a fait de même dans toutes les occasions.

Cette armée de 45,000 hommes a été ainsi battue et défaite, sans que nous ayions eu plus de 6000 hommes engagés.

Le combat de Burgos avait frappé le centre de l'ennemi, et la bataille d'Espinosa la droite : la bataille de Tudela a frappé la gauche. La victoire a ainsi foudroyé et dispersé toute la ligne ennemie.

Voici le journal de la suite des opérations du siége de Roses.

SIEGE DE ROSES.

Tranchée de jour. — Septième corps. — Deuxième brigade.

MM. Solcirol, Lenoir, Boyer;
  Rouzelli, Allieto, officiers de sappeurs italiens.

Les travailleurs distribués dans la tranchée ont perfectionné toute la partie droite, jusqu'à la batterie.

Le terrein sur la gauche était fort dur, on s'est contenté de creuser assez pour se mettre à couvert.

A 7 heures et quart, le feu de la place a commencé.

A midi un mortier de notre batterie a tiré sur la frégate qui avait prisposition sur la droite.

A midi et demi, un obus éclate dans la tranchée sans blesser personne.

A 4 heures et demie, la frégate s'est éloignée.

Trois hommes tués, douze blessés.

L'ennemi a tiré 356 coups.

A la tranchée devant Roses, le 19 novembre 1808.

Signé, le colonel du génie, Ribes.

Tranchée de nuit du 19 au 20 novembre. troisième brigade.

MM. Rougier, Morlaincourt, Madren, Salton, Sarbourg, officiers de sappeurs.

Les travailleurs distribués dans la communication en arriere de la parallèle, en ont ébauché environ 300 mettes.

Le terrain dans cet endroit était pierreux, et on a trouvé l'eau à un pied de profondeur; on a pris le parti d'élargir cette communication, pour trouver assez de terre pour se couvrir.

Les sappeurs ont été occupés à perfectionner la parallele sur la crête de son parapet; le reste des travailleurs ont été employés à élargir jusqu'à 12 pieds la partie gauche de la parallele.

On a construit, dans la même nuit, la rampe sur la droite de la parallele pour y descendre à couvert.

Dix à douze bombes ont été jetées sur la tranchée, au moment qu'on relevait les tirailleurs, mais sans aucun accident.

Signé, le colonel du génie, RIVES.

Tranchée de 6 heures du matin, du 20 jusqu'à la même heure du 21 première brigade.

MM. Fretelle, Theviotte, Lafitte, Poulain, Euzenate, officiers de Sapeurs.

La gauche de la tranchée, jusqu'au chemin qui conduit à la Maison-Rouge, est à-peu-près terminée; elle n'a besoin que d'être polie par des sappeurs pendant le jour.

Les banquettes ont été ébauchées sur toute la longueur de la parallèle, et entièrement terminées sur la droite; on a écrêté les terres du parapet pour épaissir ce dernier et le réduire à la hauteur prescrite.

On a ouvert, en avant de la batterie des mortiers, une enveloppe de cette batterie qui continue la parallele sans gêner la manœuvre de l'artillerie.

Le feu a été très-vif toute la journée, sans accident parmi les travailleurs.

Au quartier-général à Palau, le 21 septembre 1808.

Signé, le colonel du génie, RIVES.

De l'Imprimerie de MORONVAL, rue des Prêtres St. Severin, N°. 4.

XIIE. BULLETIN
de l'Armée d'Espagne.

(*Extrait du Moniteur du 6 Décembre 1808.*)

Aranda de Duero, le 28 novembre 1808.

A la bataille de Tudela, le général de division Lagrange, chargé de l'attaque de Casçane, fit marcher sa division par échelons, et se mit à la tête du premier échelon composé du 25e. régiment d'infanterie légère, qui aborda l'ennemi avec une telle décision, que 200 Espagnols furent percés dans la première charge par les baïonnettes. Les autres échelons ne purent donner. Cette singulière intrépidité avait jeté la consternation et le désordre dans les troupes de Castanos. C'est dans cette circonstance que le général Lagrange qui était à la tête de son premier échelon, a reçu une balle qui l'a blessé assez dangereusement.

Le 26, le duc d'Elchingen s'est porté par Tarraçone sur Borja. L'ennemi avait mis le feu à un parc d'artillerie de 60 caissons que les Espagnols avaient à Tarraçone. — Le général Maurice Mathieu est arrivé le 25 à Borja, poursuivant l'ennemi et ramassant à chaque instant de nouveaux prisonniers, dont le nombre est déjà de 5000. ils appartiennent tous aux troupes de ligne. Le soldat n'a pardonné à aucun paysan armé. Le nombre des pièces de canon prises est de 37.

Le désordre et le délire se sont emparés des meurs. Pour première mesure, ils ont fait un manifeste violent par lequel ils déclarent la guerre à la France. Ils lui imputent tous les désordres de leur cour, l'abâtardissement de la race qui régnait, et la lâcheté des grands qui, pendant tant d'années se sont prosternés de la manière la plus abject aux pieds de l'idole qu'ils accablent de toute leur rage, aujourd'ui qu'elle est tombée.

On se ferait en Allemagne, en Italie, en France, une bien fausse idée des moines espagnols, si on les comparait aux moines qui ont existé dans ces contrées. On trouvait parmi les Bénédictins, les Bernardins, etc., de France et d'Italie, une foule d'hommes remarquables dans les sciences et dans les lettres. Ils se distinguaient et par leur éducation et par la classe honorable et utile d'où ils étaient sortis. Les moines espagnols, au contraire, sont tirés de la lie du peuple, ils sont ignares et crapuleux. On ne saurait leur trouver de ressemblance qu'avec des artisans employés dans les boucheries; ils en ont l'ignorence, le ton et la tournure. Ce n'est que sur le bas peuple qu'ils exercent leur influence. Une maison bourgeoise se serait crue déshonorée en admettant un moine à sa table.

Quant aux malheureux paysans espagnols, on ne peut les comparer qu'aux Fellahs d'Egyte; ils n'ont aucune propriété, tout appartient soit aux moines, soit à quelq maison puissante. La faculté de tenir une auberge est un droit féodal; et dans un pays aussi favorisé de la nature, on ne trouve ni postes ni hôtelleries. Les impositions même ont été aliénés et appartiennent aux seigneurs. Les grands ont tellement dégénéré qu'ils sont sans énergie, sans mérite et même sans influence.

On trouve tous les jours à Valladolid et au-delà des magasins d'armes considérables. Les Anglais ont bien exécuté cette partie de leurs engagemens. Ils avaient promis des fusils, des poignards, des libelles, et ils en ont envoyé avec profusion. Leur esprit inventif s'est signalé, et ils ont poussé fort loin l'art de répandre des libelles, comme, dans ces derniers tems ils s'étaient distingués par leurs fusées incendiaires. Tous les maux, tous les fléaux qui peuvent affliger les hommes viennent de Londres.

SIÉGE DE ROSES.

Tranchée du 21 au 22 novembre. — 7e. *corps*, 2e. *brigade*

MM. Soleirol, Lenoir, Boyer, Rouzelli, Alietto, officiers de sappeurs italiens.

Pendant le jour, on a continué le travail de la partie circulaire devant la batterie n°. 2. On a perfectionné la parallèle dans les endroits difficiles, et formé les banquettes dans presque tout le développement.

Depuis le jour, on travaillait à la communication de la batterie n°. 1; à 9 heures elle était finie.

On travailla tout le jour à celle qui était tracée dans les vignes.

A 5 heures, MM. Lenoir et Soleirol furent reconnaître l'attaque de gauche avec le major de tranchée ; elle avait environ 700 mètres de développement à construire ; à 6 heures et demie, les troupes arrivèrent à la tranchée ; savoir :

Le 56e. régiment, la 5e. légion, un bataillon du 6e. italien.

Le général Joba fit placer en avant de l'attaque de droite, les grenadiers et voltigeurs du 56e., ainsi que les voltigeurs italiens ; en sorte que les troupes destinées à l'attaque de gauche, se composèrent :

De trois compagnies de la légion,

Et des compagnies du centre du 6e. italien.

On se mit en marche pour l'attaque de gauche à 8 heures, et le travail commença.

La position de nos postes en avant de la parallèle dispensa de placer des troupes pour protéger les travailleurs : on les distribua, une partie contiguë à l'ancienne parallèle, laquelle leur servait de communication, sur une longueur d'environ 300 pas ; l'autre, à partir de la maison brûlée ayant sa retraite par les chemins creux, sur environ la même étendue.

A 2 heures, le général Joba envoya chercher une troisième compagnie de la légion, et renvoya, à 3 heures, les voltigeurs italiens.

Le matin, la légion qui tenait la droite était couverte.

L'ennemi a tiré, de jour, 368 coups ; de nuit, 10.

Six hommes tant tués que blessés

Signé, *le colonel du génie*, RIBES.

Imprimerie d'OGIER, rue Traversière-St.-Honoré, N°. 16.

13ᵉ. BULLETIN
De l'Armée d'Espagne.

Extrait du Moniteur du 12 Décembre 1808.

Saint-Martin, près Madrid, le 2 décembre 1808.

Le 29, le quatier-général de l'Empereur a été porté au village de Bozeguillas

Le 30 à la pointe du jour, le duc de Bellune s'est présenté au pied du Somo-Sierra. Une division de 13,000 hommes de l'armée de réserve espagnole défendait le passage de cette montagne. L'ennemi se croyait inexpugnable dans cette position. Il avait retranché le col que les espagnols appellent Perto, et y avait placé seize pièces de canon. Le neuvième d'infanterie légère couronna la l.roite. Le 96e marcha sur la chaussée, et le vingt-quatrième suivit à mi-côte les hauteurs de gauche. Le général Senarmont, avec six pièces d'artillerie, avança par la chaussée.

La fusillade et la canonnade s'engagèrent.

Une charge que fit le général Montbrun à la tête des chevaux-légers polonais, décida l'affaire ; charge brillante s'il en fut, où ce régiment s'est couvert de gloire et a montré qu'il était digne de faire partie de la garde-impériale.

Canons, drapeaux, huit chevau-légers ont été tués sur les pièces, et seize ont été blessés.

Parmi ces derniers le capitaine Dzievanoski a été grièvement blessé, qu'il est presque sans espérance.

Le major Ségur, maréchal-des-logis de la maison de l'Empereur, chargeant parmi les polonais, a reçu plusieurs blessures, dont une assez grave.

Les 16 pièces de canon, dix drapeaux, une trentaine de caissons, 200 charriots de toute espèce de bagage, les caisses des régimens, sont les fruits de cette brillante affaire.

Parmi les prisonniers, qui sont très-nombreux, se trouvent les colonels et les lieutenans-colonels des corps de la division espagnole.

Tous les soldats auraient été pris, s'ils n'avaient pas jeté leurs armes, et ne s'étaient pas éparpillés dans les montagnes.

Le premier décembre, le quartier-général de l'Empereur était à Saint-Augustin, et le 2, le duc d'Istrie, avec la cavalerie, est venu couronner les hauteurs de Madrid.

L'infanterie ne pourra arriver que le 3.

Les renseignemens que l'on a pris jusqu'à cette heure, portent à penser que la ville est livrée à toute espèce de désordre, et que les portes sont barricadées.

Le tems est très-beau.

De l'Imprimerie de PELLETIER, rue du Petit-Lion, N.° 9, près celle St.-Denis.

14ᵉ BULLETIN
DE L'ARMÉE D'ESPAGNE.
Madrid, le 5 décembre 1808.

Le 2, à midi, S. M. arriva de sa personne sur les hauteurs qui couronnent Madrid, et où étaient placées les divisions de dragons des généraux Latour-Maubourg et Lahoussaye et la garde impériale à cheval. L'anniversaire du couronnement, cette époque qui a signalé tant de jours à jamais heureux pour la France, réveilla dans tous les cœurs les plus doux souvenirs, et inspira à toutes les troupes un enthousiasme qui se manifesta par mille acclamations. Le tems était superbe et semblable à celui dont on jouit en France dans les plus belles journées du mois de mai. — Le maréchal duc d'Istrie envoya sommer la ville, où s'était formée une Junte militaire, sous la présidence du général Castellar, qui avait sous ses ordres le général Morla, capitaine-général de l'Andalousie et inspecteur-général de l'artillerie. La ville renfermait un grand nombre de paysans armés qui s'y étaient rendus de tous côtés, 6000 hommes de troupes de ligne et 100 pièces de canon. Depuis huit jours, on barricadait les rues et les portes de la ville; 60,000 hommes étaient en armes; des cris se faisaient entendre de toutes parts, les cloches de deux cents églises sonnaient à-la-fois, et tout présentait l'image du désordre et du délire. — Un général de troupes de ligne parut aux avant-postes pour répondre à la sommation du duc d'Istrie; il était accompagné et surveillé par 30 hommes du peuple dont le costume, les regards et le farouche langage rappelaient les assassins de septembre. Lorsqu'on demandait au général espagnol s'il voulait exposer des femmes, des enfans, des vieillards aux horreurs d'un assaut, il manifestait à la dérobée la douleur dont il était pénétré; il faisait connaître par des signes qu'il gémissait sous l'oppression, ainsi que tous les honnêtes-gens de Madrid, et lorsqu'il élevait la voix, ses paroles étaient dictées par les misérables qui le surveillaient. On ne peut avoir aucun doute de l'excès auquel était portée la tyrannie de la multitude, lorsqu'on le vit dresser procès-verbal de ses propres discours, et les faire attester par la signature des spadassins qui l'environnaient.

L'aide-de-camp du duc d'Istrie, qui avait été envoyé dans la ville, saisi par des hommes de la dernière classe du peuple, allait être massacré, lorsque les troupes de ligne indignées le prirent sous leur sauve-garde et le firent remettre à son général. Un garçon boucher de l'Estramadure, qui commandait une des portes, osa demander que le duc d'Istrie vînt lui-même dans la ville les yeux bandés: le général Montbrun repoussa cette audace avec indignation, il fut aussitôt entouré, et il ne s'échappa qu'en tirant son sabre; il fallut être victime de l'imprudence avec laquelle il avait oublié qu'il n'avait point à faire à des ennemis civilisés. — Peu de tems après, des déserteurs des Gardes-Wallonnes se rendirent au camp. Leurs dépositions donnèrent la conviction que les propriétaires, les hommes honnêtes étaient sans influence, et l'on dut croire que toute conciliation était impossible. — La veille, le marquis de Perales, homme respectable qui avait paru jouir jusqu'alors de la confiance du peuple, fut accusé d'avoir fait mettre du sable dans les cartouches. Il fut aussitôt étranglé, et ses membres déchirés furent envoyés comme des trophées dans tous les quartiers de la ville. On arrêta que toutes les cartouches seraient refaites, et trois ou quatre mille moines furent conduits au Retiro et employés à ce travail. Il avait été ordonné que tous les palais, toutes les maisons seraient constamment ouverts aux paysans des environs, qui devaient y trouver de la soupe et des alimens à discrétion. — L'infanterie française était encore à trois lieues de Madrid. L'Empereur passa la soirée à reconnaître la ville et à arrêter un plan d'attaque qui se conciliât avec les ménagemens que méritent le grand nombre d'hommes honnêtes qui se trouvent toujours dans une grande peu de difficulté, mais amener cette grande ville à se soumettre en employant tour-à-tour la force et la persuasion, et en arrachant les propriétaires et les véritables hommes de bien à l'oppression sous laquel ils rémissaient, c'est-là ce qui était difficile. Tous les efforts de l'Empereur dans ces deux journées n'eurent pas d'autre but, ils ont été couronnés du plus grand succès.

A sept heures, la division Lapisse, du corps du Maréchal duc de Bellune arriva. La lune donnait une clarté qui semblait prolonger celle du jour. L'Empereur ordonna au général de brigade Maison de s'emparer des faubourgs, et chargea le général de division Lauriston de protéger cette occupation par le feu de 4 pièces d'artillerie de la garde. Les voltigeurs du 16e. régiment s'emparèrent des maisons, et notamment d'un grand cimetière. Au premier feu, l'ennemi montra autant de lâcheté qu'il avait montré d'arrogance pendant toute la journée. Le duc de Bellune employa toute la nuit à placer son artillerie dans les lieux désignés pour l'attaque. — A minuit, le prince de Neuchâtel envoya à Madrid un lieutenant-colonel d'artillerie espagnole, qui avait été pris à Somo-Sierra, et qui voyait avec effroi la folle obstination de ses concitoyens. Il se chargea de la lettre ci-jointe, (n°. I.) — Le 3, à neuf heures du matin, le même parlementaire revint au quartier-général avec la lettre ci jointe (n. II.)

Mais déjà le général de brigade Sénarmont, officier d'un grand mérite, avait placé ses trente pièces d'artillerie, et avait commencé un feu très-vif qui avait fait brèche aux murs du Retiro. Des voltigeurs de la division Vilate ayant passé la brèche, leur bataillon les suivit, et en moins d'une heure, 4000 hommes qui défendaient le Retiro furent culbutés. Le palais du Retiro, les postes importans de l'Observatoire, de la manufacture de porcelaine, de la grande caserne et de l'hôtel de Medina-Celi, et tous les débouchés qui avaient été mis en défense, furent emportés par nos troupes. — D'un autre côté, vingt pièces de canon de la garde jetaient des obus et attiraient l'attention de l'ennemi sur une fausse attaque. — On se serait peint difficilement le désordre qui régnait dans Madrid, si un grand nombre de prisonniers, arrivant successivement, n'avaient rendu compte des scènes épouvantables et de tout genre dont cette ville offrait le spectacle. On avait coupé les rues, crenelé les maisons, des barricades de balles de coton et de laine avaient été formées; les fenêtres étaient matelassées; ceux des habitans qui désespéraient du succès d'une aveugle résistance, fuyaient dans les campagnes; d'autres qui avaient conservé quelque raison, et qui aimaient mieux se montrer au sein de leurs propriétés devant un ennemi généreux, que de les abandonner au pillage de leurs propres concitoyens, demandaient qu'on ne s'exposât point à un assaut. Ceux qui étaient étrangers à la ville, ou qui n'avaient rien à perdre, voulaient qu'on se défendît à toute outrance, accusaient les troupes de ligne de trahison et les obligeaient à continuer le feu.

L'ennemi avait plus de 100 pièces de canon en batterie; un nombre plus considérable de deux et trois avaient été déterrées, tirées des caves et ficelées sur des charrettes, équipage grotesque qui seul aurait prouvé le délire d'un peuple abandonné à lui-même. Mais tous moyens de défense étaient devenus inutiles; étant maître du Retiro, on l'est de Madrid. L'empereur mit tous ses soins à empêcher qu'on entrât de maison en maison. C'en était fait de la ville si beaucoup de troupes avaient été employées. On ne laissa avancer que quelques compagnies de voltigeurs que l'Empereur se refusa toujours à faire soutenir. — A 11 heures, le prince de Neufchâtel écrivit la lettre ci-jointe (N°. 3.) S. M. ordonna aussitôt que le feu cessât sur tous les points. — A 5 heures, le général Morla, l'un des membres de la Junte militaire, et don Bernardo Yriarte, envoyé de la ville, se rendirent dans la tente de S. A. S. le major-général. Ils firent connaître que tous les hommes pensans ne doutaient pas que la ville fût sans ressources, et que la continuation de la défense était un véritable délire; mais que les dernières classes du peuple et que la foule des hommes étrangers à Madrid, voulaient se défendre et croyaient le pouvoir. Ils demandaient la journée du 4 pour faire entendre raison au peuple. Le prince major-général les présenta à S. M. l'Empereur et Roi, qui leur dit : « Vous employez en vain le nom du peuple; si vous ne pouvez parvenir à le calmer, c'est parce que vous-mêmes, vous l'avez excité, vous l'avez égaré par des mensonges. Rassemblez les curés, les chefs des couvens, les alcades, les principaux propriétaires, et que d'ici à 6 heures du matin, la ville se rende, où elle aura cessé d'exister. Je ne veux ni ne dois retirer mes troupes. Vous avez massacré les malheureux prisonniers français qui étaient tombés entre vos mains.

Vous avez, il y a peu de jours, laissé traîner et mettre à mort dans les rues deux domestiques de l'ambassadeur de Rusie, parce qu'ils étaient nés Français. L'inhabileté et la lâcheté d'un général avaient mis en vos mains des troupes qui avaient capitulé sur le champ de bataille, et la capitulation a été violée. Vous monsieurs Morla, quelle lettre avez vous écrite à ce général ? il vous convenait bien de parler du pillage, vous qui étant entré en Roussillon avez enlevé toutes les femmes et les avez partagées comme un butin entre vos soldats. Quel droit aviez vous, d'ailleurs, de tenir un pareil langage? La capitulation vous l'interdisait. Voyez qu'elle a été la conduite des Anglais, qui sont bien loin de se piquer d'être rigides observateurs du droit des nations. Ils se sont plaints de la convention du Portugal ; mais ils l'ont exécutée. Violer les traités militaires, c'est renoncer à toute civilisation, c'est se mettre sur la même ligne que les Bedouins du Desert. Comment donc osez-vous demander une capitulation, vous qui avez violé celle de Baylen? Voilà comme l'injustice et la mauvaise foi tournent toujours au préjudice de ceux qui s'en sont rendus coupables. J'avais une flotte à Cadix ; elle était l'alliée de l'Espagne, et vous avez dirigé contre elle les mortiers de la ville où vous commandiez. J'avais une armée espagnole dans mes rangs : j'ai mieux aimé la voir passer sur les vaisseaux anglais, et être obligé de la précipiter du haut des rochers d'Espinosa, que de la désarmer ; j'ai préféré avoir 7000 ennemis de plus à combattre que de manquer à la bonne foi et à l'honneur. Retournez à Madrid. Je vous donne jusqu'à demain 6 heures du matin. Revenez alors, si vous n'avez à me parler du peuple que pour m'apprendre qu'il s'est soumis. Sinon vous et vos troupes, vous serez tous passés par les armes. »

Le 4, à six heures du matin, le général Morla et le général don Fernando de la Vera, gouverneur de la ville, se présentèrent à la tente du prince major général. Les discours de l'Empereur répétés au milieu des notables; la certitude qu'il commandoit en personne; les pertes éprouvées pendant la journée précédente avait porté le repentir et la douleur dans tous les esprits; pendant la nuit, les plus mutins s'étaient soustraits au danger par la fuite et une partie des troupes s'était débandée. — A dix heures le général Belliard prit le commandement de Madrid ; tous les postes furent remis aux français, et un pardon général fut proclamé. — A dater de ce moment, les hommes, les femmes et les enfans se répandirent dans les rues avec sécurité. jusqu'à onze heures du soir, les boutiques furent ouvertes. Tous les citoyens se mirent à détruire les barricades et à repaver les rues; les moines rentrèrent dans leurs couvens, et en peu de tems Madrid présenta le contraste le plus extraordinaire, contraste inexplicable pour celui qui ne connait pas les mœurs des grandes villes. Tant de personnes qui ne pouvaient se dissimuler à eux-mêmes ce qu'ils auraient fait dans de pareille circonstances, s'étonnent de la générosité des français. Cinquante mille armes ont été rendues, et cent pièces de canon sont réunies au retiro. Au reste les angoises dans lesquelles les habitans de cette malheureuse ville ont vécu depuis quatre mois, ne peuvent se depeindre. La junte était sans puissance; les hommes les plus ignorans et les plus forcenés exerçaient le pouvoir, et le peuple, à chaque instant massacrait ou menaçait de la potence ses magistrats et ses généraux. — Le général de brigade Maison a été blessé. Le général Bruyere qui s'était avancé imprudemment dans le moment où l'on avait cessé le feu, a été tué. Douze soldats ont été tués, cinquante ont été blessés. Cette perte si faible pour un évènement aussi mémorable, est due au peu de troupes qu'on a engagées; on la doit aussi, il faut le dire, à l'extrême lâcheté de tout ceux qui avoit des armes à la main. — L'artillerie a, comme a son ordinaire, rendu les plus grands services. — Dix mille fuyards échappés de Burgos et de Somo-Sierra et la 2me division de l'armée de réserve se trouvalent le 3 à trois lieues de Madrid, mais chargé par un piquet de dragons ils se sont sauvés en abandonnant quarante pièces de canons et soixante caissons.

Un trait mérite d'être cité :

Un vieux général, retiré du service et âgé de 80 ans était dans sa maison à Madrid, près de la rue d'Alcala. Un officier français y entre et s'y loge avec sa troupe. Ce respectable vieillard paraît devant cet officier, tenant une jeune fille par la main, et dit : « je suis un vieux soldat, je connais les droits et la licence de la guerre, voilà ma fille, je lui donne 900,000 liv. de dot ; sauvez-lui l'honneur et soyez son époux ». Le jeune officier prend le vieillard, sa famille et sa maison sous sa protection! Qu'ils sont coupables ceux qui exposent tant de citoyens paisibles ; tant d'infortunés habitans d'une grande capitale à tant de malheurs ! — Le duc de Dantzick est arrivé le 3 à Ségovie. — Le duc d'Istrie, avec 4000 hommes de cavalerie s'est mis à la poursuite de la division Pennes, qui s'étant échappée de la bataille de Tudela s'était dirigée sur Guadalaxera. Florida-Blanca et la junte s'étaient enfuis d'Aranjuez, et s'étaient sauvés à Tolède : ils ne se sont pas crus en sûreté dans cette ville, et se sont réfugiés auprès des Anglais. — La conduite des Anglais est honteuse! Dès le 20, ils étaient à l'Escurial au nombre de 6000, ils y ont passé quelques jours. Ils ne prétendaient pas moins que franchir les Pyrénées et venir sur la Garonne. Leurs troupes sont superbes et bien disciplinées. La confiance qu'elles avaient inspirée aux Espagnols était inconcevable ; les uns espéraient que cette division irait à Somo-sierra, les autres qu'elle viendrait défendre la capitale d'un allié si cher, mais tous connaissaient mal les Anglais. À peine eut-on avis que l'Empereur était à Somo-Sierra, que les troupes anglaises battirent en retraite sur l'Escurial. De-là, combinant leur marche avec la division de Salamanque, elles se dirigèrent sur la mer. Des armes, de la poudre, des habits, ils nous en ont donné disait un espagnol, mais leurs soldats ne sont venus que pour nous exciter, nous égarer et nous abandonner au milieu de la crise. — Mais, répondit un officier français, ignorez-vous donc les faits les plus récens de notre histoire ? Qu'ont-ils fait pour le stathouder, pour la sardaigne, pour l'Autriche ? qu'ont-ils fait récemment pour la Russie ? Qu'ont-ils fait plus récemment encore pour la Suède ? Ils fomentent par-tout la guerre, ils distribuent des armes comme du poison ; mais ils ne versent leur sang que pour leurs intérêts directs et personnels. N'attendez pas autre chose de leur égoïsme ».

Cependant, répliqua l'espagnol, leur cause était la nôtre. 40,000 anglais ajoutés à nos forces à Tudela et à Espinosa pouvaient balancer les destins et sauver le Portugal. Mais à présent que notre armée de Blake à la gauche, que celle du centre, que celle d'Arragon à la droite, sont détruites, que les Espagnes sont presque conquises, et que la raison va achever de les soumettre, que deviendra le Portugal ? ce n'est pas à Lisbonne que les Anglais devaient le défendre, c'est à Espinosa, à Burgos, à Tudela, à Somo-sierra et devant Madrid. »

N. I. *À M. le commandant de la ville de Madrid.*

Devant Madrid, le 3 décembre 1808.

Les circonstances de la guerre ayant conduit l'armée française aux portes de Madrid, et toutes les dispositions étant faites pour s'emparer de la ville de vive force, je crois convenable et conforme à l'usage de toutes les nations de vous sommer, monsieur le général, de ne pas exposer une ville aussi importante à toutes les horreurs d'un assaut, et rendre tant d'habitans paisibles victimes des maux de la guerre. Voulant ne rien épargner pour vous éclairer sur votre véritable situation, je vous envoie la présente sommation par l'un de vos officiers fait prisonnier, qui a été à portée de voir les moyens qu'a l'armée pour réduire la ville.

Recevez, monsieur le général, l'assurance de ma haute considération.

Le vice-connétable major-général. signé, ALEXANDRE.

Traduction à S. A. S. le prince de Neufchâtel.

Monseigneur, avant de répondre cathégoriquement à V. A. je ne puis me dispenser de consulter les autorités constituées de cette ville, et de connaître les dispositions du peuple en lui donnant avis des circonstances présentes. À ces fins, je supplie V. A. de m'accorder cette journée de suspension pour m'acquitter de ces obligations, vous promettant que demain de bonne heure ou même cette nuit, j'enverrai ma réponse à V. A. par un officier général. Je prie V. A. d'agréer les assurances de toute la considération due à son rang éminent et à son mérite.

Madrid, le 3 décembre 1808. Sérénissime seigneur, F. marquis de Castelar.

N. III. *Au général commandant Madrid.*

Au camp impérial devant Madrid, le 4 décembre 1808, à onze heures du matin.

M. le général Castelar, défendre Madrid est contraire aux principes de la guerre et inhumain pour les habitans. S. M. m'autorise à vous envoyer une seconde sommation. Une artillerie immense est en batterie ; des mineurs sont prêts à faire sauter vos principaux édifices. Des colonnes sont à l'entrée des débouchés de la ville, dont quelques compagnies de voltigeurs se sont rendus maîtres, mais l'Empereur, toujours généreux dans le cours de ses victoires, suspend l'attaque jusqu'à deux heures. La ville de Madrid doit espérer protection et sûreté pour ses habitans paisibles, pour le culte, pour ses ministres, enfin l'oubli du passé. Arborez un pavillon blanc avant deux heures, et envoyez des commissaires pour traiter de la reddition de la ville. Recevez, mon général, etc.

Le major-général, signé *Alexandre*.

De l'imprimerie d'Aubry, au Palais de justice, à Paris.

15ème Bulletin

DE L'ARMÉE D'ESPAGNE

(Extrait du Moniteur du 17 décembre 1808.)

Madrid, le 7 décembre 1808.

S. M. a nommé le général d'artillerie Sénarmont, général de division. Le major Ségur a été nommé adjudant-commandant. On avait désespéré de la vie de cet officier ; mais il est aujourd'hui hors de danger.

Le comte de Klazinski, colonel des chevau-légers polonais, quoique malade, a toujours voulu charger à la tête de son corps.

Les sieurs Babecki et Volygurki, maréchaux-des-logis, Suzyeski, soldat des chevau-légers polonais, qui ont pris des drapeaux à l'ennemi, ont été nommés membres de la légion d'honneur.

S. M. a de plus accordé aux chevau-légers polonais huit décorations pour les officiers, et un pareil nombre pour les soldats.

Le chef-d'escadron Lubienski reconnut, dans la journée du 2, les débris de l'armée de Castenos auprès de Guadalaxara; ils étaient sous le commandement du général Pena, Castanos ayant, dit-on, été destitué par la Junte.

Le duc de l'Infantado a été une des premieres causes des malheurs que son pays a éprouvés; il fut le principal instrument de l'Angleterre dans ses funestes projets contre l'Espagne; c'est lui qu'elle employa pour diviser le pere et le fils, pour renverser du trône le roi Charles, dont l'attachement pour la France était connu, pour susciter des orages populaires contre le premier ministre de ce souverain, pour élever à la puissance suprême ce jeune prince, qui, dans son mariage avec une princesse de l'ancienne maison de Naples, avait puisé cette haine contre les Français dont cette maison ne s'est jamais départie.

Ce fut le duc de l'Infantado qui joua le premier rôle dans la conspiration de l'escurial, et c'est à lui que fut alors confié le pouvoir de généralissime des armées d'Espagne. On le vit ensuite prêter serment à Bayonne entre les mains du roi Joseph, comme colonel des Gardes espagnoles. De retour à Madrid, on le vit jeter le masque, et se montrer ouvertement l'homme des Anglais. C'est chez lui que logeaient les ministres de l'Angleterre; c'est dans sa société que vivaient les agens accrédités ou secrets de cette puissance. Après avoir excité ses concitoyens à une résistance insensée, on l'a vu, aussi lâche que traître, s'enfuir de Madrid à Guadalaxara, sous le prétexte d'aller chercher du secours, se soustraire par cette ruse aux périls dans lesquels il avait entraîné ses concitoyens, et ne montrer quelque sollicitude que pour l'argent anglais qu'il emmena dans sa propre voiture, et auquel il servit d'escorte.

Que lui vaudra cette conduite ? Il perdra ses titres, il perdra ses biens qu'on évalue à deux millions de rentes, et il ira chercher à Londres les mépris et les dédains et l'oubli dont l'Angleterre a toujours payé les hommes qui ont sacrifié leur honneur et leur patrie à l'injustice de sa cause.

Aussitôt que le rapport du chef d'escadron comte Lubienski fut connu, le duc d'Istrie se mit en marche avec 16 escadrons de cavalerie pour observer l'ennemi : le duc de Bellune suivit avec l'infanterie : le duc d'Istrie, arrivé à Guadalaxara y trouva l'arrière-garde ennemie qui filait sur l'Andalousie, la culbuta et lui fit 500 prisonniers : le général de division Ruffin et la brigade de dragons Bordesoult, informés que des ennemis se portaient sur Aranjuez, se sont portés sur ce point, l'ennemi en a été chassé, et ces troupes se sont mises aussitôt à la poursuite de tout ce qui fuit vers l'Andalousie.

Le général de division Lahoussaye est entré le 5 à l'Escurial. Cinq à six cents paysans voulaient défendre le couvent ; ils ont été chassés de vive force.

Chaque jour les restes de la stupeur dans laquelle étaient tombés les habitans de Medrid se dissipent.

Ceux qui avaient caché leurs meubles et leurs effets précieux les rapportent dans leurs maisons.

Les boutiques se garnissent comme à l'ordinaire ; les barricades et tous autres apprêts de défense ont disparu.

L'occupation de Madrid s'est faite sans désordre, et la tranquillité règne dans toutes les parties de cette grande ville. Un fusilier de la garde ayant été trouvé désaisi de plusieurs montres, et ayant été convaincu de les avoir volées, a été fusillé sur la place de Madrid.

On a trouvé dans cette ville 200 milliers de poudre, 10,000 boulets, 2 millions de plomb, 100 pièces de canon de campagne 120,000 fusils, la plupart anglais. Le désarmement continue sans aucune difficulté : tous les habitans s'y prêtent avec la meilleure volonté. Ils reviennent avec empressement et de bonne foi à l'autorité royale qui les soustrait à la malfaisance de l'Angleterre, à la violence des factions et aux désordres des mouvemens populaires.

Le roi d'Espagne a créé un régiment qui porte le nom de Royal-Etranger, et dans lequel sont admis les déserteurs et les Allemands qui étaient au service d'Espagne. Il a aussi formé un régiment suisse de Reding le jeune, cet officier s'étant comporté parfaitement et en véritable patriote suisse ; bien différent en cela du général Reding : l'un a bien mérité de ses compatriotes, et obtiendra partout l'estime ; l'autre généralement méprisé, ira dans les tavernes de Londres jouir d'une pension de quelques centaines de livres sterling mal acquise et payée avec dédain ; il sera émigré du Continent. Les régimens Royal-Etranger et Reding le jeune ont déjà plusieurs milliers d'hommes.

Le 3e et le 8e corps de l'armée d'Espagne et trois divisions de cavalerie ne font que passer la Bidassoa. Ils sont encore bien loin d'être en ligne et cependant beaucoup de victoires ont déjà été obtenues, et la plus grande partie de la besogne est faite.

De l'Imprimerie de MORONVAL, rue des Prêtres St. Severin, N°. 4.

19 Décembre 1808

16ème Bulletin

DE L'ARMÉE D'ESPAGNE.

(Extrait du Moniteur du 19 décembre 1808.)

Madrid, le 3 décembre 1808.

Le duc de Montebello se loue beaucoup de la conduite du général de brigade Pouzet, à la bataille de Tudela; du général de division Lefebvre, du général de brigade d'artillerie Conin, de son aide-de-camp Guéheneuc qui a été blessé.

Il fait une mention particulière de trois régimens de la Vistule.

Le général de brigade Augereau : qui a chargé à la tête de la division Morlot, s'est fait remarquer.

MM. Viry et Labedoyere ont pris une pièce de canon au milieu de la li   eunemie.

   ruier a été légèrement blessé au bras.

S. M. a nommé le colonel Pepin général de brigade, et le major Kliki, colonel.

Le colonel polonais Kasinowski, qui a été blessé, a été nommé membre de la Légion d'honneur.

Le général de division Ruffin, ayant passé le Tage à Aranjuez, s'est porté sur Ocanna, et a coupé le chemin aux débris de l'armée d'Andalousie qui voulaient se retirer en Andalousie, et qui se sont jetés sur Cuença.

Les divisions de cavalerie des généraux Lasalle et Milhaud se sont dirigées sur le Portugal par Talavera de la Reina.

Le duc de Dantzick arrive aujourd'hui à Madrid avec son corps d'armée.

Le maréchal Ney, avec son corps d'armée, est arrivé à Guadalaxara venant de Sarragosse.

Sa M. voulant épargner aux honnêtes habitans de cette ville les horreurs d'un assaut, n'a pas voulu qu'on attaquât Sarragosse jusqu'au moment où la nouvelle des évènemens de Madrid, et de la dispersion des armées espagnoles y serait connue.

Cependant, si cette ville s'obstinait dans sa résistance, les mines et les bombes en feraient raison.

Le 8º corps est entré en Espagne.

Le général Delaborde va porter son quartier-général à Vittoria.

La division polonaise du général Valence arrive aujourd'hui à Buitrago.

Les Anglais sont en retraite de tous côtés.

La division Lasalle a cependant rencontré 16 hommes qu'elle a sabrés.

C'était des traîneurs ou des hommes qui s'étaient égarés.

Le maréchal Mortier, arrivera le 16 en Catalogne, pour tourner l'armée ennemie et faire sa jonction avec les généraux Duhesme et Saint-Cyr.

Le 23 novembre, la brèche du château de la Trinité de la ville de Roses était au moment de se trouver praticable.

Le même jour, les Anglais ont débarqué 400 hommes au pied du château.

Un bataillon italien a marché sur eux, leur a tué dix hommes, en a blessé davantage et a jeté le reste dans la mer.

On a remarqué une trentaine de barques qui sortaient du port de Roses: ce qui porte à penser que les habitans commencent à évacuer la ville.

Le 24, l'avant-garde ennemie, campée sur la Fluvia, forte de 5 à 6 mille hommes, et commandée par le général Alvarès, est venue en plusieurs colonnes attaquer les points de Navata, Pontos, Armodas et Garrigas, occupés par la division du général Souham.

Le 1er régiment d'infanterie légère et le 4e bataillon de 3e légère, ont soutenu seuls l'effort de l'ennemi et l'ont ensuite repoussé.

L'ennemi a été rejeté au delà de la Fluvia, avec une perte considérable en tués et blessés. On a fait des prisonniers, parmi lesquels se trouvent le colonel Lebrun, commandant en second de l'expédition, et colonel du régiment de Tarragone, le major est un capitaine du même régiment.

Voici la suite du journal du siége de Roses.
(Nous la donnerons dans le numéro de demain).

De l'Imprimerie de MORONVAL, rue des Prêtres St. Severin, N°. 4.

SUITE DU
XVIᴱ. BULLETIN
de l'Armée d'Espagne.

Extrait du Moniteur du 20 décembre 1808.

Suite du *Journal du siège de Roses*, annexée au 16e. Bulletin de l'armée d'Espagne.

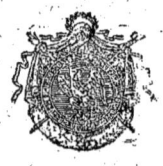

Tranchée de vingt-quatre heures, depuis six heures du matin du 22 jusqu'à la même heure du 23 novembre 1808. — 7e. corps, 3.e brigade.

MM. Morlaincourt ; Sarbourg, officiers de sappeurs.

Les sappeurs de service ont été employés à terminer les banquettes à la partie gauche, et à perfectionner le centre, en avant de la batterie de mortiers, avec les travailleurs du 56e. régiment. Dans cette partie deux hommes ont été blessés par nos bombes éclatées à la sortie du mortier. Le fond de la partie gauche a été totalement régalé et terminé.

L'artillerie y a disposé d'un emplacement destiné à établir une batterie à ricochet de quatre pièces de 24. Les bâtimens ennemis ont fait un feu très-vif de mortiers, depuis onze heures jusqu'à cinq heures du soir ; plusieurs bombes sont tombées très-près et même dans la tranchée ; en total un homme tué et trois blessés.

Dans la nuit, deux cens travailleurs ont ouvert environ 6 toises restante du boyau de communication pour la queue de la tranchée. A environ 15 à 18 pouces de profondeur, on a trouvé l'eau, ce qui (de même que la partie déjà commencée) a déterminé à l'élargir davanvantage pour fournir le parapet.

A quatre heures, l'ennemi a commencé une forte canonnade jusqu'à près de six heures; mais qui a produit peu d'effet.

Tranchée de gauche.

MM. Rougier, Madron, Salton, officiers de sappeurs.

L'extrémité gauche de la parallèle sur une longueur de 260 mètres, n'ayant été qu'ébauchée, on l'a continuée de manière à se mettre à couvert du feu de la place; le terrein dans cette partie est rocailleux et difficile à travailler; on a pratiqué le passage dans la maison ruinée, placée à son extremité.

On a continué la partie de la parallèle qui aboutit à une ancienne, faite dans le dernier siège, sur une longueur de 250 mètres, et qui avait été ébauchée la veille.

On a réuni ces deux bouts de parallel sur une largeur d'environ 300 mètres qui n'avait pas été commencée 'a veille, et on l'a mise au point d'être à couvert des feux de la place.

La droite et la gauche de cette nouvelle attaque a été portée à 9 pieds de largeur.

Le feu a été très-vif et presque continuel dans la nuit; il y a eu deux fusillades qui s'étendaient depuis le bouton jusque sur la droite de la citadelle de Roses.

Le Colonel du génie, signé RIBES

Première brigade. — Tranchée de droite. MM. Lafite, Euzenate, officiers de sappeurs.

Les travailleurs ont été occupés à continuer le boyau de communication en arrière de la tranchée, et partie à perfectionner la parallele en avant de la batterie, n. 2.

On a aussi perfectionné la communication en arrière de la parallele, autant que la limite a pu le permettre. Les travailleurs placés en avant de la batterie n. 2, dans la parallele, ont achevé d'écrêté le parapet de cette partie de tranchée.

Le feu de la place a été assez vif pendant le jour : mais il a été principalement dirigé sur les batteries. Aucun des travailleurs n'a été atteint. Un homme seul de la garde de la tranchée a été légérement blessé.

Tranchée de gauche MM. Fretelle, Theviotte, Poulain, officiers de sapeurs.

On a continué de perfectionner la parallele dans toute sa longueur. On a terminé le pont sur le ravin, ainsi que le parapet de la parallele établie sur le pont, on a couvert un boyau de communication d'environ 120 toises de longueur de la parallele à la batterie de ricochet de la face droite du bastion gauche de l'attaque. Cette communication a été laissée à quatre pieds de longueur sur trois de profondeur.

A trois heures du matin, les troupes de ligne stationnées sur la gauche, sont entrées dans le village de Roses où elles n'ont trouvé personne.

Au quatier-général à Palau, le 24 novembre 1808.

Le colonel du génie, signé, RIBES.

Attaque de gauche. — 3.e brigade. Tranche de 24 heures, depuis 6 heur. du matin du 24, jusqu'à la même heure du 25 novemb. 1808.

Pendant le jour, on s'est occupé du perfectionnement de la droite de la parallèle, et de la communication de la batterie qui avait été commencée la nuit précédente.

La 2.e compagnie du 3.e bataillon de sappeurs, fut occupée à rendre défensive une portion des fossés de l'ancienne redoute. Le soir, ce travail était achevé, quoiqu'il se fut exécuté sous la fusillade venant des maisons de la ville.

Aussitôt que l'obscurité le permit, le colonel commandant la tranchée fit partir les troupes.

Les travailleurs de nuits étaient composés de quatre compagnies du 1er. régiment italien, faisant environ 500 hommes. La compagnie de carabiniers fut placée en avant près du village.

Comme dans la matinée on avait reconnu la position des boyaux qui devaient lier la batterie avec les avant-postes près du faubourg, on y plaça les trois autres compagnies; mais au jour il restait entre la batterie et le redan une longueur de 150 metres, qui n'était pas commencée, dans tout le reste on était à-peu-près

Un sappeur a reçu un éclat de pierre et un autre une balle.

L'ennemi a tiré 410 coups.

Le colonel du génie, signé, RIBES.

Attaque de droite.

La communication en arrière de la parallèle était à peu près terminée à la pointe du jour; elle sera entièrement achevée pendant la journée avec le peu de travailleurs qu'on a laissés.

Imprimerie d'OGIER, rue Traversière-St.-Honoré, N°. 16.

XVIIᵐᵉ· BULLETIN

DE L'ARMÉE D'ESPAGNE,

(Extrait du Moniteur du 22 Décembre.)

Madrid, le 10 décembre 1808.

S. M. a passé hier, au Prado, la revue du corps du maréchal duc de Dantzick, arrivé avant hier à Madrid.

Elle a témoigné sa satisfaction à ces braves troupes.

Elle a passé aujourd'hui la revue des troupes de la confédération du Rhin, formant la division commandée par le géneral Leval.

Les régimens de Nassau et de Bade se sont bien comportés.

Le régiment de Hesse-Darmstadt n'a pas soutenu la réputation des troupes de ce pays, et n'a pas répondu à l'opinion qu'elles avaient donnée d'elles dans les campagnes de Pologne.

Le colonel et le major paraissent être des hommes médiocres.

Le duc d'Istrie est parti, le 6, de Guadalaxara.

Il a fait battre toute la route de Sarragosse et de Valence, a fait 500 prisonniers et pris beaucoup de bagages.

An Bastan, un bataillon de 500 hommes, cerné par la cavalerie, a été écharpé.

L'armée ennemie battue à Tudela, à Gatalayud, abandonnée par ses géuéraux, par une partis de ses officiers et par un grand nombre de soldats, était réduite à 6000 hommes.

Le 8, à minuit, le duc d'Istrie fit attaquer par le généra. Montbrun, à Santa-Cruz, un corps qui protégeait la fuite de l'armée ennemie.

Ce corps fut poursuivi l'épée dans les reins, et on lui fit 1000 prisouniers.

Il voulut se jetter dans l'Andalousie par Madridego.

Il paraît qu'il a été forcé de se disperser dans les montagnes de Cuenca

Toici la suite des opérations du siège de roses.
Le 28, après-midi une sommation a été faite ; elle est restée sans réponse.

Vingt-deux deux déserteurs ont apais que la place avait beaucoup souffert; qu'il s'était manifesté une insurrection des habitans qui voulaient capituler ; et que la réddition aurait déja eu lieu, si les Anglais n'abusaient pas de la liberté qu'ils ont de se sauver par la mer pour forcer la place à tenir.

Une action très brillente et très honnorable pour les troupes de S. M. nous a rendus maitres de ville contiguë à la place.

Il en résulte que nous nous trouvons à une très-petite distance du corps de la place, précisément du coté qu ai sauté autréfois par l'exposition d'un magasin à poudre, et dont la muraille est mal réparée.

Une batterie de brèche a été établie vis-à-vis de ce bastion; elle a été tracée le 28, au soir, ainsi qu'une batterie à ricochets contre le même front.

On continue ces travaux avec activité; mais la nature du terrain présente des difficultés assez fortes pour qu'on ne puisse mettre la batterie en état de tirer avant le cinquième jour.

On a établi en outre sur le port, dans la ville, une batterie dont le feu dirigé sur la porte de la marine du fort, doit gêner sa communication avec la mer, et rendre l'embarquement de la garnison difficile, même avec un vent favorable, et impossible avec un vent contraire.

De l'Imprimerie de GAILLARD, rue du Petit-Pont, N°. 22.

Extrait du Moniteur, du 25 Décembre 1808.

18e. BULLETIN
DE
L'ARMÉE D'ESPAGNE

Madrid, 12 décembre 1808.

La Junte centrale d'Espagne avait peu de pouvoir. La plupart des provinces lui répondaient à peine ; toutes lui avaient arraché l'administration des finances.

Elle était influencée par la dernière classe du peuple ; elle était gouvernée par la minorité.

Florida-Blanca était sans aucun crédit. La Junte était soumise à la volonté de deux hommes; l'un, nommé Lorenzo-Calvo, marchand épicier de Sarragose, qui avait gagné en peu de mois, le titre d'excellence. C'était un de ces hommes violens qui paraissent dans les révolutions; sa probité était plus que suspecte.

L'autre était un nommé Tilly, condamné autrefois aux galères comme voleur, frère cadet du nommé Guzman qui a joué un rôle sous Robespierre dans le temps de la terreur, et bien digne d'avoir eu pour frère ce misérable.

Aussitôt que quelque membre de la Junte voulaient s'opposer à des mesures violentes, ces deux hommes criaient à la trahison; un rassemblement se formait sous les fenêtres d'Aranjuez, et tout le monde signait.

L'extravagance et la méchanceté de ces meneurs se manifestaient de toutes les manières.

Aussitôt qu'ils apprirent que l'Empereur était à Burgos, et que bientôt il serait à Madrid, ils poussèrent le délire jusqu'à faire contre la France une déclaration de guerre remplie d'injures et de traits de folie.

Ce que les honnêtes gens ont eu à souffrir de la dernière classe du peuple, se concevrait à peine, si chaque nation ne trouvait dans ses annales le souvenir de crises semblables.

Récemment, encore trois respectables habitans de Tolède ont été égorgés.

Lorsque le 11, le général de division Lasalle poursuivant l'ennemi, est arrivé à Talavera de la Reina où les Anglais étaient passés en triomphe dix jours auparavant, en annonçant qu'ils allaient secourir la capitale, un spectacle affreux s'est offert aux yeux des Français. Un cadavre revêtu de l'uniforme de général espagnol était suspendu à une potence, et percé de mille coups de fusil; c'était le général don Benito San Juan, que ses soldats dans le désordre de leur terreur panique, et pour réunir donner un prétexte à leur lâcheté, avait aussi indignement sacrifié.

Ils n'ont repris haleine à Talavera que pour torturer leur infortuné général qui, pendant tout un jour a été le but de leur barbarie et de leur adresse atroce.

Talavera de la Reina est une ville considérable, située sur la belle vallée du Tage, et dans un pays très-fertile.

Les évêques de Léon et d'Astoga, et un grand nombre d'ecclésiastiques se sont distingués par leur bonne conduite, et par l'exemple des vertus apostoliques.

Le pardon général accordé par l'Empereur, et les dispositions qui marquent l'établissement de la nouvelle dynastie par l'anéantissement des maisons des principaux coupables, ont produit un grand effet.

La destruction des droits odieux au peuple, et contraires à la prospérité de l'Etat, et la mesure qui ne laisse plus à la classe nombreuse des moines aucune incertitude sur son sort, ont un bon résultat.

L'animadversion générale se dirige contre les Anglais. Les paysans disent, dans leur langage, qu'à l'approche des Français, les Anglais sont allés monter sur leurs chevaux de bois.

S. M. a passé hier la revue de plusieurs corps de cavalerie.

Elle a nommé commandant de la légion d'honneur le colonel des lanciers polonais Konopka.

Le corps que cet officier commande s'est couvert de gloire dans toutes les occasions.

S. M. a témoigné sa satisfaction à la brigade de Dijon, pour sa bonne conduite à la bataille de Tudela.

De l'Imprimerie d'Aubry, Palais de Justice.

19ᵉ. BULLETIN

DE L'ARMEE D'ESPAGNE.

Extrait du Moniteur du 26 Décembre 1808.

Madrid, 13 décembre 1808.

A place de Roses s'est rendue le 6. La capitulation est ci-jointe n°. I.
o hommes ont été faits prisonniers ; on a trouvé dans la place une artil-
e considérable. Six vaisseaux de ligne anglais qui étaient mouillés sur la
e, n'ont pu recevoir la garnison à leur bord. Le général Gouvion-Saint-
r se loue beaucoup du général de division Reille et du général de division
o. Les troupes du royaume d'Italie se sont distinguées pendant le siége.
'Empereur a passé aujourd'hui en revue, au-delà du pont de Ségovie,
tes les troupes réunies du corps du maréchal duc de Dantzick.
a division du général Sébastiani s'est mise en marche pour Talavera de
eyna.
a division polonaise du général Valence est fort belle.
a dissolution des troupes espagnoles continue de tous côtés : les nouvelles
ées qu'on était occupé à faire se disperssent de toutes parts et retournent
s leurs foyers,
es détails que l'on recueille de la bouche des espagnols, sur la Junte
trale, tendent tous à la couvrir de ridicule. Cette assemblée était deve-
e l'objet du mépris de toute l'Espagne. Ses membres, au nombre de 36,
aient attribué eux-mêmes des titres, des cordons de toute espèce et
000 liv. de traitement. Florida Blanca était un véritable mannequin.

Il rougit à présent do déshonneur qu'il a répandu sur sa vieillesse. Ainsi que cela arrive toujours dans de pareilles assemblées, deux ou trois hommes dominaient tous les autres, et ces deux ou trois misérables étaient aux gages de l'Angleterre. L'opinion de la ville de Madrid est très-prononcée à l'égard de cette Junte, qui est vouée au ridicule et au mépris, ainsi qu'à la haine de tous les habitans de la capitale.

La bourgeoisie, le clergé et la noblesse, convoqués par le corrégidor, se sont rassemblés deux fois; ils ont arrêté la délibération ci-jointe no. II.

L'esprit de la capitale est fort différent de ce qu'il était avant le départ des Français.

Pendant le temps qui s'est écoulé depuis cette époque, cette ville a éprouvé tous les maux qui résultent de l'absence du gouvernement : sa propre expérience lui a inspiré le dégoût des révolutions, elle a resserré les liens qui l'attachaient au roi. Pendant les scenes de désordre qui ont agité l'Espagne, les vœux et les regards des hommes sages se tournaient vers leur souverain.

Jamais on n'a vu dans ce pays un aussi beau mois de décembre; on se croirait au commencement du printemps. L'Empereur profite de ce temps magnifique pour rester à la campagne à une lieue de Madrid.

No. I.

Roses, le 5 décembre 1808.

Capitulation de la place de Roses et du château de la Trinité.

Entre MM. l'adjudant-commandant Dambrovvski, chef de l'état-major de la division italienne, commandée par le général Pino et le chevalier Pia, colonel-major du 2e. régiment de ligne français, chargé par le général de division Reille, aide-de-camp de S. M. l'Empereur et Roi, d'une part;

Et M. le colonel dom Pedro O Duly, gouverneur-commandant de la place de Roses et du château de la Trinité, et le colonel du génie Manuel Lemaur, de l'autre.

Art. Ier. La place de Roses et le fort de la Trinité seront rendus aux troupes françaises dans l'état où ils se trouvent. Des officiers seront nommés des deux parts, pour faire l'inventaire des vivres et des munitions.

Réponse. — La place et le fort seront remis dans la journée aux troupes de S. M. l'Empereur et Roi.

II. Les garnisons de la place et du fort sortiront avec les honneurs de la guerre. Tous les officiers sans exception, conserveront leurs armes et tout ce qui leur appartient.

Réponse. — Ces garnisons déposeront leurs armes sur les glacis de la prise, seront prisonnières de guerre et conduites en France.

Les officiers conserveront tout ce qui leur appartient.

III. Pour le transport de la garnison jusqu'à Scala et pour préparer les transports nécessaires, on enverra un officier de la garnison espagnole; dans le cas où la garnison se retirera par terre, il lui sera fourni deux jours de vivres par les magasins de la place, et elle sera escortée par un officier français.

Réponse.—Immédiatement après la signature de la présente capitulation, une porte de la place de Roses et une porte du château de la Trinité seront remises à deux compagnies de grenadiers.

IV. Seront compris dans ces articles tous les individus à la suite de la garnison.

V. Après la reddition de la place, M. le colonel-gouverneur pourra envoyer un officier de la garnison au quartier-général espagnol, à Martoreil, pour faire part de cette reddition au général Vives.

Signé, JEAN DEMBROWSKI, adjudant-commandant chef de l'état-major.

PIA, colonel-major.
DON PEDRO O DALY.
MANUEL LEMAUR.

Approuvé la présente capitulation quant aux réponses seulement.

Le général de division commandant le siège
Signé, REILLE.

Madrid, le 9 décembre 1808.

Aujourd'hui, à onze heures du matin, heure indiquée pour l'ouverture de la séance, se sont réunies les personnes suivantes :

Le corrégidor,
Les régidors,
Les alcades,
Les députés du tiers-état,
Les chefs de l'assemblée de la mesta (1),
L'alguasil major,
L'évêque suffragant,
Les vicaires,
Le corps des curés et des bénéficiers,
Les chefs de toutes les communautés,
Le corps de la noblesse,
Les députés des cinq corporations principales,
Et toutes les députations représentant les 64 quartiers de la ville de Madrid.

M. le corrégidor prit la parole et annonça à l'assemblée qu'il avait l'honneur d'être admis à présenter l'hommage de son respect à S. M. I. et R. et à mettre à ses pieds l'expression des habitans de Madrid pour la bonté et la clémence dont S. M. avait usé envers cette ville.

M. le corrégidor avait exprimé à S. M. I. et R. le bonheur que sa présence répandrait dans la cité, et le désir qui animait tous les habitans, aloux de mériter et de justifier une faveur aussi honorable.

(1) Le conseil de la mesta est composé des grands propriétaires de troupeaux.

M. le corrégidor dit que S. M. I. et R. avait eu la bonté de s'entretenir avec lui et avec la plus grande bienveillance, et il ajouta que le but de cette assemblée était de faire connaître à MM. les députés de la ville de Madrid les intentions bienfaisantes de S. M. ; en conséquence, le corrégidor a rapporté dans les mêmes termes les sentimens de S. M., et ses dispositions favorables pour toute l'Espagne, et il a ajouté que le sort de Madrid dépendait de sa propre conduite.... Que ce sort serait heureux et prospère, si les habitans adhéraient de bonne foi à la constitution et reconnaissaient avec sincérité pour leur roi légitime don Joseph Napoléon I.er ; mais que dans le cas contraire, l'Espagne deviendrait une province de France.

Ici, M. le corrégidor a fait la peinture fidèle de la bonté du roi Joseph, qui avait employé tous ses soins pour la conservation de cette capitale, ainsi que des villes voisines, et qui les avait traitées en père généreux. Le corrégidor fit sentir à tous les députés que la présence du roi dans sa capitale devait être regardée comme le plus grand bien qui pût arriver.

En conséquence, MM. les députés pénétrés des mêmes sentimens et desirant de contribuer de tous leurs moyens au bonheur des habitans de Madrid, ont arrêté de supplier humblement S. M. I. et Royale d'accorder à la capitale la présence du roi, cette ville et même toute l'Espagne devant recueillir les plus grands avantages de la sagesse de son gouvernement.

MM. les députés ont insisté pour que de nouvelles actions de grace fussent présentées à S. M. I. et R. pour la bonté avec laquelle elle a traité cette ville, que ses armes triomphantes avaient conquise, et pour le pardon généreux de ce qui s'était passé pendant l'absence du roi Joseph Ier.

S. M. I. et R. sera également suppliée d'accorder grâce à ceux que la frayeur a portés à abandonner la ville, de même qu'à tous les paysans qui ont pris les armes.

sa Majesté Impériale et Royale sera suppliée humblement d'ordonner que les troupes troupes respectent les propriétés, les saints temples, les communautés religieuses, et, en un mot, la propriété de toutes les classes.

cette humble supplication sera mise sous les yeux de sa Majesté impériale et royale, et lui sera présentée par une députation prise parmi les représentans de la ville de Madrid.

Il a été arrêté dans la même séance que l'hommage de la plus vive reconnaissance sera sera présenté au roi Joseph Napoléon, dont l'heureuse intercession auprès de son auguste frère, l'Empereur des Français, a sauvé la ville de Madrid.

sa Majesté royale sera humblement suppliée d'accorder le bienfait de sa présence à la ville de Madrid, afin que sous son gouvernement juste et bienfaisant, le bon ordre, la et la tranquillité puissent renaître dans ses murs.

sa M. royale sera encore suppliée d'accorder sa royale protection près de son auguste frère, afin que grâce soit faite aux absens et aux habitans qui ont pris les armes.

Le présent procès-verbal sera présenté a sa Majesté impériale et royale par une députation.

(Suivent plusieurs milliers de signatures)

Le 11, les députations des notables des paroisses, toutes les corporations des artisans de la ville se sont réunies et ont pris une délibération conçue dans les mêmes termes que la précédente, et revêtue d'un nombre considérable de signatures.

De l'Imprimerie de Gauthier, rue Jean-Lantier, n. 2.

BULLETIN

DE L'ARMEE D'ESPAGNE.

Madrid, 19 décembre 1808.

Extrait du Moniteur, du 30 décembre 1808.

S. M. a passé en revue aujourd'hui l'armée qui est à Madrid, avec ses équipages et son administration.

Soixante mille hommes, cent cinquante pièces de canon.

Plus de quinze cents fourgons chargés de biscuits et d'eau-de-vie, formaient un ensemble imposant.

La droite de l'armée était appuyée sur Chamartin et la gauche dépassait Madrid.

Le duc de Bellune est toujours à Tolède avec son corps d'armée.

Le duc de Dantzick, avec son corps d'armée, est toujours à Talavera de la Reyna.

Le 8e. corps est arrivé à Burgos.

Le général Saint-Cyr fait sa jonction à Barcelonne avec le général Duhesme.

Nos postes de cavalerie battent le pays jusqu'aux confins de l'Andalousie.

L'Empereur a accordé à l'armée quelques jours de repos.

De très-beaux ouvrages de fortification se construisent sur les hauteurs de Madrid.

Six mille hommes y travaillent.

Le petit équipage de siége, composé de pièces de 24 légères et de petits mortiers, est arrivé.

On a trouvé à Talavera de la Reyna une cinquantaine d'hommes dans les hôpitaux, deux ou trois cents selles et quelques restes de magasins appartenant aux troupes anglaises.

Quelques détachémens de cavalerie se sont fait voir du côté de Valladolid ; c'est le premier signe d'existence que les Anglais aient donné ; ils ont beaucoup de malades et de déserteurs.

Le 13 de ce mois, leur armée était encore à Salamanque.

Une si noble retenue, une si singulière immobilité pendant les six semaines qui viennent de s'écouler, paraissent fort extraordinaires.

S. M. jouit de la meilleure santé.

―――――――――

De l'Imprimerie de GAUTHIER, rue Jean-Lantier, n. 2.

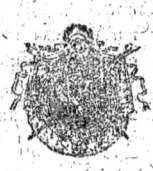

21ᵉ. BULLETIN
De l'Armée d'Espagne.

(Extrait du Moniteur du 8 Janvier 1809.)

LES Anglais sont entrés en Espagne le 29 octobre. Ils ont vu dans les mois de novembre et de décembre détruire l'armée de Galice à Espinosa, celle d'Estramadure à Burgos, celle d'Aragon et de Valence à Tudela, celle de réserve à Somo-Sierra : enfin ils ont vu prendre Madrid, sans faire aucun mouvement, et sans secourir aucune des armées espagnoles, pour lesquelles une division de troupes anglaises eût été cependant un secours considérable.

Dans les premiers jours du mois de décembre, on apprit que les colonnes de l'armée anglaise étaient en retraite, et se dirigeaient vers la Corogne, où elles devaient se rembarquer. De nouvelles informations firent ensuite connaître qu'elles s'étaient arrêtées, et que le 16 elles étaient parties de Salamanque pour entrer en campagne. Dès le 15, la cavalerie légère avait paru à Valladolid. Toute l'armée anglaise passa le Duero, et arriva le 23 devant le duc de Dalmatie, à Saldagna.

Aussitôt que l'EMPEREUR fut instruit à Madrid de cette résolution inespérée des Anglais, il marcha pour leur couper la retraite, et se porter sur leurs derrières; mais quelque diligence que firent les troupes françaises, le passage de la montagne de Guadarama, qui était couverte de neige, les pluies continuelles et le débordement des torrens, retardèrent leur marche de deux jours.

Le 22, l'EMPEREUR était parti de Madrid, son quartier-général était le 23 à Villa-Castin, le 25 à Tordesillas, et le 27 à Medina del Rio-Secco.

Le 24, à la pointe du jour, l'ennemi s'était mis en marche pour déborder la gauche du duc de Dalmatie; mais dans la matinée ayant appris le mouvement qui se faisait de Madrid, il se mit sur-le-champ en retraite, abandonnant ceux de ses partisans du pays, dont il avait réveillé les passions, les restes de l'armée de Galice, qui avaient conçu de nouvelles espérances, une partie de ses hôpitaux et de ses bagages, et un grand nombre de trainards. Cette armée a été dans un péril imminent; douze heures de différence, elle était perdue pour l'Angleterre.

Elle a commis beaucoup de ravages, resultat inévitable des marches forcées des troupes en retraite; elle a enlevé les couvertures, les mules, les mulets, et beaucoup d'autres effets; elle a pillé un grand nombre d'églises et de couvens. L'abbaye de Sahagun, qui contenait 60 religieux, et qui avait toujours été respectée par l'armée française, a été ravagée par les Anglais: partout les moines et les prêtres ont fui à leur approche. Ces désordres ont exaspéré le pays contre les Anglais : la différence de la langue, des mœurs et de la religion, n'a pas peu contribué à cette disposition des esprits ; ils reprochent aux Espagnols de n'avoir plus d'armée à joindre à la leur, et d'avoir trompé le gouvernement anglais ; les Espagnols leur répondent que l'Espagne a eu des armées nombreuses, mais que les Anglais les ont laissé détruire sans faire aucun effort pour les secourir.

Dans les quinze jours qui viennent de s'écouler, on n'a pas tiré un coup de fusil; la cavalerie légère a seulement donné quelques coups de sabre.

Le général Durosnel, avec quatre cents chevaux-légers de la garde, donna à la nuit tombante dans une colonne d'infanterie anglaise en marche, sabra un grand nombre d'hommes, et jeta le désordre dans la colonne.

Le général Lefebvre Desnouettes, colonel des Chasseurs de la Garde, détaché depuis deux jours du quartier général, avec 3 escadrons de son régiment, avait pris beaucoup de bagages, de femmes, de trainards, et trouvant le pont de l'Exla coupé, crut la ville de Bénavente évacuée : emporté par cette ardeur qu'on a si souvent reproché au soldat Français, il passa la rivière à la nage, pour se porter sur Benavente, où il trouva toute la cavalerie de l'arrière-garde anglaise: alors s'engagea un grand combat de 400 hommes contre 2000. Il faut enfin céder au nombre : ces braves repassèrent la rivière ; une balle tua le cheval du général Lefebvre Desnouettes, qui avait été blessé d'un coup de pistolet, et qui, resté à pied, fut fait prisonnier. Dix de ses chasseurs, qui étaient aussi démontés, ont également été pris : 5 ce sont noyés, 20 ont été blessés. Cette échaufourée a dû convaincre les anglais de ce qu'ils auraient à redouter de pareilles gens dans une affaire générale. Le général Lefebvre a sans doute fait une faute, mais cette faute est d'un Français : il doit être à la fois blâmé et récompensé.

Le nombre de prisonniers qu'on a fait à l'ennemi jusqu'à cette heure, et qui sont la plupart des hommes isolés et des trainards, s'élève à 300.

Le 28, le quartier-général de l'EMPEREUR était à Valderas;
Celui du duc de Dalmatie, à Mancilla;
Celui du duc d'Elchingen, a Villafer.

En partant de Madrid, l'EMPEREUR avait nommé le roi Joseph son lieutenant-général commandant la garnison de la capitale; les corps des ducs de Dantzick et de Bellune; et les divisions de cavalerie Lasalle, Milhaud et Latour-Maubourg, laissés pour la protection du centre.

Le tems est extrêmement mauvais. A un froid vif ont succédé des pluies abondantes. Nous souffrons, mais les Anglais doivent souffrir bien davantage.

De l'Imp. de PELLETIER, rue du Petit-Lion, n.º 9, près celle St-Denis.

22.me BULLETIN
DE
L'ARMÉE D'ESPAGNE.

(Extrait du Moniteur, du 10 janvier.)

Benavente, le 31 décembre 1808.

Dans la journée du 30, la cavalerie, commandée par le duc d'Istrie, a passé l'Ezla. Le 30 au soir, elle a traversé Benavente et a poursuivi l'ennemi jusqu'à Puente de la Velana.

Le même jour, le quartier-général a été établi à Benavente.

Les Anglais ne se sont pas contentés de couper une arche du pont de l'Ezla : ils ont aussi fait sauter les piles avec des mines, dégât inutile, qui est très-nuisible au pays.

Ils se sont livrés partout au plus affreux pillage.

Les soldats, dans leur excès de leur perpétuelle intempérance, se sont portés à tous les désordres d'une ivresse brutale.

Tout, enfin, dans leur conduite, annonçait plutôt une armée ennemie, qu'une armée qui venait secourir un peuple ami.

Le mépris que les Anglais témoignaient pour les Espagnols, a rendu plus profonde encore l'impression causée par tant d'outrages.

Cette expérience est un utile calmant pour les insurrections suscitées par les étrangers.

On ne peut que regretter que les anglais n'aient pas envoyé une armée en Andalousie.

Celle qui a traversé Benavente, il y a dix jours, triomphait en espérance et couvrait déjà ses trophées; rien n'égalait sa sécurité et l'audace qu'elle faisait paraître.

A son retour, son attitude était bien changée : elle était harassée de fatigues et paraissait accablée de la honte de fuir sans avoir combattu.

Pour prévenir les justes reproches des Espagnols, les Anglais répétaient sans cesse qu'on leur avait promis de joindre des forces nombreuses à leur armée; et les Espagnols repoussaient encore cette calomnieuse assertion par des raisons auxquelles il n'y avait rien à répondre.

Lorsqu'il y a dix jours les Anglais traversèrent le pays, ils savaient bien que les armées espagnoles étaient détruites.

Les commissaires qu'ils avaient entretenus aux armées de la gauche, du centre et de la droite, n'ignoraient pas que ce n'était point cinquante mille hommes, mais cent quatre-vingt mille que les Espagnols avaient mis sous les armes ; que ces cent quatre-vingt mille hommes s'étaient battus tandis que pendant six semaines les Anglais avait été spectateurs indifférens de leurs combats.

Ces commissaires n'avaient pas laissé ignorer que les armées espagnoles avaient cessé d'exister.

Les Anglais savaient donc que les Espagnols étaient sans armées, lorsqu'il y a dix jours ils se portèrent en avant énivrés de la folle espérance de tromper la vigilance du général français et donnant dans le piège qu'il leur avait tendu pour les attirer en rase campagne.

Ils avaient fait auparavant quelques marches pour retourner à leurs vaisseaux.

« Vous deviez, ajoutaient les espagnols, persister dans cette résolution prudente, ou bien il fallait être assez forts pour balancer les destins des Français.

Il ne fallait pas sur-tout avancer d'abord avec tant de confiance, pour reculer ensuite avec tant de précipitation ; il ne fallait pas attirer chez nous le théâtre de la guerre, et nous exposer aux ravages de deux armées.

Après avoir appelé sur nos têtes tant de désastres, il ne faut pas en jetter la faute sur nous.

» Nous n'avons pas pu résister aux armes françaises, vous ne pouvez pas leur résister d'avantage ; cessez donc de nous accuser, de nous outrager ; tous nos malheurs viennent de vous. »

Les Anglais avaient répandu dans le pays qu'ils avaient battu cinq mille hommes de cavalerie française sur les bords de l'Ezla, et que le champ de bataille était couvert de morts.

[4)

Les habitans de Benavente ont été fort surpris, lorsque visitant le champ de bataille, ils n'y ont trouvé que trois anglais et deux français.

Ce combat de 400 hommes contre 2000 fait beaucoup d'honneur aux Français.

Les eaux de la riviere avaient augmenté pendant toute la journée du 29, de sorte qu'à la fin du jour le gué n'était plus praticable.

C'est au milieu de la riviere, et dans le tems où il était prêt à se noyer, que le général Lefevre-Desnouettes ayant été porté par le courant sur la rive occupée par les Anglais, a été fait prisonnier.

La perte des ennemis en tués et en blessés dans cette affaire d'avant-postes, a été beaucoup plus considérable que celle des Français.

La fuite des Anglais a été si précipitée, qu'ils ont laissé à l'hôpital leurs malades et leurs blessés, et qu'ils ont été obligés de brûler un superbe magasin de tentes et d'effets d'habillement.

Ils ont tué tous les chevaux blessés ou fatigués qui les embarrassaient.

On ne saurait croire combien ce spectacle, si contraire à nos mœurs, de plusieurs centaines de chevaux tués à coups de pistolets, indigne les Espagnoles.

Plusieurs y voient une sorte de sacrifice, un usage religieux, et cela leur fait naître des idées bizarres sur la religion anglicane.

Les Anglais se retirent en toute hâte.

Tous les Allemands à leur service désertent.

Notre armée sera ce soir à Astorga et près des confins de la Galice.

De l'imprimerie de Meunier, rue Bailleul, n. 11.

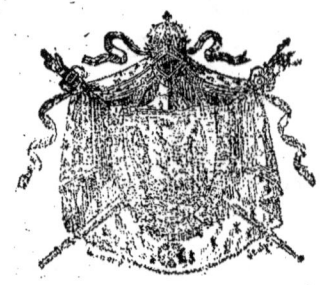

23. BULLETIN

DE L'ARMEE D'ESPAGNE.

Extrait du Moniteur du 11 Janvier 1809.

Benavente, le premier janvier 1809.

Le duc de Dalmatie arriva le 30 à Mancilla où était la gauche des ennemis, occupée par les Espagnols du général Romana.

Le général Franceschi les culbuta d'une seule charge, leur tua beaucoup de monde, leur prit deux drapeaux, et fit prisonniers un colonel, deux lieutenans-colonels, cinquante officiers et quinze cents soldats.

Le 31, le duc de Dalmatie entra à Léon; il y trouva deux mille malades.

La Romana avait succédé dans le commandement à Blake,

après la bataille d'Espinosa. Les restes de cette armée qui, devant Bilbao, était de plus de cinquante mille hommes, formaient à peine cinq mille hommes à Mancilla.

Ces malheureux sans vêtemens, accablés par la misère, remplissent les hôpitaux.

Les Anglais sont en horreur à ces troupes qu'ils méprisent, aux citoyens paisibles qu'ils maltraitent et dont ils dévorent la subsistance pour faire vivre leur armée.

L'esprit des habitans du royaume de Léon est bien changé; ils demandent à grands cris et la paix et leur roi; ils maudissent les Anglais et leurs insinuations fallacieuses, ils leur reprochent d'avoir fait verser le sang espagnol pour nourrir le monopole anglais et perpétuer la guerre du Continent.

La perfidie de l'Angleterre et ses motifs sont maintenant à la portée de tout le monde et n'échappent pas même à la pénétration du dernier des habitans des campagnes.

Ils savent ce qu'ils souffrent, et les auteurs de leurs maux étaient sous leurs yeux.

Cependant les Anglais fuient en toute hâte, poursuivis par le duc d'Istrie avec neuf mille hommes de cavalerie. Dans les magasins qu'ils ont brulé à Benavente, se trouvaient, indépendamment des tentes, 4000 couvertures et une grande quantité de Rhum.

On a ramassé plus de 200 charriots de bagages et de munitions de guerre, abandonnés sur la route de Benavente à Astorga.

Les débris de la division de la Romana se sont jettés sur cette dernière ville, et ont encore augmenté la confusion.

Les événemens de l'expédition de l'angleterre en Espagne, fourniront le sujet d'un beau discours d'ouverture du parlement.

Il faudra annoncer à la nation anglaise que son armée est restée trois mois dans l'inaction, tandis qu'elle pouvait secourir les Espagnols; que ses chefs, ou ceux dont elle exécutait les ordres, ont eu l'extrême ineptie de la porter en avant lorsque les armées espagnoles étaient détruites; qu'enfin elle a commencé l'année, fuyant l'épée dans les reins, poursuivie par l'ennemi qu'elle n'a pas osé combattre, et par les malédictions de ceux qu'elle avait excités, et qu'elle aurait dû défendre.

De telles entreprises et de semblables résultats ne peuvent appartenir qu'à un pays qui n'a pas de gouvernement. Fox ou même Pitt n'auraient pas commis de telles fautes. S'engager dans une lutte de terre contre la France qui a cent mille hommes de cavalerie, cinquante mille chevaux d'équipages de tout genre et neuf cents mille hommes d'infanterie, c'est pour l'Angleterre pousser la folie jusqu'à ses derniers excès; c'est être avide de honte, c'est enfin diriger les affaires de la Grande-Bretagne comme pouvait le desirer le cabinet des Tuileries.

Il fallait bien peu connaître l'Espagne pour attacher quelque importance à des mouvemens populaires, et pour espérer qu'en y soufflant le feu de la sédition, cet incendie aurait quelques résultats et quelque durée.

Il ne faut que quelques prêtres fanatiques pour composer et répandre des libelles; pour porter un désordre momentané dans les esprits; mais il faut autre chose pour constituer une nation en armes.

Lors de la révolution de France, il fallut trois années, et le régime de la Convention pour préparer des succès militaires; et qui ne sait encore à quelles chances la France fut exposée ? Cependant elle était excitée, soutenue par la volonté unanime de recouvrer les droits qui lui avaient été ravis dans des tems d'obscurité. En Espagne c'étaient quelques hommes qui soulevaient le peuple pour conserver la possession exclusive de droits sur le peuple.

Ceux qui se battaient pour l'Inquisition, les Franciscains et les droits féodaux, pouvaient être animés d'un zèle ardent pour leurs intérêts personnels, mais ne pouvaient inspirer à toute une nation une volonté ferme et des sentimens durables. Malgré les Anglais, les droits féodaux, les Franciscains et l'Inquisition n'existent plus en Espagne.

Après la prise de Roses, le général Gouvion-Saint Cyr s'est dirigé sur Barcelone avec le 7e. corps, il a dispersé tout ce qui se trouvait aux environs de cette place, et il a fait sa jonction avec le général Duhesme. Cette réunion a porté son armée à 40,000 hommes.

Les ducs de Trévise et d'Abrantès ont enlevé tous les ouvrages avancés de Saragosse.

Le général du génie Lacoste prépare ses moyens pour s'emparer de cette ville sans perte.

Le roi d'Espagne s'est rendu à Aranjuez pour passer en revue le premier corps commandé par le duc de Bellune.

―――――

De l'Imprimerie de Gauthier, rue Jean-Lantier, n. 2.

24ᵉ. BULLETIN

DE L'ARMÉE D'ESPAGNE.

Extrait du Moniteur, du 13 Janvier 1809.

Astorga, le 2 janvier 1808.

L'Empereur est arrivé à Astorga le premier janvier.

La route de Benavente à Astorga est couverte de chevaux anglais morts, de voitures d'équipages, de caissons d'artillerie et de munitions de guerre.

On a trouvé à Asterga de magasins de draps, de couvertures et d'outils de pionniers.

Dans la route d'Astorga à Villa-Franca, le général Colbert, commandant l'avant-garde de cavalerie du duc d'Istrie, a fait 2000 prisonniers, pris des convois de fusils et délivré une quarantaine d'hommes isolés qui étaient tombés entre les mains des Anglais.

Quant à l'armée de la Romana, elle est réduite presqu'à rien.

Ce petit nombre de soldats sans habits, sans souliers, sans solde, sans nourriture, ne peut plus être compté pour quelque chose.

L'Empereur a chargé le duc de Dalmatie de la mission glorieuse de poursuivre les Anglais jusqu'au lieu de leur embarquement, et de les jeter dans la mer l'épée dans les reins.

Les Anglais sauront ce qu'il en coûte pour faire un mouvement inconsidéré devant l'armée française.

La manière dont ils sont chassés du royaume de Léon et de la Galice, et la destruction d'une partie de leur armée, leur apprendra sans doute à être plus circonspects dans leurs opérations sur le Continent.

La neige a tombé à gros flocons pendant toute la journée du premier.

Ce tems, très-mauvais pour l'armée française, est encore plus mauvais pour une armée qui bat en retraite.

En Catalogne, le général Gouvion Saint-Cyr est entré à Barcelonne.

A Sarragosse, les ducs de Conegliano et de Trévise se sont emparés, avec peu de perte, du Monte-Torrero.

Ils ont fait un millier de prisonniers, et ont entièrement cerné la ville.

Les mineurs ont commencé leurs travaux.

Dans l'Estramadure, la division du général Sébastiani ayant passé le Tage, le 24, au pont de l'Arzobispo, a attaqué les débris de l'armée d'Estramadure.

Une seule charge du 28e. régiment d'infanterie de ligne a suffi pour les mettre déroute.

Le duc de Dantziek avait en même tems fait passer le Tage à la division du général Valence sur le pont d'Almaraz.

Quatre pièces de canon, douze caissons, et quatre ou cinq cents prisonniers ont été le fruit de cette journée.

On s'est emparé de divers magasins, et notamment d'un immense magasin de tentes.

Tout ce qui reste de troupes espagnoles insurgées, est sans solde depuis plusieurs mois.

De l'Imprimerie de GAUTHIER, rue Jean-Lantier, n. 2.

25ᵉ. BULLETIN

DE L'ARMÉE D'ESPAGNE.

Extrait du Moniteur, du 16 Janvier 1809.

Benavente, le 5 janvier 1808.

La tête de la division Merle, faisant partie du corps du duc de Dalmatie, a gagné l'avant-garde dans la journée du 3 de ce mois.

A quatre heures après-midi, elle s'est trouvée en présence de l'arrière-garde anglaise qui était en position sur les hauteurs de Prieros, à une lieue devant Villa-Franca, et qui était composée de 5000 hommes d'infanterie et 600 chevaux. Cette position était fort belle et difficile à aborder. Le général Merle fit ses dispositions. L'infanterie s'approcha, on battit la charge, et les Anglais furent mis dans une entière déroute. La difficulté du terrain ne permit pas à la cavalerie de charger, et l'on ne put faire que 200 prisonniers. Nous avons eu une cinquantaine d'hommes tués ou blessés.

Le général de brigade Colbert, commandant la cavalerie de l'avant-garde, s'était avancé avec les tirailleurs de l'infanterie pour voir si le terrain s'élargissait et s'il pouvait former sa cavalerie. Son heure était arrivée ; une balle le frappa au front, le renversa, et il ne vécut qu'un quart d'heure. Revenu un moment à lui, il s'était fait placer sur son séant, et voyant alors la déroute complète des Anglais, il dit : « Je suis bien jeune encore pour mourir, mais du moins ma mort est digne d'un soldat de la Grande-Armée, puisqu'en mourant je vois fuire les éternels ennemis de ma patrie. » Le général Colbert était un officier d'un grand mérite.

Il y a deux routes d'Astorga à Villa-Franca. Les Anglais passaient par celle de droite, les Espagnols suivaient celle de gauche ; ils marchaient sans ordre : ils ont été coupés et cernés par les chasseurs hanovriens. Un général de brigade et une division entière, officiers et soldats, ont mis bas les armes. On lui a pris ses équipages, dix drapeaux et six pièces de canon.

Depuis le 27, nous avons déjà fait à l'ennemi plus de dix mille prisonniers, parmi lesquels sont quinze cents Anglais. Nous lui avons pris plus de quatre cents voitures de bagages et de munitions, quinze voitures de fusils, ses magasins et ses hôpitaux de Benavente, Astorga et Bembibre. Dans ce dernier endroit, le magasin à poudre qu'il avait établi dans une église, a sauté.

Les Anglais se retirent en désordre, laissant ainsi leurs magasins, leurs blessés, leurs malades, et abandonnant leurs équipages sur les chemins. Ils éprouveront une plus grande perte encore, et s'ils parviennent à s'embarquer, il est probable que ce ne sera qu'après avoir perdu la moitié de leur armée.

S. M. informée que cette armée était réduite au dessous de vingt mille hommes, a pris le parti de porter son quartier général d'Astorga à Benavente, où elle restera quelques jours, et d'où elle ira occuper une position centrale à Valladolid, laissant au duc de Dalmatie le soin de détruire l'armée anglaise.

On a trouvé dans les granges beaucoup d'anglais qui avaient été pendus par les Espagnols. S. M. a été indignée; elle a fait brûler les granges. Les paysans, quel que soit le ressentiment dont ils sont animés, n'ont pas le droit d'attenter à la vie des traînards de l'une ou de l'autre armée. S. M. a ordonné de traiter les prisonniers anglais avec les égards dûs à des soldats qui, dans toutes les circonstances, ont manifesté des idées libérales et des sentimens d'honneur. Informée que dans les lieux où les prisonniers sont rassemblés, et où se trouvent dix Espagnols contre un Anglais, les Espagnols maltraitent les Anglais et les dépouillent, elle a ordonné de séparer les uns des autres, et elle a prescrit, pour les Anglais, un traitement tout particulier.

L'arrière-garde anglaise en acceptant le combat de Prieros avait espéré donner le tems à la colonne de gauche, composée pour la plus grande partie d'Espagnols, de faire sa jonction à Villa-Franca. Elle comptait aussi gagner une nuit pour rendre plus complète l'évacuation de Villa-Franca.

Nous avons trouvé à l'hôpital de Villa-Franca 300 Anglais malades ou blessés. Les Anglais avaient brûlé dans cette ville un grand magasin de farine et de bled; ils y avaient détruit beaucoup d'équipages d'artillerie et tué cinq cents de leurs chevaux. On en a déjà compté 1600 laissés morts sur les routes.

Le nombre des prisonniers est assez considérable et s'accroît de moment en moment. On trouve dans toutes les caves de la ville des soldats anglais morts-ivres.

Le quartier-général du duc de Dalmatie était le 4 au soir à dix lieues de Lugo.

Le 2, S. M. a passé en revue, à Astorga, les divisions Laborde et Loison qui formaient l'armée de Portugal. Ces troupes voient fuir les Anglais et brûlent du désir de les joindre.

S. M. a laissé en réserve à Astorga le corps du duc d'Elchingen qui a son avant-garde sur les débouchés de la Galice, et qui est à portée d'appuyer, en cas d'événement, le corps du duc de Dalmatie.

On a reçu la confirmation de la nouvelle de l'arrivée du général Gouvion-Saint-Cyr avec le 7º corps à Barcelone. Il y est entré le 17. Le 15, il avait rencontré à Llinas les troupes commandées par les généraux Reding et Vives et les avait mises dans une entière déroute. Il leur a pris six pièces de canon, 30 caissons et trois mille hommes. Moyennant la jonction du 7º corps avec les troupes du général Duhesme, nous avons une grosse armée à Barcelone.

Lorsque S. M. était à Tordesillas, elle avait son quartier-général dans les bâtimens extérieurs du couvent royal de Sainte-Claire. C'est dans ces bâtimens que s'était retirée et qu'est morte Charles-quint, surnommée Jeanne la folle. Le couvent de Sainte-Claire a été construit sur un ancien palais des Maures, dont il reste un bain et deux salles d'une belle conservation. L'abbesse a été présentée à l'Empereur. Elle est âgée de 75 ans, et il y avait 65 ans qu'elle n'était sortie de sa clôture. Cette religieuse parut fort émue lorsqu'elle en franchit le seuil ; mais elle entretint l'Empereur avec beaucoup de présence d'esprit, et elle obtint un grand nombre de grâces pour tout ce qui l'intéressait.

De l'imprimerie de GAUTHIER, rue Jean Lautier, n. 2.

26.° BULLETIN

DE L'ARMÉE D'ESPAGNE.

Extrait du Moniteur du 16 Janvier 1809.

Valladolid, le 7 janvier 1809.

Le général Gouvion Saint-Cyr, aussitôt après son entrée à Barcelone, s'est porté sur Lobregat, a forcé l'ennemi dans son camp retranché, lui a pris 25 pièces de canon, et a marché sur Tarragone dont il s'est emparé. La prise de cette ville est d'une grande importance.

Les rapports ci-joints du général Duhesme et du général

Saint-Cyr contiennent le détail des événemens militaires qui ont eu lieu en Catalogne jusqu'au 21 décembre. Ils font le plus grand honneur au général Saint-Cyr. Tout ce qui s'est passé à Barcelonne est un titre d'éloge pour le général Duhesme, qui a déployé autant de talent que de fermeté.

Les troupes du royaume d'Italie se sont couvertes de gloire : leur belle conduite a sensiblement touché le cœur de l'Empereur. Elles sont, à la vérité, composées, pour la plupart, des corps formés par S. M., pendant la campagne de l'an 5. Les velites italiens sont aussi sages que braves : ils n'ont donné lieu à aucune plainte, et ils ont montré le plus grand courage. Depuis les Romains, les peuples d'Italie n'avaient pas fait la guerre en Espagne. Depuis les Romains, aucune époque n'a été si glorieuse pour les armes italiennes.

L'armée du royaume d'Italie est déjà de 80,000 soldats et de bons soldats.

Voilà les garans qu'a cette belle contrée de n'être plus le théâtre de la guerre.

S. M. a porté son quartier-général de Benavente à Valladolid.

Elle a reçu aujourd'hui toutes les autorités de la ville. Dix des plus mauvais sujets de la dernière classe du peuple ont été passés par les armes. Ce sont les mêmes qui avaient massacré le général Cevallos et qui pendant si long-temps ont opprimé les gens de bien.

S. M. a ordonné la suppression du couvent des Dominicains, dans lequel un Français a été tué.

Elle a témoigné sa satisfaction au couvent de San Benito, dont les moines sons des hommes éclairés qui, bien loin d'avoir prêché la guerre et le désordre, de s'être montrés avides de sang et de meurtre, ont employé tous leurs soins et consacré les efforts les plus courageux à calmer le peuple et à le ramener au bon ordre. Plusieurs Français leur doivent la vie. L'Empereur a voulu voir ces religieux, et lorsqu'il a appris qu'ils étaient de l'ordre des Benédictins, dont les membres se sont toujours illustrés dans les lettres et dans les sciences, soit en France, soit en Italie, il a daigné exprimer la satisfaction qu'il éprouvait de leur avoir cette obligation.

Le général, le clergé de cette ville est bon. Ces moines, vraiment dangereux, sont ces dominicains fanatiques qui s'étaient emparés de l'inquisition, et qui, ayant baigné leurs mains dans le sang d'un Français, ont eu la lâcheté sacrilége de jurer sur l'évangile que l'infortuné dont on leur domandait compte n'était point mort et avait été conduit à l'hôpital, et qui ensuite ont avoué qu'après qu'il eut été privé de la vie, on avait jeté son corps dans un puits, où on l'a en effet trouvé. Hommes hypocrites et barbares, qui prêchez l'intolérance, qui suscitez la discorde, qui excitez à verser le sang, vous n'êtes pas les ministres de l'évangile!

Le tems où l'Europe voyait sans indignation célébrer par des illuminations dans les grandes villes le massacre des protestans,

ne peut renaître. Les bienfaits de la tolérance sont les premiers
droits des hommes; elle est la première maxime de la morale,
puisqu'elle est le premier attribut de la charité. S'il fut une époque où quelques faux docteurs docteurs de la religion chrétienne prêchaient l'intolérance, alors ils n'avaient pas en vue
les intérêts du ciel, mais ceux de leur influence temporelle; ils
voulaient s'emparer de l'autorité chez des peuples ignorans.
Lorsqu'un moine, un théologien, un évêque, un pontife prêche
l'intolérance, il prêche sa propre condamnation, il se livre à la
risée des nations.

Le duc de Dalmatie doit être ce soir à Lugo. De nombreuses
colonnes de prisonniers sont en marche pour se rendre ici.

Le général de brigade Davenay s'est porté, avec 500 chevaux, sur Toro. Il a rencontré deux ou trois cents hommes,
restes des débris de l'insurrection; il les a chargés et en a tué ou
pris le plus grand nombre. Le colonel des hussards hollandais
a été blessé dans cette charge.

De l'Imprimerie de Gauthier, rue Jean-Lantier, n. 2.

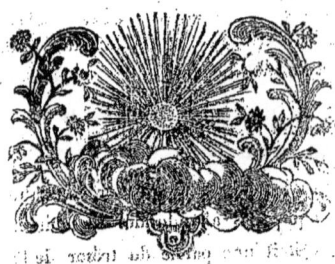

27ᵉ. BULLETIN

DE L'ARMÉE D'ESPAGNE.

Extrait du Moniteur, du 18 Janvier 1809.

Valladolid, le 9 janvier 1809.

Après le combat de Prieros contre l'arrière-garde, le duc de Dalmatie jugea nécessaire de déposter promptement l'ennemi du col de Piedra-Filla.

Il fit une marche très-longue et en recueillit le fruit.

Il prit 1500 anglais, 5 pièces de canon, beaucoup de caissons;

il obligea l'ennemi à détruire considérablement d'affûts, de voitures de bagages et de munitions.

Les précipices étaient remplis de ces débris.

Le désordre était tel que les divisions Lorge et Lahoussaye ont trouvé parmi les équipages abandonnés des voitures remplies d'or et d'argent; c'était une partie du trésor de l'armée anglaise.

On évalue ce qui est tombé entre les mains des divisions à deux millions.

Le 4 au soir, l'avant-garde de l'armée française était à Castillo et à Nocedo.

Le lendemain 5, l'arrière-garde ennemie a été rencontrée à Puente de Ferreya au moment où elle faisait une fougasse pour faire sauter le pont; une charge de cavalerie a rendu cette tentative inutile.

Il en a été de même au pont de Cruciel.

Le 5 au soir, les divisions Lorge et Lahoussaye étaient à Constantin, et l'ennemi à peu de distance de Lugo.

Le 6, le duc de Dalmatie s'est mis en marche pour arriver sur cette ville.

L'armée anglaise souffre considérablement ; elle n'a presque plus de munitions et de bagages, et la moitié de sa cavalerie est à pien.

Depuis le départ de Benavente jusqu'au 5 de ce mois, on a compté sur la route 1000 chevaux anglais tués.

Les débris du corps de la Romana errent par-tout. Dans la journée du premier janvier, le huitième régiment de dragons un carré d'infanterie espagnole et le culbuta.

Les régimens du roi de Mayorca, d'Iberna, de Barcelone et de Naples, ont été faits prisonniers.

Le général Maupetit ayant rencontré du côté de Zamota, avec sa brigade de dragons, une colonne de huit cents fuyards, l'a chargée et dispersée, et en a pris ou tué la plus grande partie.

Les paysans espagnols de la Galice et du royaume de Léon sont impitoyables pour les traîneurs anglais.

Malgré les sévères défenses qui ont été faites, on trouve tous les jours beaucoup d'Anglais assassinés.

Le quartier-général du duc d'Elchingen est à Villa-Franca, sur les confins de la Galice et du royaume de Léon.

Le duc de Bellune est sur le Tage.

Les villes de Valladolid, de Palencia, de Ségovie, d'Avila, d'Astorga, de Léon, etc., envoient de nombreuses députations au roi.

La fuite de l'armée anglaise, la dispersion des restes des armées de la Romana et d'Estramadure, et les maux que les troupes des différentes armées font peser sur le pays, rallient les provinces autour de l'autorité légitime.

La ville de Madrid s'est particulièrement distinguée. Les procès-verbaux constatant le serment prêté devant le Saint-Sacrement par 28,700 chefs de famille, ont été mis sous les yeux de l'Empereur.

Les citoyens de Madrid ont promis à S. M. que, si elle place sur le trône le roi son frère, ils le seconderont de tous leurs efforts et le défendront de tous leurs moyens.

Toute la garde impériale se concentre à Valladolid.

De l'Imprimerie de GAUTHIER, rue Jean-Lantier, n°. 2.

28e. **BULLETIN**

DE L'ARMÉE D'ESPAGNE.

(Extrait du Moniteur, du 21 janvier 1809.)

Valladolid le 13 janvier 1809.

La partie du trésor de l'ennemi qui est tombée entre les mains de nos troupes était de 1,800,000 francs. Les habitans assurent que les Anglais ont emporté 8 à 10 millions.

Le général anglais jugeant qu'il était impossible que

que l'infanterie et l'artillerie françaises l'eussent suivi, et eussent gagné sur lui un certain nombre de marches, sur-tout dans des montagnes aussi difficiles que celles de la Galice, comprit qu'il ne devait avoir à sa poursuite que des voltigeurs et de la cavalerie. Il prit donc la position de Castro, sa droite appuyée à la rivière de Tamboja, qui passe à Lugo, et qui n'est pas guéable.

Le duc de Dalmatie arriva le 6 en présence de l'ennemi. Il employa les journées du 7 et du 8 à le reconnaître et à réunir son infanterie et son artillerie, qui étaient encore en arrière. Il forma son plan d'attaque.

La gauche seule de l'ennemi était attaquable ; il manœuvra sur cette gauche. Ses positions exigèrent quelques mouvemens dans la journée du 8, le duc de Dalmatie étant dans l'intention d'attaquer le lendemain 9. Mais l'ennemi s'en étant douté, fit sa retraite pendant la nuit, et le matin, notre avant-garde entra à Lugo. L'ennemi a abandonné 300 malades anglais dans les hôpitaux de la ville, un parc de 18 pièces de canon et 300 chariots de munitions. Nous lui avons fait 700 prisonniers. La ville et les environs de Lugo sont encombrés de cadavres de chevaux anglais. Ainsi voilà plus de 2500 chevaux que les Anglais ont tués dans leur retraite.

Il fait un temps affreux ; la neige et la pluie tombent continuellement.

Les Anglais gagnent à toute force la Corogne où ils ont 400 bâtimens de transport pour leur embarquement. Ils ont perdu leurs bagages, leurs munitions, une partie même du matériel de leur artillerie, et plus de 3000 hommes faits prisonniers.

Le 10, notre avant-garde était à Belaucos, à peu de distance de la Corogne.

Le duc d'Elchingen est avec son corps d'armée sur Lugo.

En comptant les malades, les hommes égarés, ceux qui ont été tués par les paysans, et ceux qui ont été faits prisonniers par nos troupes, on peut calculer que les Anglais ont perdu le tiers de leur armée; ils sont réduits à 18,000 hommes, et ne sont pas encore embarqués. Depuis Sahagun, ils ont fait une retraite de 150 lieues par un mauvais tems, dans des chemins affreux; au milieu des montagnes, et toujours l'épée dans les reins.

On a de la peine à concevoir la folie de leur plan de campagne. Il faut l'attribuer non au général qui commande, et qui est un homme habile et sage, mais à cet esprit de haine et de rage qui anime le ministère anglais. Jeter ainsi en avant 30,000 hommes pour les exposer à être détruits, ou à n'avoir de ressource que dans la fuite, c'est une conception qui ne peut être inspirée que par l'esprit de passion, ou par la plus extravagante présomption.

Le gouvernement anglais, comme le menteur du théâtre, est parvenu à se persuader lui-même; il s'est pris dans son propre siège.

La ville de Lugo a été pillée et saccagée par l'ennemi. On ne peut imputer ces désastres au général anglais; c'est une suite ordinaire et inévitable des marches forcées et des retraites précipitées. Les habitans du royaume de Léon et de la Galice ont les Anglais en horreur. Sous ce rapport, les évènemens qui viennent de se passer équivalent à une grande victoire.

La ville de Zamora, dont les habitans avaient été exaltés par la présence des Anglais, a fermé ses portes au général de cavalerie Maupetit. Le général Darricau s'y est porté avec quatre bataillons. Il a escaladé la ville, l'a prise, et a fait passer les plus coupables par les armes.

De toutes les provinces de l'Espagne, la Galice est celle qui manifeste le meilleur esprit; elle reçoit les Français comme des libérateurs qui l'ont délivré à-la-fois des étrangers et de l'archie. L'évêque de Lugo et le clergé de toute la province manifestent les plus sages dispositions

La ville de Valladolid a prêté serment au roi Joseph, a fai une adresse à S. M. I. et R.

Six hommes, chefs d'émeute et des massacres contre les Français, ont été condamnés à mort.

Cinq ont été exécutés. Le clergé est venu demander la grace du sixième, qui est père de quatre enfans. S. M. a commué sa peine : elle a dit qu'elle voulait en cela témoigner sa satisfaction pour la bonne conduite que le clergé séculier de Valladolid a tenue en plusieurs occasions.

De l'Imprimerie de GAUTHIER, rue Jean-Lantier, n. 2.

29e. BULLETIN

DE L'ARMÉE D'ESPAGNE

(Extrait du Moniteur , du 25 janvier 1809.)

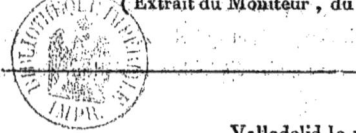

Valladolid le 15 janvier 1809.

Le 10 janvier, le quartier-général du duc de Bellune était à Aranjuez.

Instruit que les débris de l'armée battue à Tudela s'étaient réunis du côté de Cuença et avaient été joints par les nouvelles levées de Grenade, de Valence et de Murcie, le roi d'Espagne conçut la possibilité d'attirer l'ennemi.

A cet effet, il fit replier tous les postes qui s'avançaient jusqu'aux montagnes de Cuença, au-delà de Tarançon et de Huete.

L'armée espagnole suivit ce mouvement.

Le 12, elle prit position à Uclès.

Le duc de Bellune se porta alors à Tarançon et à Fuente de Padronaro.

Le 13, la division Villatte marcha droit à l'ennemi, tandis que le duc de Bellune, avec la division Ruffin, tournait par Alcazar.

Aussitôt que le général Villatte découvrit les Espagnols, il marcha au pas de charge, et mit en déroute les 12 ou 13,000 mille hommes qu'avait l'ennemi, et qui cherchèrent à se retirer par Carascosa sur Alcazar; mais déjà le duc de Bellune occupait la route d'Alcazar.

Le 9e. régiment d'infanterie légère, le 24e. de ligne et le 95e. présentèrent à l'ennemi un mur de baïonnettes.

Les Espagnols mirent bas les armes.

Trois cents officiers, deux généraux, sept colonels, vingt

lieutenant-colonels et douze mille hommes ont été faits prisonniers.

On a pris trente drapeaux et toute l'artillerie.

Le nommé Venegas, qui commandait ces troupes, a été tué.

Cette armée, avec ses drapeaux et son artillerie, escortée par trois bataillons, fera demain 17, son entrée à Madrid.

Ce succès fait honneur au duc de Bellune et à la conduite des troupes.

Le général Villatte a manœuvré avec habileté.

Le général Ruffin s'est distingué.

Il en a été de même du général Latour-Maubuurg; ses dragons se sont comporté avec intrépidité.

Le jeune Sopransi, chef d'escadron au premier de dragon, s'est précipité au milieu des ennemis, en déployant une singugulière bravoure.

Il a apporté six drapeaux au duc de Bellune.

Le général d'artillerie Sénarmont s'est conduit comme il l'a fait dans toutes les circonstances.

Lorsque l'armée ennemie se vit coupée, elle changea de direction.

Le général Sénarmont était alors engagé dans une gorge avec son artillerie, et c'est sur cette gorge que l'ennemi se dirigea pour y chercher un passage.

L'artillerie avait peu d'escorte; mais les canonniers de la grande armée n'en ont pas besoin.

Le général Sénarmont plaça ses pièces en bataillon carré, et tira à mitrailles.

La colonne ennemie changea encore de direction, et se porta sur le point où elle est venue mettre bas les armes.

Le duc de Bellune se loue beaucoup de M. Château, son premier aide-de-camp, et de M. l'adjudant-commandant Aimé.

Il donne des éloges au général Sémélé et aux colonels Jamin, Meunier, Mouton-Duverney, Lacoste, Pescheux et Gobelle, tous officiers dont la bravoure et l'habileté ont été éprouvées dans cent combats.

En Galice, les Anglais continuent à être poursuivis l'épée dans les reins.

Après avoir été chassés de Lugo, les trois quarts ont pris la direction de la Corogne, et un quart celle de Vigo, où les Anglais ont des transports.

Le duc de Dalmatie s'est porté sur la Corogne, et le duc d'Elchingen sur Vigo.

Des députations du conseil d'Etat d'espagne, du conseil des Indes, du coseil des finances, du conseil de la guerre, du conseil de marine, du conseil des ordres, de la junte de commerce et des monnaies, du tribunal des alcades de Casa y Corte, de la municipalité de Madrid, du clergé séculier et régulier, du corps de la noblesse, des corporations majeures et mineures, et des habitans des paroisses et des quartiers, parties de Madrid le 11, ont été présentées le 16 à S. M. I. et R. à Valladolid.

De l'Imprimerie de GAUTHIER, rue Jean-Lantier, n.º 2.

30ᵉᵐᵉ. Bulletin
DE L'ARMÉE D'ESPAGNE.

(Extr. du Moniteur, du 30 Janvier 1809.)

Valladolid, le 21 janvier 1809.

Le duc de Damaltie parut le 12 de Betanzos. Arrivé sur le Mero, il trouva le pont de Burgo coupé. L'ennemi fut délogé du village de Burgo. Pendant ce tems le général Franceschi remonta la rivière qu'il passa sur le pont de Sela. Il intercepta la grande route de la Corogne à San-Yago, et prit six officiers et soixante soldats.

Le même jour, un poste de trente marins qui étoit à Mero, sur le golfe, et qui y faisoit de l'eau, fut pris. Du village de Perillo, on put observer la flotte anglaise, en rade de la Corogne.

Le 13, l'ennemi fit sauter deux magasins à poudre situés sur les hauteurs de Sainte-Marguerite, à une demi-lieue de la Corogne. La détonation fut terrible, et se fit sentir à plus de trois lieues dans les terres.

Le 14, le pont de Burbo fut raccommodé, et l'artillerie française put y passer. L'ennemi était en position sur deux lignes, à une demi-lieue en avant de la Corogne.

On le voyait s'occuper à embarquer en toute hâte ses malades et ses blessés, dont les espions et les déserteurs portent le nombre à 3 ou 4000 hommes. Les Anglais s'occupaient en même temps à détruire les batteries de côte, et à dévaster le pays voisin de la mer. Le commandant du fort de Saint-Philippe, se doutant du sort qu'ils réservaient à sa place, refusa de les y recevoir.

Le 14 au soir, on vit arriver un nouveau convoi de 160 voiles, parmi lesquelles on comptait quatre vaisseaux de ligne.

Le 15 au matin, les divisions Merle et Mermet occuperent les hauteurs de Villaboa, où se trouvait l'avant-garde ennemie, qui fut attaquée et culbutée. Notre droite fut appuyée au point d'intersection de la route de la Corogne à Lugo, et de la Corogne à Sans Yago.

La droite était placée en arriere du village d'Elvina.

L'ennemi occupait en face de très-belles hauteurs.

Le reste de la journée du 15, fut employé à placer une batterie de 12 pieces de canon, et ce ne fut que le 16, à trois heures après-midi, que le duc de Dalmatie donna l'ordre de l'attaque.

Les Anglais furent abordés franchement par la première brigade de la division Mermet qui les culbuta et les délogea d'Elvina. Le 2e régiment d'infanterie légère se couvrit de gloire. Le général Jardon, à la tête des voltigeurs, fit paraître un notable courage. L'ennemi culbuté de ses positions, se retira dans les jardins qui sont autour de la Corogne. La nuit devenant très-obscure, on fut obligé de suspendre l'attaque, l'ennemi a profité pour s'embarquer en toute hâte. Nous n'avons eu d'engagé, pendant le combat, qu'environ 6,000 hommes et tout était disposé pour partir de la position que nos troupes occupoient le soir, et profiter du lendemain pour une affaire générale. La perte de l'ennemi a été immense : deux batteries de notre artillerie l'ont foudroyé pendant la durée du combat.

On a compté sur le champ de bataille plus de 800 cadavres anglais, parmi lesquels on a trouvé le corps du général Hamilton, et ceux de deux autres officiers-généraux, dont on ignore les noms. Nous avons pris 20 officiers, 300 soldats et 4 pieces de canon. Les Anglais ont laissé plus de 1500 chevaux qu'ils avaient tués. Notre perte s'élève à cent hommes tués ; nous avons eu 150 blessés. Le colonel du 47e régiment s'est distingué. Un porte aigle du 31e d'infanterie légère a tué de sa main, un officier anglais qui, dans la mêlée, s'était attaché à lui pour tâcher de lui enlever son aigle. Le général d'artillerie Bourgeat et le colonel Fontenay se sont très-bien montrés.

Le 17, à la pointe du jour, on a vu le convoi anglais mettre à la voile. Le 18, tout avait disparu. Le duc de Dalmatie avait fait canonner les bâtimens des hauteurs du fort de Sandiego. Plusieurs transports ont échoué, et tous les hommes qu'ils portaient ont été pris.

On a trouvé dans l'établissement de la Pavoza 3000 fusils anglais. On s'est aussi emparé des magasins de l'ennemi et d'une quantité considérable de munitions et d'effets appartenans à l'armée. On a ramassé, dans les faubourgs beaucoup de blessés. L'opinion des habitans du pays et des déserteurs est, que le nombre des blessés dans le combat excède 2500.

Ainsi s'est terminée l'expédition anglaise envoyée en Espagne. Après avoir fomenté la guerre dans ce malheureux pays, les anglais l'ont abandonnée. Ils avoient débarqué 38,000 hommes et 6000 chevaux ; nous leur avons pris, de compte fait, 6,500 hommes, non compris les malades.

Ils ont rembarqué très-peu de bagages, très-peu de munitions et très-peu de chevaux : on en a compté cinq mille tués et abandonnés. Les hommes qui ont trouvé un asile sur leurs vaisseaux sont harassés et découragés.

Dans une autre saison, il n'en aurait pas échappé un seul. La facilité de couper les ponts, la rapidité des torrens, qui, pendant l'hiver, deviennent de profondes rivières, le peu de durée des journées et la longueur des nuits, sont très-favorables à une armée en retraite.

Des 38,000 hommes que les Anglais avaient débarqués, on peut assurer qu'à peine 24,000 hommes retourneront en Angleterre.

L'armée de la Romana qui, à la fin de décembre, au moyen des renforts qu'elle avait reçus de la Galice, était forte de 16,000 hommes, est réduite à moins de 5000 hommes, qui errent entre Vigo et Santyago, et sont vivement poursuivis. Le royaume de Léon, la province de Zamora et toute la Galice que les Anglais avaient voulu couvrir, sont conquis et soumis.

Le général de division Lapisse a envoyé en Portugal des patrouilles qui y ont été très-bien reçues.

Le général Maupetit est entré à Salamanque. Il y a encore trouvé quelques malades anglais.

De l'Imprimerie de MORONVAL, rue des Prêtres St. Severin, N°. 4.

31ᴹᴱ. BULLETIN
DE L'ARMÉE D'ESPAGNE.

Extrait du Moniteur du 4 février 1809.

LES régimens anglais portant les numéros 42, 50 et 52 ont été entièrement détruits au combat du 16 près de la Corogne. Il ne s'es pas embarqué 60 hommes de chacun de ces corps. Le général en chef Moore a été tué en voulant charger à la tête de cette brigade, pour rétablir les affaires. Efforts impuissans! cette troupe a été dispersée et son général frappé au milieu d'elle. Le général Baird avait déjà été blessé; il traversa la Corogne pour gagner son vaisseau, et ne se fit panser qu'à bord. Le bruit court qu'il est mort le 19. Après la bataille du 16, la nuit fut terrible à la Corogne. Les Anglais y entrèrent consternés et pêle-mêle. L'armée anglaise avait débarqué plus de 80 pièces de canons; elle n'en a pas rembarqué douze. Le reste a été pris ou perdu, et de compte fait, nous nous trouvons en possession de 60 pièces de canons anglais.

Indépendamment du trésor de deux millions que l'armée a pris aux anglais, il paraît qu'un trésor plus considérable a été jeté dans les précipices qui bordent la route d'Astorga à la corogne. Les paysans et les soldats ont ramassé parmi les rochers une grande quantité d'argent.

Dans les engagemens qui ont eu lieu pendant la retraite, et avant le combat de la corogne, deux généraux anglais avaient été tués, et trois avaient été blessés. On nomme parmi ces derniers, le général Cravvfurd. Les anglais ont perdu tout ce qui constitue une armée: généraux, artilleerie, chevaux, bagages, munitions, magazins,

Dès le 17, à la pointe du jour, nous étions maîtres des hauteurs qui dominent la rade de la Corogne, et nos batteries jouaient contre le convoi anglais. Il en est résulté que plusieurs bâtimens n'ont pu sortir, et ont été pris lors de la capitulation de la Corogne.

On a trouvé aussi cinq cents chevaux anglais encore vivans, seize mille fusils, et beaucoup d'artillerie de siége abandonnée par l'ennemi. Un grand nombre de magasins sont pleins de munitions confectionnées que les Anglais voulaient emmener, mais qu'ils ont été forcés de laisser. Un magasin à poudre, situé dans la presqu'île, et contenant deux cents milliers poudre, nous est également resté.

Les Anglais, surpris par l'événement du combat du 16, n'ont pas même eu le temps de détruire leurs magasins. Il y avait trois cents malades anglais dans les hôpitaux. Nous avons trouvé dans le port, sept bâtimens anglais, dont trois étaient chargés de chevaux et quatre de troupes. Ils n'avaient pu appareiller.

La place de la Corogne a une enceinte qui la met à l'abri d'un coup de main. Il n'a donc été possible d'y entrer que le 20 par la capitulation ci-jointe. On a trouvé à la Corogne plus de 200 pièces de canon espagnoles. Le consul français Fourcroy, le général Quesnel et son état-major; M. Bongars officier d'ordonnance, M. Tabonreau, auditeur, et 350 Français, soldats ou marins qui avaient été pris ou en Portugal, ou sur le bâtiment l'Atlas, ont été délivrés. Ils se louent beaucoup des officiers de la marine espagnole.

Les Anglais n'auront rapporté de leur expédition que la haine des Espagnols, la honte et le deshonneur. L'élite de leur armée, composée d'Ecossais, a été blessée, tuée ou prise.

Le général Franceschi est entré à Santyago de Compostelle, où il trouvé quelques magasins et une garde anglaise qu'il a faite prisonnière. Il a sur-le-champ marché sur Vigo. La Romana paraissait se diriger sur ce port avec 2500 hommes, les seuls qu'il ait pu rallier. La division Mermet qui marchait sur le Ferrol.

L'air était infecté à la Corogne par 1200 cadavres de chevaux que les Anglais avaient égorgées dans les rues. Le premier soin du duc de Dalmatie a été de pourvoir au rétablissement de la salubrité si importante pour le soldat et pour les habitans.

Le général Alzedo, gouverneur de la Corogne, paraît n'avoir pris parti pour les insurgés, que contraint par la force. Il a prêté avec enthousiasme le serment de fidélité au roi Joseph Napoléon. Le peuple manifeste la joie qu'il éprouve d'être délivré des Anglais.

Convention entre S. Ex. *le maréchal duc de Dalmatie, commandant en chef les troupes de* S. M. *l'Empereur et Roi, en Galice; Ee* M. *le général Don Antony d'Alzédo, gouverneur militaire et politique à la Corogne.*

Art. I. La place de la Corogne, les ouvrages de fortification, les batteries et forts qui en dépendent, l'artillerie, munitions, magasins, cartes, plans et mémoires, seront remis aux troupes de S. M. l'Empereur et Roi Napoléon; à cet effet, S. Exc. le maréchal duc de Dalmatie sera libre de prendre ce soir possession de la porte dite tour d'en bas et des bastions.

II. La garnison espagnole qui est dans la Corogne, les autorités civiles, soit de justice, soit d'administration; soit de finances, le clergé, et généralement tous les habitans, prêteront serment de fidélité et hommage à S. M. le roi d'Espagne et des Indes, Don Joseph Napoléon.

III. Les personnes de l'administration civile, soit de justice, soit de finances, l'intendant-général du royaume de Galice et de la province de la Corogne, les corrégidors, alcades et autres fonctionnaires seront provisoirement maintenus dans leur emploi, et ils exerceront leurs fonctions au nom de S. M. le roi Joseph Napoléon. Tous les actes de l'état civil seront aussi faits au nom de Sadite Majesté.

IV. Les militaires de la garnison, quelque soit leur grade et leur emploi, pourront entrer au service de S. M. le roi Joseph Napoléon, en conservant le même, après cependant qu'ils auront prêté le serment de la fidélité et de l'obéissance, ainsi qu'il est dit dans l'article 2. A cet effet, il sera dressé un état nominatif de MM. les officiers, ainsi que des sous-officiers et soldats; cet état sera certifié par S. Exc. M. le général don Antony de Alzédo, gouverneur de la Corogne, afin qu'ensuite il soit donné une destination à ces militaires, d'après les ordres de S. Exc. le ministre de la guerre du royaume d'Espagne: mais en attendant ces ordres, les militaires dont il s'agit pourront rester à la Corogne; les vivres et logement leur seront fournis comme aux troupes françaises.

Les officiers et employés de la marine royale qui sont à la Corogne, sont compris dans le présent article, et devront attendre à la Corogne les ordres du ministre de la marine.

V. Les militaires de la garnison, quelque soit leur grade, qui voudront quitter le service, seront libres de se retirer dans leurs foyers; après cependant qu'ils auront reçu leur démission en forme, ou autorisation de S. Exc. le ministre de la guerre du royaume d'Espagne et qu'ils auront prêté le serment de fidélité prescrit par l'article II.

Ceux qui refuseront de prêter le serment seront considérés comme prisonniers de guerre.

VI. Les propriétés des habitans seront respectées; il ne sera établi aucune contribution, mais il sera pourvu par la province à la subsistance des troupes qui y seront en garnison. Il sera mis des sauve-gardes dans tous les établissemens pieux et d'administration. La religion sera respectée, et ses ministres protégés dans l'exercice du culte.

VII. L'administration des caisses royales sera faite comme par le passé, au nom et pour le compte de S. M. le roi D. Joseph Napoléon ; à cet effet, toutes les autorités ecclésiastiques et civiles, ainsi que les employés pour le roi, continueront à remplir leurs fonctions respectives, et seront payés de leurs appointemens.

VIII. Si quelqu'employé des tribunaux ou d'administration voulait donner la démission de son emploi, on ne pourra l'en empêcher ; et s'il le desirait, on lui accorderait de sortir de la ville avec ses propriétés et effets, en lui accordant passeport et sûretés nécessaires.

IX. Les députés des villes et tous autres individus appelés à faire partie de la Junte du royaume de Galice, pourront se retirer chez eux avec leurs équipages ou demeurer dans la ville, s'ils le trouvaient convenable, et on leur accordera pour leur sûreté personnelle une escorte, s'ils le demandent.

X. On permettra à tout autre habitant de la place de se retirer, en tel endroit qu'il choisira, avec ses meubles, effets, et tout ce qui peut lui appartenir, pourvu que ce soit dans l'intérieur du royaume.

XI. Les maisons et propriétés de toutes personnes qui, par ordre, par commission ou par tout autre motif se trouveraient absentes de la place, seront respectées, et elles auront la liberté d'y entrer quand elles le jugeront convenable.

XII. Le bienfait d'amnistie générale accordé par S. M. l'Empereur et Roi, tant en son nom qu'en celui de S. M. le Roi Joseph Napoléon, sera rendu applicable à la garnison et aux habitans de la Corogne, ainsi qu'aux personnes qui ont rempli un emploi quelconque. A cet effet, aucun individu ne sera poursuivi, arrêté ni puni pour avoir pris part aux troubles qui ont agité le royaume, non plus que pour leurs propos ou écrits, ni pour les mesures, résolutions ou ordres qui ont été exécutés pendant ce tems.

Le même bienfait d'amnistie générale sera étendu à toutes les villes, bourgs et communes du royaume de Galice, aussitôt qu'elles se seront soumises, et que les habitans auront prêté le serment de fidélité à S. M. le roi Joseph Napoléon.

XIII. Les lois, coutumes et habillemens, seront conservés sans qu'il y soit porté atteinte ; les lois seront celles que la constitution du royaume établit ou établira.

Fait double à la Corogne, le 19 janvier 1809. Signés, Maréchal duc de Dalmatie. Antonio de Alzedo.

De l'Imprimerie de Mde. LABARRE, rue St.-Germain-l'Auxerrois.

32e. BULLETIN
DE L'ARMÉE D'ESPAGNE.

(Extrait du Moniteur, du 11 Février 1809.)

Le duc de Dalmatie, arrivé devant le Ferrol, fit investir la place. Des négociations furent entamées. Les autorités civiles et les officiers de terre et de mer paraissent disposés à se rendre; mais le peuple fomenté par les espions qu'avaient laissés les Anglais, se souleva.

Le 24, le duc de Dalmatie reçut deux parlementaires. L'un avait été envoyé par l'amiral Melgarejo, commandant l'escadre espagnole; l'autre, qui passa par les montagnes, avait été envoyé par les commandans des troupes de terre. Ces deux parlementaires étaient partis à l'insu du peuple. Ils firent connaître que toutes les autorités étaient sous le joug d'une populace effrénée, soudoyée et soulevée par les agens de l'Angleterre, et que 8000 hommes de la ville et des environs étaient armés.

Le duc de Dalmatie dut se résoudre à faire ouvrir la tranchée; mais du 24 au 25, différens mouvemens se manifestèrent dans la ville. Le 17e. régiment d'infanterie légère s'étant porté à Mugardos, le 31e. d'infanterie légère étant aux forts de la Palma et de Saint-Martin et à Lagrana, et bloquant le fort Saint-Philippe, le peuple commença à craindre les suites d'un assaut et à écouter les hommes sensés. Dans la journée du 26, trois parlementaires, munis de pouvoirs et porteurs de la lettre ci-jointe, arrivèrent au quartier-général et signèrent la reddition de la place.

Le 27, à sept heures du matin, la ville a été occupée par la division Mermet et par une brigade de dragons.

Le même jour, à midi, la garnison a été désarmée : le désarmement a déjà produit 5,000 fusils. Les personnes étrangères au Ferrol ont été renvoyées dans leurs villages. Les hommes connus pour s'être souillés de sang pendant l'insurrection ont été arrêtés.

L'amiral Obregon, que le peuple avait arrêté pendant l'insurrection, a été mis à la tête de l'arsenal.

On a trouvé dans le port 3 vaisseaux de 112 canons; 2 de 80; un de 74; 2 de 64; 3 frégates et un certain nombre de corvettes, de bricks et autres bâtimens désarmés, plus de 1500 pièces de canon de tous calibres, et des munitions de toutes espèces.

Il est probable que sans la retraite précipitée des Anglais, et sans l'événement du 16, ils auraient occupé le Ferrol, et se seraient emparés de cette belle escadre.

Les officiers de terre et de mer ont prêté serment au roi Joseph avec le plus grand enthousiasme. Ce qu'ils racontent de ce qu'ils ont eu à souffrir de la dernière classe du peuple et des boute-feux de l'Angleterre est difficile à concevoir.

L'ordre règne dans les Galices, et l'autorité du roi est rétablie dans cette province, l'une des plus considérables de la monarchie espagnole.

Le général Laborde a trouvé à la Corogne, sur le bord de la

mer, 7 pièces de canon que les anglais avaient enterrées dans la journée du 16, ne pouvant les emmener.

La Romana, abandonné par les anglais et par ses troupes, s'est enfui avec 500 hommes du côté du Portugal, pour se jeter en Andalousie.

Il ne restait à Lisbonne que 4 à 5,000 anglais. Tous les hôpitaux, tous les magasins étaient embarqués, et la garnison se disposait à abandonner ce peuple, aussi indigne de la perfidie des anglais, que révolté par la différence de moeurs et de religion, par la brutale et continuelle intempérance des troupes anglaises, par cet entêtement et par cet orgueil si mal fondés qui rendent cette nation odieuse à tous les peuples du Continent.

Lettre de la municipalité du Ferrol, au duc de Dalmatie.

Excellence,

Pendant le court intervalle écoulé depuis que hier la Junte vous a manifesté les desirs qu'avait la bourgeoisie armée de cette place de la défendre, cette milice a réfléchi, avec la plus grande attention, sur les risques d'un siège, sur les conséquences d'un assaut inévitable, la milice, disons-nous, a représenté à la Junte, comme elle l'attendait de ses réflexions, qu'étant la seule autorité existante, c'était à elle à s'occuper de tirer le meilleur parti possible des circonstances critiques du moment.

En conséquence, la Junte forte de cette détermination, et des prudens avis des militaires, tant de la place que du corps royal de la marine, des autorités et individus les mieux pensans, a résolu de proposer à V. Exc., comme elle a l'honneur de le faire, et pour faire cesser toutes les hostilités, d'accepter la capitulation accordée à la place de la Corogne, et que V. Exc. avait fait offrir.

Pour traiter avec V. Exc. ou la personne et tels autres individus qu'elle désignerait, la Junte envoie avec des pouvoirs le lieutenant-colonel d'artillerie, major général des troupes de don Mariano Berson; le capitaine de frégate don Santos Membiela, commandant de la Mestranse armée; et le capitaine et premier adjudant de la milice de cette place, don Bartolomeo Maria Blanco de Andrada. La présente servira aux dénommés de lettres de créance.

La Junte saisit avec plaisir l'occasion de renouveler à V. Exc. les sentimens de respect et de sa haute considération.

Dieu accorde à V. Exc. de longues années!

Au Ferrol, le 26 janvier 1809.

Excellence,

Signés, Francesco Melgarejo; Joachim Fidalgo; V. M. Garcia; Joseph Muller; le marquis de Saturnin; Philippe de Senra; Nicolas-Marie Riobo; Angel Garcia et Fernandez; Benito Diaz de Roble; Antoine de Aniedo; Joseph Dias, secrétaire.

De l'Imprimerie de GAUTHIER, rue Jean-Lantier, n. 2.

2 Mars 1809

33. BULLETIN
De l'Armée d'Espagne.

(*Extrait du Moniteur du 2 Mars 1809.*)

LE duc de Dalmatie est arrivé, le 10 février, à Tuy. Toute la province est soumise.

Il réunissait tous les moyens pour passer le lendemain le Minho, qui est extrêmement large dans cet endroit. Il a dû arriver du 15 au 20 à Oporto, et du 20 au 28 à Lisbonne. Les Anglais s'embarquaient à Lisbonne pour abandonner le Portugal; l'indignation des Portugais était au comble, et il y avait journellement des engagemens notables et sanglans entre les Portugais et les Anglais.

En Galice, le duc d'Elchingen achevait l'organisation de la province. L'amiral Massaredo était arrivé au Ferrol, et l'activité commençait à renaître dans cet arsenal important. La tranquillité est rétablie dans toutes les provinces sous les ordres du duc d'Istrie, et situées entre les Pyrénées, la mer, le Portugal, et la chaîne de montagnes qui couvrent Madrid. La sécurité succède aux jours de désordres et d'alarmes.

De nombreuses députations se rendent de toutes parts auprès du roi à Madrid. La réorganisation et l'esprit public font des progrès rapides sous la nouvelle administration. Le duc de Bellune marche sur Badajox; il désarme et pacifie toute la Basse-Estramadure.

Saragosse s'est rendue. Les calamités qui ont pesé sur cette ville infortunée sont un effrayant exemple pour les peuples. L'ordre rétabli dans Saragosse s'étant à tout l'Arragon, et les deux corps d'armée qui se trouvaient autour de cette ville deviennent disponibles. Saragosse a été le véritable siège de l'insurrection de l'Espagne. C'est dans cette ville qu'existait le parti qui voulait appeler un prince de la maison d'Autriche à régner sur le Tage. Les hommes de ce parti avaient hérité de cette opinion qui fut celle de leurs ancêtres à l'époque de la guerre de la Succession, qui vient d'être étouffée sans retour.

La bataille de Tudela avait été gagnée le 23 novembre, et dès le 27, l'armée française campait à peu de distance de Saragosse.

La population de cette ville était armée. Celle des campagnes de l'Arragon s'y était jointe, et Saragosse contenait 50,000 hommes formés par régiment de 1000 hommes, et par compagnie de 100 hommes. Tous les grades de généraux, d'officiers et de sous-officiers étaient remplis par des moines. Un corps de troupes composé de 10,000 hommes échappés à la bataille de Tudela s'était renfermé dans la ville, dont les subsistances étaient assurées par d'immenses magasins; et qui était défendue par 200 pièces de canon. L'image de Notre-Dame del Pilar faisait au gré des moines des miracles qui animaient l'ardeur de cette nombreuse population, ou qui soutenaient sa confiance. En plaine, ces cinquante milles hommes n'auraient pas tenu contre trois régimens; mais, enfermés dans leur ville, excités par tous les chefs de partis, pouvaient-ils échapper aux maux que l'ignorance et le fanatisme attiraient sur tant d'infortunés.

Tout ce qu'il était possible de faire pour les éclairer, les ramener à la raison, a été entrepris. Immédiatement après la bataille de Tudela, on jugea que l'opinion où l'on était à Saragosse, que Madrid ferait de la résistance; que les armées de Somo-Sierra, du Guadarama, de l'Estramadure, de Léon, et de Catalogne, obtiendraient quelques succès, serviraient de prétexte aux chefs des insurgés pour entretenir le fanatisme des habitans. On résolut de ne pas investir la ville, et de la laisser communiquer avec l'Espagne; afin qu'elle apprît la déroute des armées espagnoles, et qu'elle connût les détails de l'entrée de l'armée française dans Madrid. Mais ces nouvelles ne parvinrent qu'aux meneurs, et demeurèrent inconnues à la masse de la population. Non-seulement on lui cachait la vérité, mais on l'encourageait par des mensonges. Tantôt les français avaient perdu 40,000 hommes à Madrid, tantôt la Romana était entré en en france. Enfin l'armée anglaise arrivait en grande hâte, et les Aigles françaises devaient fuir à l'aspect du terrible Léopard.

Ce tems sacrifié à des vues politiques et à l'espoir de voir se calmer des têtes exaltés par le fanatisme et par l'erreur, n'était pas perdu pour l'armée française. Le général du génie Lacoste, aide-de-camp de l'empereur et officier du plus grand mérite, réunissait à Alagon les outils, les équipages de mines et les matériaux nécessaires à la guerre souterraine que S. M. avait ordonnée.

Le général de division Dedon, commandant l'artillerie, rassemblait une grande quantité de mortiers, de bombes, d'obus et de bouches à feu de tous calibres. On tirait tous ces objets de Pampelune, éloignée de sept marches de Saragosse.

Cependant on remarqua que l'ennemi mettait le tems à profit pour fortifier le Monte-Torrero et d'autres positions importantes. Le 21 décembre, la division Suchet le chassa des hauteurs de Saint-Lambert et de deux ouvrages de campagne qui étaient à portée de la place. La division du général Gazan culbuta l'ennemi des hauteurs de Saint-Grégorio, et fit enlever par le 21.e régiment d'infanterie légère et le centième de ligne, les redoutes adossées aux faubourgs qui défendaient les routes de Sueva et de Barcelone. Il s'empara également d'une grande manufacture située près de Galleigo, où s'étaient retranchés 500 Suisses. Le même jour, le duc de Cornegliano s'empara des ouvrages et de la position de Monte-Torrero, enleva tous les canons, fit beaucoup de prisonniers et un grand mal à l'ennemi.

Le duc de Cornegliano étant tombé malade, le duc d'Abrantès vint dans le commencement de janvier prendre le commandement du troisième corps. Il signala son arrivée par la prise du couvent de Saint-Joseph, et poursuivit ses succès le seize janvier en enlevant la tête du pont de la Huerba, où ses troupes se logèrent. Le chef de bataillon Sthal, du quatorzième de ligne, se distingua à l'attaque du couvent de Saint-Joseph, et le lieutenant Victor de Buffon monta des premiers à l'assaut.

L'investissement de Saragosse n'était cependant pas encore terminé. On persistait toujours dans les mêmes ménagemens, et on laissait à dessein les communications libres; afin que les insurgés pussent apprendre la déroute des Anglais et leur honteuse fuite au-delà des Espagnes. Ce fut le 16 de janvier que les Anglais furent jetés dans la mer à la Corogne, et ce fut le 26 que les opérations commencèrent à devenir sérieuse devant Saragosse.

Le duc de Montbello y arriva le 20, pour prendre le commandement supérieur du siège. Lorsqu'il eut acquis la certitude que toutes les nouvelles que l'on faisait parvenir dans la ville ne produisaient aucun effet, et que quelques moines qui s'étaient emparés des esprits, réussissaient, ou à empêcher qu'elles vienne.t à la connaissance du peuple, ou à les travestir de manière à perpétuer le délire des assiégés ; il prit le parti de renoncer à tous les ménagemens.

Quinze mille paysans s'étaient réunis sur la gauche de l'Ebre à Perdiguera. Le duc de Trévise les attaqua avec trois régimens, et malgré la belle position qu'ils occupaient, le 64e. régiment les culbuta et les mit en déroute. Le 10e. régiment de hussards se trouva dans la plaine pour les recevoir, et un grand nombre resta sur le champ de bataille. Neuf pièces de canon et plusieurs drapeaux furent les trophées de cette rencontre.

En même tems le duc de Montbello avait envoyé l'adjudant commandant Gasquet sur Zuera, pour y dissiper un rassemblement. Cet officier, avec trois bataillons, attaqua 4000 insurgés, les culbuta, et leur prit 4 pièces de canon avec leurs caissons attelés.

Le général Vattier avait en même tems été détaché, avec 300 hommes d'infanterie et 200 hommes de chevaux, sur la route de Valence. Il rencontra 5000 insurgés à Alcanitz, les força dans la ville même, à jeter leurs fusils dans leur fuite, leur tua 600 hommes, et prit des magasins, des subsistances, des munitions et des armes ; parmi ces dernières se trouvèrent 1000 fusils anglais. L'adjudant commandant, Carrion de Nizas, à la tête d'une colonne d'infanterie, s'est conduite d'une manière brillante ; le colonel Burthe, du 4e. de hussards, et le chef de bataillon, Camus, du 28e. d'infanterie légère, se sont distingués.

Ces opérations se faisaient entre entre le 20 et le 26 janvier.

Le 26, on commença à attaquer sérieusement la ville ; et l'on démasqua les batteries. Le 27, à midi, la brèche se trouva praticable sur plusieurs points de l'enceinte. Les troupes se logèrent dans le couvent de San-in-Gracia. La division Grandjean occupa une trentaine de maisons dans la ville. Le colonel Chlopiscki, et les soldats de la Vistule se distinguèrent. Dans le même moment, le général de division Morlot, dans une attaque sur la gauche, s'empara de tout le front de défense de l'ennemi.

Le capitaine Gutteman, à la tête des travailleurs et de 36 grenadiers du 44e, est monté à la brèche avec une hardiesse rare. M. Poloreski, officier des voltigeurs de la Vistule, jeune homme âgé de 17 ans, et déjà couvert de sept blessures, s'est présenté le premier à la brèche. Le chef de bataillon, Lejeune, aide-de-camp du prince de Neuchâtel, s'est conduit avec distinction et a reçu deux blessures légères. Le chef de bataillon, Haxo, a aussi été légèrement blessé et s'est également distingué.

Le 30, les couvens de Sainte-Monique et des Grands-Augustins furent enlevés. Soixante maisons furent prises à la sape. Les sapeurs du 1er régiment de ligne se distinguèrent. Le premier février, le général Lacoste fut atteint d'une balle, et mourut sur le champ d'honneur. C'était un officier aussi brave qu'instruit. Sa perte a été sensible à toute l'armée, et plus particulièrement encore à l'Empereur. Le colonel Rognat lui succéda dans le commandement de l'armée du génie et dans la direction du siège. L'ennemi défendait chaque maison. Trois attaques de mines étaient conduites de front, et tous les jours trois ou quatre mines faisaient sauter plusieurs maisons, et permettaient aux troupes de se loger dans plusieurs autres.

C'est ainsi qu'on arriva jusqu'au Corso (grande rue de Saragosse), qu'on se logea sur les quais, et que l'on s'empara de la maison des Écoles et de celle de l'Université. L'ennemi tentait d'opposer mineurs à mineurs ; mais, peu habiles dans ce genre d'opérations, ses mineurs étaient sur le champ découverts et étouffés.

Cette manière de conduire le siège rendait sa marche lente, mais certaine et moins coûteuse pour l'armée. Pendant que trois compagnies de mineurs et huit compagnies de sapeurs sont seules occupées à cette guerre souterraine dont les résultats sont si terribles. Le feu est presque constamment entretenu dans la ville par les mortiers qui lancent des bombes remplies de cloches à feu.

Il n'y avait encore que dix jours que l'attaque avait commencé, et déjà on présageait la prochaine reddition de la ville. On s'était emparé de plus du tiers des maisons et l'on s'y était logé. L'église, où se trouvait l'image de Notre-Dame del Pilar, qui par tant de miracles avait promis de défendre la ville, était écrasée par les bombes et n'était plus habitable.

Le duc de Montebello jugea alors nécessaire de s'emparer du faubourg de la rive gauche pour occuper tout le diamètre de la ville, et croiser son feu. Le général de division Gazan enleva la caserne des Suisses par une attaque prompte et brillante. Le 17, une batterie de 60 pièces de canon qu'on avait établie jouaient dès le matin. A 3 heures après-midi un bataillon du 28e attaqua un énorme couvent dont les murs en briques avaient trois à quatre pieds d'épaisseur et s'en empara. Sept mille ennemis défendaient le faubourg. Le général Gazan se porta rapidement sur le pont où les insurgés avaient leur retraite dans la ville. Il en tua un grand nombre, et fit 4000 prisonniers, au nombre desquels se trouvaient 2 généraux, 12 colonels, 19 lieutenans-colonels et 230 officiers. Il prit 6 canons et 30 pièces de canon. Presque toutes les troupes de ligne de la place occupaient ce point important qui était menacé depuis le 10. Au même instant, le duc d'Abrantès traversait le Corso par plusieurs caponières, et faisait sauter, au moyen de deux fourneaux de mines, le vaste bâtiment des Écoles. — Après ces événemens, la terreur se mit dans la ville. La Junte, pour obtenir quelques délais, et donner le tems à la frayeur des habitans de se dissiper, demanda à parlementer; mais sa mauvaise foi était connue et cette ruse lui fut inutile. Trente autres maisons furent enlevées à la sape ou par des mines.

Enfin, le 21, toute la ville fut occupée par nos troupes. Quinze mille hommes d'infanterie et 2000 hommes de cavalerie ont posé les armes à la porte de Portillo, et ont remis 40 drapeaux et 150 pièces de canon. Les insurgés ont perdu 20,000 hommes pendant le siège; on en a trouvé 13,000 dans les hôpitaux. Il en mourait 500 par jour.

Le duc de Montebello n'a pas voulu accorder de capitulation à la ville de Saragosse; il a seulement fait connaître les dispositions suivantes:

« La garnison posera les armes le 21, à midi, à la porte de Portillo; après quoi elle sera prisonnière de guerre. Les hommes des troupes de ligne qui voudront prêter serment au Roi Joseph et entrer à son service, pourront y être admis. Dans le cas où leur admission ne seroit pas accordée par le ministre de la guerre du roi d'Espagne, ils seront prisonniers de guerre et conduits en France. — La religion sera respectée. Les troupes françaises occuperont, le 21, à midi, le château. Toute l'artillerie et toutes les munitions de toutes espèces, leur seront remises. Toutes les armes seront déposées aux portes de chaque maison, et recueillies par les alcades de chaque quartier. »

Les magasins en blé, riz et légumes qu'on a trouvés dans la place sont très considérables. — Le duc de Montebello a nommé le général Laval gouverneur de Saragose.

Une députation du clergé et des principaux habitans est partie pour se rendre à Madrid. — Palafox est dangereusement malade. Cet homme était l'objet du mépris de toute l'armée ennemie, qui l'accusait de présomption et de lâcheté. On ne l'a jamais vu dans les postes où il y avait quelques dangers.

Le comte de Fuentes, grand d'Espagne, que les insurgés avaient arrêté dans ses terres, il y a sept mois, a été trouvé dans un cachot de huit pièces carrés, et délivré. On ne peut se faire une idée des maux qu'il a soufferts.

---

de Pelletier, rue du Petit-Lion, n° 7, près celle St-Denis.

2.° BULLETIN
DE L'ARMÉE D'ESPAGNE.

Extrait du Moniteur du 19 novembre 1808.

Burgos, le 12 novembre 1808.

LE duc de Dantzick est entré dans Valmaseda en poursuivant l'ennemi.

Dans la journée du 8, le général Sébastiani découvrit sur une montagne très-élevée, sur la droite de Valmaseda, l'arrière-garde des insurgés; il marcha sur-le-champ à eux, les culbuta et fit une centaine de prisonniers.

Cependant la ville de Burgos était occupée par l'armée d'Estramadure, formée en trois divisions : l'avant-garde composée des Gardes wallones et espagnoles; du corps d'étudians et Universités de Salamanque et de Léon formant plusieurs bataillons, plusieurs régimens de ligne et des régimens de nouvelle formation, formés depuis l'insurrection de Badajoz, portaient cette armée à environ vingt mille hommes.

L'Empereur ayant donné le commandement de la cavalerie de l'armée au maréchal duc d'Istrie, donna le commandement du 2e. corps au maréchal duc de Dalmatie.

Le 10, à la pointe du jour, ce maréchal marcha à la tête de la division Mouton, pour reconnaître l'ennemi.

Arrivé à Gamonal, il fut accueilli par une décharge de trente pièces de canon.

Ce fut le signal du pas de cherge.

L'infanterie de la division Mouton marcha soutenue par des salves d'artillerie.

Les Gardes wallones et espagnoles furent culbutées à la première attaque.

Le duc d'Istrie, à la tête de sa cavalerie, déborda leurs ailes; l'ennemi fut mis en pleine déroute, trois mille hommes sont restés sur le champ de bataille; douze drapeaux et vingt-cinq pièces de canon ont été pris; trois mille prisonniers ont été faits; le reste est dispersé.

Nos troupes sont entrées pêle-mêle avec l'ennemi dans la ville de Burgos, et la cavalerie le poursuit dans toutes les directions.

Cette armée d'Estramadure, qui venait de Madrid à marches forcées, qui s'était signalée pour premier exploit par l'égorgement de son infortuné général le comte de Torres, toute armée de fusils anglais et spécialement soldée par l'Angleterre, n'existe plus.

Le colonel des Gardes Wallones et un grand nombre d'officiers supérieurs ont été faits prisonniers.

Notre perte a été très-légère; elle consiste en 12 ou 15 hommes tués et 50 blessés au plus.

Un seul capitaine a été tué d'un boulet.

Cette affaire, due au bonnes dispositions du duc de Dalmatie et à l'intrépidité avec laquelle le duc d'Istrie a fait charger la cavalerie, fait le plus grand honneur à la division Mouton; il est vrai que cette division est composée de corps dont le seul nom est depuis longtemps un titre d'honneur.

Le château de Burgos a été occupé et trouvé en bon état. Il y a des magasins considérables de farines, de vin et de blé.

Le 11, l'Empereur a passé la revue de la division Bonnet, et l'a dirigée immédiatement sur les débouchés de St.-Ander.

Voici la position de l'armée aujourd'hui.

Le maréchal duc de Béthune, poursuivant vivement les restes de l'armée de Galice qui se retire par Villareayo et Reynosa, points vers lesquels le duc de Dalmatie est en marche, il ne lui restera d'autre ressource que de se disséminer dans les montagnes, en abandonnant son artillerie, ses bagages et tout ce qui constitue une armée.

S. M. l'Empereur est à Burgos avec sa garde.

Le général Milhaud, avec sa division de dragons, marche sur Falencia. Le général Lasalle a pris possession de Lerma.

Ainsi, dans un moment, les armées de Galice et d'Estramadure ont été battues, dispersées, et en partie détruites, et cependant tous les corps de l'armée ne sont pas arrivés. Les trois quarts de la cavalerie sont en arrière, et près de la moitié de l'infanterie.

On a remarqué dans l'armée insurgée les contrastes les plus opposés.

On a trouvé, dans la poche des officiers morts des contrôle de compagnies qui s'intitulaient compagnies de Brutus, compagnies del Popalo : c'étaient les compagnies des étudians des écoles, d'autres dont les compagnies portaient des noms de saints ; c'étoit l'insurrection des paysans.

Anarchie et désordres, voilà ce que l'Angleterre sème en Espagne ; qu'en recueillera-t-elle ? la haine de cette brave nation éclairée et réorganisée. Du reste, l'extravagance des meneurs des insurgés s'apperçoit par-tout. Il y a des drapeaux parmi ceux que nous avons pris, où l'aigle impérial se trouve dechiré par le lion d'Espagne, et qui se permet de pareilles allégories, les troupes les plus mauvaises qui existent en Europe.

La cavalerie de l'armée d'Estramadure a été battue de l'œil. Du moment que le 1eme de chasseurs l'a apperçue, elle s'est mise en déroute et on ne l'a plus revue.

L'Empereur a passé la revue des corps du duc de Dalmatie, comme il partait de Burgos pour marcher sur les derrières de l'armée de Galice ; S. M. a fait des promotions, donné des récompenses et a été fort contente de la troupe. Elle a témoigné sa satisfaction aux vainqueurs de Medina, de Rio Secco et de Burgos, le maréchal duc d'Istrie, et les généraux Merle et Mouton,

---

De l'Imprimerie de GAUTIER, rue Jean Lantier, n. 28. 2.

3ᵉ Bulletin
De l'Armée d'Espagne.

Extrait du Moniteur du 21 novembre 1808.

Burgos, le 16 novembre 1808.

L'ARMÉE de Galice qui est en fuite depuis Bilbao, est poursuivie par le maréchal duc de Bellune dans la direction d'Espinosa, par le maréchal duc de Dantzick, dans celle de Villarcayo, et tournée sur Reynosa par le maréchal duc de Dalmatie. Des évènemens importans doivent avoir lieu.

Le général Milhaud avec sa division de cavalerie est entré à Palencia, et a poussé des détachemens sur les débouchés de Reynosa à la suite d'un parc d'artillerie de l'armée de Galice.

Les jeunes étudians de Salamanque qui croyaient faire la conquête de la France, les paysans fanatiques qui rêvaient déjà le pillage de Bayonne et de Bordeaux, et se croyaient conduits par tous les saints apparus à des moines imposteurs, se trouvent déchus de leurs chimères. Leur désespoir et leur consternation sont au comble. Ils se lamentent des malheurs auxquels ils sont en proie, des mensonges qu'on leur a fait accroire, et de la lutte sans objet dans laquelle ils sont engagés.

Toute la plaine de Castille est déjà couverte de notre cavalerie. L'élan et l'ardeur de nos troupes les portent à faire sans effort 14 et 15 lieues par jour. Nos grands gardes sont sur le Duero. Toute la côte de Saint-Ander et de Bilbao est nettoyée d'ennemis.

L'infortunée ville de Burgos, en proie à tous les maux d'une ville prise d'assaut, fait frémir d'horreur. Prêtres, moines, habitans, se sont sauvés à la première nouvelle du combat, menacés de voir les soldats de l'armée d'Estramadure se défendre dans les maisons, comme ils en avaient annoncé l'intention, pillés d'abord par eux, et ensuite par nos soldats entrant dans les maisons pour en chasser les ennemis et n'y trouvant plus d'habitans.

Il faudrait que les hommes comme de Stein, qui, au défaut des troupes de ligne qui n'ont pu résister à nos aigles, méditent le sublime projet des masses, fussent témoins des malheurs qu'elles entraînent et du peu d'obstacles que cette ressource peut offrir à des troupes réglées.

On a trouvé à Burgos et dans les environs pour trente millions de laines que Sa Majesté l'Empereur a fait séquestrer. Toutes celles qui appartiendraient à des moines, et à des individus faisant partie des insurgés, seront confisquées et serviront de première indemnité aux Français pour les pertes qu'ils ont éprouvées; car à Madrid même, les Français domiciliés depuis quarante ans ont été dépouillés de leur biens; les Espagnols fidèles à leur roi ont été déclarés émigrés. Les biens de d'Azanza, le ministre le plus vertueux et le plus éclairé; de Massaredo, le marin le plus instruit; d'OFarill, le meilleur militaire de l'Espagne, ont été vendus à l'encan. Ceux de Campo d'Alange, respectable par ses vertus, par son nom et par sa fortune, propriétaire de 60,000 mérinos et trois millions de revenus, sont devenus la proie de ces frénétiques.

Une autre mesure que l'empereur a ordonnée, c'est la confiscation de toutes les marchandises de fabrique anglaise, et celle des denrées coloniales débarquées en Espagne depuis l'insurrection.

Les marchands de Londres feront donc bien d'envoyer des marchandises à Lisbonne, à Porto et dans les ports d'Espagne.

Plus ils en enverront, et plus grande sera la contribution qu'ils nous payent.

La ville de Palencia, dirigée par un digne évêque, a accueilli nos troupes avec empressement. Cette ville ne se ressent pas des calamités de la guerre. Un saint évêque qui pratique les principes de l'Evangile, animé par la charité chrétienne, des lèvres duquel il ne découle que du miel, est le plus grand bienfait que le ciel accorde aux peuples. Un évêque passionné, haineux et furibond qui ne prêche que la désobéissance et la rebellion, le désordre et la guerre, est un monstre que Dieu a donné aux peuples dans sa colère, pour les égarer dans la source même de la morale.

Dans les prisons de Burgos étaient renfermés plusieurs moines. Les paysans les ont lapidés, *Malheureux que vous êtes*, leur disaient-ils, *c'est vous qui nous avez entraînés dans ce comble d'infortunes. Nos malheureuses femmes, nos pauvres enfans, nous ne les verrons peut-être plus. Misérables que vous êtes, le Dieu juste vous punira aux enfers de tous les maux que vous causez à nos familles et à notre patrie.*

On lit dans les papiers espagnols un arrêté de la junte suprême du gouvernement qui fixe les punitions qui seront infligées aux Espagnols *traîtres* et partisans de l'Empereur de France. A cet effet un tribunal suprême de surveillance et de protection est créé.

Voici les noms des membres qui composent ce tribunal.

Les ministres D. André Lasança, du conseil royal, D. Ramon de Passadé y Soto, du conseil des Indes; D. Joseph Justo Salcedo, de la marine; D. Carlos de Simon Pantero, secrétaire des commandemens, D. Sanche Llamas, des domaines D. Pierre-Maria Ric, de la royale audience de Sarragosse Et D. Antoine Seoana, de la chancellerie royale de la Valladolid.

D. Justo Maria Ibar Navarro, sera rapporteur de toutes les affaires et jugemens criminels.

Ce tribunal est spécialement chargé de surveiller la conduite et la manière d'être de tout sujet de l'Empereur des Français et des gouvernemens où règne sa famille.

Ce tribunal procédera contre les espions, émissaires espagnols, partisans des Français, avec toute la rigueur des lois.

Ce tribunal, vu les circonstances, agira avec célérité, et évitera l'inutile multiplication des témoins, à l'effet d'activer les interrogatoires et les jugemens.

Il n'aura besoin ni de preuves écrites, ni de consultation.

Toutes les déclarations des accusés et toutes les dépositions des témoins, soit secrètes, soit publiques, seront reçues par le ministre de semaine.

Cette création du tribunal de surveillance suprême, est dictée dans la pensée de contenir les Espagnols qui pourraient se livrer aux Français. Toutes les mesures en sont les plus rigoureuses et les plus révolutionnaires.

Il est signé par le comte de Florida Blanca.

Un des articles de cette loi établit une différence relativement aux membres de la junte qui ont signé à Bayonne tous les actes qui s'y sont faits. Elle dit qu'il ne faut pas confondre ceux qui n'ont donné qu'un serment apparent et forcé, avec ceux qui y ont coopéré et y coopèrent encore, les premiers étant des hommes d'honneur, etc.

De l'Imprimerie de M. HENEE, rue S. Severin, n°. 8.

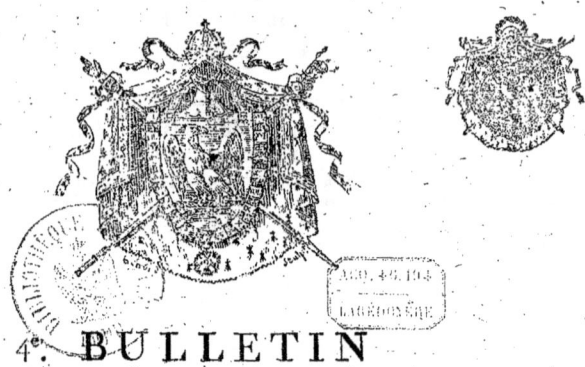

4ᵉ. BULLETIN

DE L'ARMEE D'ESPAGNE.

Extrait du Moniteur du 22 novembre 1808.

Burgos, le 15 novembre, 1808.

S. M. a passé hier la revue de la division Marchand, a nommé les officiers et sous-officiers les plus méritans à toutes les places vacantes, et a donné des récompenses aux soldats qui s'étaient distingués.

S. M. a été extrêmement contente de ses troupes qui arrivent presque sans s'arrêter des bords de la Vistule.

Le duc d'Elchingen est parti de Burgos.

L'empereur a passé ce matin la revue de sa garde ans la plaine de Burgos.

S. M. a vu ensuite la division Dessolles, et a nommé à toutes les places vacantes dans cette division.

Les événemens se preparent et tout est en marche.

Rien ne réussit à la guerre qu'en conséquence d'un plan bien combiné.

Parmi les prisonniers, nous en avons trouvé qui portaient à la boutonnière un aigle renverse percé de deux flèches, avec cette inscription : *au vainqueur de la France.*

A cette ridicule fanfaronnade, on reconnait les compatriétes de Don Quichotte.

Le fait est qu'il est impossible de trouver de plus mauvaises troupes, soit dans les montagnes, soit dans la plaine.

Ignorance crasse, folle présomption, cruauté contre le faible, souplesse et lâcheté avec le fort, voilà le spectacle que nous avons devant les yeux.

Les Moines et l'Inquisition ont abruti cette nation.

Dix mille hommes de cavalerie légère et de dragons, avec vingt-quatre pièces d'artillerie légère, s'étaient mis en marche le 11 pour courir sur les derrières de la division anglaise que l'on disait être à Valladolid.

Ces braves ont fait trente-quatre lieues en deux jours, mais notre espérance a été déçue.

Nous sommes entrés à Palencia, à Valladolid.

On a poussé six lieues plus loin.

Point d'Anglais, mais bien des promesses et des assurances.

Il paraît cependant certain qu'une division de leurs troupes a débarqué à la Corogne.

Qu'une autre division est entré à Badajoz au commencement du mois.

Le jour où nous les trouverons sera un jour de fête pour l'armée française.

Puissent-ils rougir de leur sang ce Continent qu'ils dévastent par leurs intrigues, leur monopole et leur épouvantable égoïsme ! Puissent-ils, au lieu de 20,000, être 80 ou 100,000 hommes, afin que les mères de famille anglausaises apprennent ce que c'est que les maux de la guerre, et que le Gouvernement britannique cesse de se jouer de la vie et du sang des peuples du Continent.

Les mensonges les plus grossiers, les moyens les plus vils sont mis en œuvre par le machiavélisme anglais pour égarer la nation espagnole.

Mais la masse est bonne : la Biscaye, la Navarre ; la Vieille-Castille, la plus grande partie de l'Arragon même, sont animés d'un bon esprit.

La généralité de la nation voit avec une profonde douleur l'abîme où on la jette ; et ne tardera pas à maudire les auteurs de tant de maux.

Florida Blanca, qui est à la tête de l'insurrection espagnole est le même qui a été ministre sous Charles III.

Il a toujours été ennemi décidé de la France, et partisan zélé de l'Angleterre. Il faut espérer qu'à sa dernière heure, il reconnaîtra les erreurs de la politique de sa vie.

C'est un vieillard qui réunit à l'anglomanie la plus aveugle dévotion la plus superstitieuse.

Ses confidens et ses amis sont les moines les plus fanatiques et les plus ignares.

L'ordre est rétabli dans Burgos et dans les environs.

A ce premier moment de terreur a succédé la confiance.

Les paysans sont retournés dans leurs villages et à leur labour.

De l'Imprimerie de GAUTHIER, rue Jean Lantier, n. 2ᵅ. 2.

5ᵉ. BULLETIN

DE L'ARMEE D'ESPAGNE.

Extrait du Moniteur du 24 novembre 1808.

Burgos, le 16 novembre 1808.

Les destinées de l'armée d'Estramadure se sont terminées dans les plaines de Burgos. L'armée de Galice battue aux combats de Durango, de Guenès, de Valmaceda, a péri ou a été dispersée à la bataille d'Espinosa. Cette armée était composée de l'infanterie de l'ancienne armée espagnole qui était en Portugal et en Galice et qui avoit quitté Porto à la fin de juin, des milices de la Galicie, des Asturies et de la Vieille-Castille;

De cinq mille prisonniers espagnols que les Anglais avaient habillés et armés à leurs frais et débarqués à Saint-Ander.

De volontaires de levées extraordinaires de la Galice, de la vieille-Castille et des Asturies;

Des régimens d'artillerie, des garnisons de marine, et de matelots des départemens de la Corogne et du Ferrol;

Enfin des corps que le traître la Romana avait amenés du Nord et débarqués à St.-Ander.

Dans sa folle présomption, cette armée manœuvrait sur le flanc de l'armée française.

Voulait couper la communication par la Biscaye.

Pendant l'espace de dix jours elle a été menée battante de gorge en gorge, de mamelon en mamelon.

Enfin le 10 novembre, arrivée à Espinosa, elle voulut couvrir sa retraite, ses parcs, ses hôpitaux et ses magasins.
Elle se rengea en bataille et se crut dans une position inattaquable.

Le maréchal-duc de Bellune culbuta son arrière-garde, et se trouva à trois heures après-midi devant son front de bataille.

Le général Pachod, avec les 94e et 95e régimens de ligne

eut ordre d'enlever un mammelon situé en avant de la ligne de bataille qu'occupait la troupe du traître la Romana. La position était belle ; les soldats qui le défendaient, les meilleurs du pays, et soutenus par toute la ligne ennemie. Le général Pachod gravit l'arme au bras ces montagnes escarpées, et fondit sur ces régimens qui avaient abusé de notre loyauté et faussé leurs sermens. Dans un clin-d'œil, ils furent rompus et jetés dans les précipices. Le régiment de la Princesse a été détruit.

La ligne ennemie se porta alors en avant et combina des attaques pour reprendre le plateau. Toutes les colonnes qui avancèrent, disparurent et trouvèrent la mort. La nuit obscure surprit les deux armées dans cette position.

Pendant ce tems, le maréchal duc de Dalmatie filait sur Beynosa, seule retraite de l'ennemi.

A la pointe du jour, le duc de Bellune fit déborder par le général de brigade Maison, à la tête du 16e. régiment d'infanterie légère, la gauche de l'ennemi; de son côté, le duc de Dantzick accourut au feu et déborda sa droite.

Le général Maison avec les braves du 16e. gravit sur des montagnes escarpées à tout autre inaccessibles, et culbuta l'ennemi.

Le duc de Bellune fit alors avancer le centre ; et l'ennemi coupé et tourné, fuit à la débandade, jettant ses armes, ses drapeaux, et abandonnant ses canons.

La division Sébastiani poursuivi les fuyards dans la direction de Villarcayo, attaqua, tua, prit ou dispersa une division et lui enleva ses canons.

Le duc de Dalton enleva, à Reynosa, tous les parcs, magasins, bagages, et fit quelques prisonniers.

Le colonel Tascher, envoyé à la poursuite de l'ennemi à la tête d'un régiment de chasseurs, a ramené un grand nombre de prisonniers.

Cependant l'ennemi qui nous menaçait avec tant d'ignorance et une si aveugle présomption, était non-seulement tourné par Reynosa, mais encore par Palencia, par la cavalerie qui déjà occupait les débouchés des montagnes dans la plaine, à vingt lieues de ses derrières.

Soixante pièces de canon, vingt mille hommes tués ou pris, le reste dispersé; douze généraux espagnols tués; tous les secours en armes, habillemens, munitions que les Anglais avaient débarqués, tombés en notre pouvoir, sont le résultat de cette affaire.

Cependant notre perte est de peu de valeur.

Aux combats de Durango, de Guenès, de Valmaceda, d'Espinosa, nous n'avons perdu que 80 hommes tués et 300 blessés aucun homme de marque.

On a brisé 30,000 fusils, et on en a pris autant en magasin à Reynosa.

S. M. a nommé le général de brigade Pacthod, général de division, et a accordé dix décorations de la Légion d'honneur aux 94e. et 95e. régimens d'infanterie de ligne, et au 16e. d'infanterie légère.

La terreur est dans l'âme du soldat espagnol. Il jette sa veste rouge au chiffre du roi Georges, son fusil anglais, et cherche à se cacher dans des cavernes, dans des hameaux sous l'habit de paysan. Blake se sauve errant dans les montagnes des Asturies; la Romana, avec quelques milliers d'hommes, s'est jeté sur la marine de Saint-Ander.

De l'Imprimerie de GAUTHIER, rue Jean-Lantier, n° 2.

5ᵐᵉ. BULLETIN
DE
L'ARMÉE D'ESPAGNE.

(Extrait du Moniteur, du 24 novembre.)

Burgos, le 16 nombre.

Les destinées de l'armée d'Estramadure se sont terminées dans les plaines de Burgos.

L'armée de Galice battue aux combats de Durango, de Guenès, de Valmaseda, a péri ou a été dispersée à la bataille d'Espinosa.

Cette armée était composée de l'infanterie de l'ancienne armée espagnole qui était en Portugal et en Galice et qui avait quitté Porto à la fin de juin, des milices de la Galicie, des Asturies et de la Vieille-Bastille.

De cinq mille prisonniers espagnols que les Anglais avaient habillés et armés à leurs frais et débarqués à Saint-Ander.

De volonraires de levées extraordinaires de la Galice, de la Vieille-Castille et des Asturies.

Des régimens d'artillerie, des garnisons de marine, et des matelots des départemens de la Corogne et du Ferrol.

Enfin les corps que le traître la Romana avait amenés du Nord et débarqués à Saint-Ander.

Dans sa folle présomptoin, cette armée manoeuvrait sur le flanc droit de l'armée française, et voulait couper la communication par la Biscaye.

Pendant l'espace de dix jours, elle a été menée battante de gorge en gorge, de mamelon en mamelon.

Enfin, le 10 novembre, arrivée à Espinosa, elle voulut couvrir sa retraite, ses parcs, ses hôpitaux et ses magasins.

Elle se rangera en bataille, et se crut dans une position inattaquable.

Le maréchal duc de Bellune culbuta son arrière-garde, et se trouva à trois heures après-midi devant son front de bataille.

Le général Pacthod, avec le 94e. et 95e. régimens de ligne, eut ordre d'enlever un mamelon situé en avant de la ligne de bataille qu'occupait la troupe du traître la Romana.

La position était belle; les soldats qui la défendaient, des meilleurs du pays, et soutenus par toute la ligne ennemie.

Le général Pacthod gravit, l'arme au bras, ces montagnes escarpées, et fondit sur ces régimens qui avaient abusé de notre loyauté et faussé leurs sermens.

Dans un clin-d'œil, ils furent rompus et jettés dans les précipices. Le régiment de la princesse a été détruit

La ligne ennemie se porta alors en avant et combina des attaques pour reprendre le plateau.

Toutes les colonnes qui avancèrent, disparurent et trouvèrent la mort.

La nuit obscure surprit les deux armées dans cette position.

Pendant ce tems, le maréchal duc de Dalmatie filait sur Reynosa, seule retraite de l'ennemi.

A la pointe du jour, le duc de Bellune fit déborder par le général de brigade Maison, à la tête du seizième régiment d'infanterie légère, la gauche de l'ennemi; de son côté, le duc de Danzick accourut au feu et déborda sa droite.

Le général Maison avec les braves du seizième gravit sur des montagnes escarpées à tout autres inaccessible et culbuta l'ennemi.

Le duc de Bellune fit alors avancer le centre; et l'ennemi coupé et tourné, fuit à la débandade, jettant ses armes, ses drapeaux, et abandonnant ses canons.

La division Sébastiani poursuivit les fuyards dans la direction de Villarcayo, attaqua, tua, prit ou dispersa une division et lui enleva ses canons.

Le duc de Dalmacie enleva, à Reynosa, tous les parcs, magasins, bagages, et fit quelques prisonniers.

Le colonel Tascher, envoyé à la poursuite de l'ennemi à la tête d'un régiment de chasseurs, a ramené un grand nombre de prisonniers.

Cependant l'ennemi qui nous menaçait avait tant d'ignorance et une si aveugle présomption, était non-seulement tourné par Reynosa, mais encore par Palencia, par la cavalerie qui déjà occupait les débouchés des montagnes dans la plaine, à vingt lieues de ses derrières.

Soixante pièces de canon, vingt mille hommes tués ou pris, le reste dispersé, douze généraux espagnols tués; tous les secours en armes, habillemens, munitions que les Anglais avaient débarqués, tombés en notre pouvoir, sont le résultat de cette affaire.

La terreur est dans l'âme du soldat espagnol.

Il jette sa veste rouge au chiffre du roi Georges; son fusil anglais, et cherche à se cacher dans des cavernes, dans des hameaux sous l'habit de paysan.

Blake se sauve errant dans les montagnes des Asturies; la Romana, avec quelques milliers d'hommes, s'est jeté sur la marine de Saint-Ander.

Cependant notre perte est de peu de conséquence.

Aux combats de Durango, de Guenès, de Valmaceda, d'Espinosa, nous n'avons perdu que quatre vingt hommes tués et trois cents blessés, aucun homme de marque.

On a brisé trente mille fusils, et on en a pris autant en magasin à Reynosa.

S. M. a nommé le général de brigade Pacthod, général de division, et a accordé dix décorations de la légion d'honneur aux 94e. et 95e. régimens d'infanterie de ligne, et au 16e. d'infanterie légère.

De l'imprimerie de Maudet, rue Bailleul, n°. 11.

6º. BULLETIN

DE L'ARMÉE D'ESPAGNE.

Extrait du Moniteur du 26 novembre 1808.

Burgos, le 18 novembre 1808.

Des 45,000 hommes qui composaient l'armée de Galice, partie a été tuée et prise, le reste a été éparpillé.

Les débris en tombent de tous côtés dans nos postes.

Le général de division Debelle a fait 500 prisonniers du côté de Vasconcellos.

Le colonel Tascher, commandant le premier régiment provisoire de chasseurs, a donné sur l'escorte du général espagnol Acebedo, l'escorte ayant fait résistance, tout a été tué.

Le général Bonnet est tombé avec sa division sur la tête d'une colonne de fuyards de 2000 hommes.

Partie a été prise, et l'autre partie détruite.

Le maréchal-duc d'Istrie, commandant la cavalerie de l'armée, est entré à Aranda, le 16 à midi.

Nos partis de cavalerie vont sur la gauche jusqu'à Soria et Madrid, et sur la droite jusqu'à Léon et Zamora.

L'ennemi a évacué Aranda avec la plus grande précipitation.

Il y a laissé quatre pièces de canon.

On a trouvé dans cette ville un magasin considérable de biscuit, quarante mille quintaux de bled et une grande quantité d'effets d'habillement.

A Reynosa, on a trouvé beaucoup d'objets anglais et des approvisionnemens considérables de toute espèce.

Les habitans de la Montaña, de toute la plaine de la Castille jusqu'au Portugal, de la province de Soria maudissent hautement les auteurs de cette guerre, et demandent à grands cris le repos et la paix.

Le maréchal duc de Dantzick fait une mention particulière du général de brigade Roguet. Il cite avec éloge le lieutenant de Coigny, aide-de-camp du général Sébastiani, qui a eu un cheval tué sous lui.

Le duc de Bellune fait une mention particulière du général de division Villatte.

Vingt mille balles de laine valant quinze à vingt millions, saisies à Burgos, ont été dirigées sur Bayonne.

La vente publique en sera faite à l'enchère au premier janvier.

Tous les négocians de France pourront y concourir.

Sur le produit de cette vente, le droit de vingt pour cent est dû au roi.

Le surplus servira, soit à rendre aux propriétaires qui n'ont point pris part à l'insurrection, le prix des laines qui leur appartiennent, ce qui se réduit à peu de chose, soit pour servir d'indemnité aux négocians Français qui ont été pillés ou ont essuyé des confiscations en Espagne.

S. M. a ordonné qu'une commission présidée par un maître des requêtes, et composée de deux membres de chacune des Chambres de commerce des villes de Bayonne, Bordeaux, Toulouse et Marseille, un auditeur du Conseil d'état faisant les fonctions de secrétaire-général, se réunirait à Bayonne, et que toutes les villes et corporations de commerce Françaises et Italiennes qui auraient des réclamations à faire, à raison des confiscations qu'elles auraient essuyées en Espagne, s'adresseraient à cette commission pour en poursuivre la liquidation.

S. M. a chargé le ministre de l'intérieur de faire un règlement sur la manière de procéder de cette commission.

L'intention de S. M. est également que les biens qui sont en France, dans le royaume d'italie ou dans le royaume de Naples, appartenant à des espagnols insurgés soient séquestrés pour servir également aux indemnités.

De l'Imprimerie de GAUTHIER, rue Jean Lantier, n. 2ᵏ. 2.

6e. BULLETIN

DE L'ARMÉE D'ESPAGNE

Extrait du Moniteur du 26 novembre 1808.

Burgos, le 18 novembre, 1808.

Des 45,000 hommes qui composaient l'armée de Galice, partie a été tuée et prise, le reste a été éparpillé.

Les débris en tombent de tous côtés dans nos postes.

Le général de division Debelle a fait 500 prisonniers du côté de Vasconcellos.

Le colonel Tascher, commandant le premier régiment provisoire de chasseurs, a donné sur l'escorte du général espagnol Acebedo, l'escorte ayant fait résistance, tout a été tué.

Le général Bonnet est tombé avec sa division sur la tête d'une colonne de fuyards de 2000 hommes.

Partie a été prise, et l'autre partie détruite.

Le maréchal-duc d'Istrie, commandant la cavalerie de l'armée, est entré à Aranda, le 16 à midi.

Nos partis de cavalerie vont sur la gauche jusqu'à Soria et Madrid, et sur la droite jusqu'à Léon et Zamora.

L'ennemi a évacué Aranda avec la plus grande précipitation.

Il y a laissé quatre pièces de canon.

On a trouvé dans cette ville un magasin considérable de biscuit, quarante mille quintaux de bled et une grande quantité d'effets d'habillement.

A Reynosa, on a trouvé beaucoup d'objets anglais et des approvisionnemens considérables de toute espèce.

Les habitans de la Montâna, de toute la plaine de la Castille jusqu'au Portugal, de la province de Soria maudissent hautement les auteurs de cette guerre, et demandent à grands cris le repos et la paix.

Le maréchal duc de Dantzick fait une mention particulière du général de brigade Roguet. Il cite avec éloge le lieutenant de Coigny, aide-de-camp du général Sébastiani, qui a eu un cheval tué sous lui.

Le duc de Bellune fait une mention particulière du général de division Villatte.

Vingt mille balles de laine valant quinze à vingt millions, saisies à Burgos, ont été dirigées sur Bayonne.

La vente publique en sera faite à l'enchère au premier janvier.

Tous les négocians de France pourront y concourir.

Sur le produit de cette vente, le droit de vingt pour cent est dû au roi.

Le surplus servira, soit à rendre aux propriétaires qui n'ont point pris part à l'insurrection, le prix des laines qui leur appartiennent; ce qui se réduit à peu de chose, soit pour servir d'indemnité aux négocians Français qui ont été pillés ou ont essuyé des confiscations en Espagne.

S. M. a ordonné qu'une commission présidée par un maître des requêtes, et composée de deux membres de chacune des Chambres de commerce des villes de Bayonne, Bordeaux, Toulouse et Marseille, un auditeur du Conseil d'état faisant les fonctions de secrétaire-général, se réunirait à Bayonne, et que toutes les villes et corporations de commerce Françaises et Italiennes qui auraient des réclamations à faire, à raison des confiscations qu'elles auraient essuyées en Espagne, s'adresseraient à cette commission pour en poursuivre la liquidation.

S. M. a chargé le ministre de l'intérieur de faire un règlement sur la manière de procéder de cette commission.

L'intention de S. M. est également que les biens qui sont en France, dans le royaume d'Italie ou dans le royaume de Naples, appartenant à des Espagnols insurgés soient séquestrés, pour servir également aux indemnités.

De l'Imprimerie de GAUTHIER, rue Jean-Lantier. n°. 2. en face celle des Orfèvres, près le Grenier à Sel.

7ᵉ. BULLETIN
DE L'ARMÉE D'ESPAGNE.

Extrait du Moniteur du 27 novembre 1808.

Burgos, le 20 novembre, 1808.

Le 16, l'avant-garde du maréchal duc de Dalmatie est entré à Saint-Ander, et y a trouvé une grande quantité de farine, de blé, de munitions de guerre et de poudre.

Un magasin de 9000 fusils anglais.

Des dépôts assez conetdérables de coton et de marchandises de fabrique anglaise et coloniales.

Pendant que nos troupes antraient à Saint-Ander, il y avait à deux lieues au large un grand convoi anglais chargé de troupes, de munitions et d'habillemens. Lorsqu'il a vu le drapeau français arboré et salué par la garnison, il a pris le large.

On a trouvé à Saint-Ander, un dépôt considérable de laines, qui est transporté en France.

Le 17, le colonel Tascher a rencontré à Cunillas les fuyards ennemis. Il y a eu quelques coups de sabre de donnés; on a fait une trentaine de prisonniers.

L'évêque de Saint-Ander, animé plutôt de l'esprit du démon que de l'esprit de l'Evangile, homme furibond et fanatique, marchant toujours un coutelas au côté, s'est sauvé à bord des frégates anglaises.

Toutes les lettres interceptées font voir la terreur et l'effroi qui agite cette partie de l'armée espagnole.

On a procédé au désarmement de la Montane, de Bilbao et de la partie de la Biscaye qui s'est insurgée.

On marche également du côté de Soria pour désarmer cette province.

Les provinces de Valladolid et de Palencia le sont déjà.

Le général Fransceschi, commandant un corps de cavalerie légère, a rencontré à Sahagun, à 6 lieues de Léon, un grand convoi de bagages et de malades de l'armée de Galice, qu'il a enlevé.

A Mayorgo, un escadron de cavalerie légère a rencontré 300 hommes, qu'il a chargés.

Partie a été tuée, l'autre prise.

La cavalerie du général Lasalle a poussé des partis jusqu'à Somosierra.

Des officiers des régimens espagnols de Zamora et de la princesse, qui étaient dans le Nord et qui s'étaient sauvés à Zamora, ont été faits prisonniers.

« Vous avez prêté serment au roi, leur a-t-on dit. »

Ils l'ont avoué.

Vous avez faussé votre serment.

Nous avons obéi à notre général.

Vous faisiez partie de l'armée française, et vous avez reconnu les meilleurs procédés par la plus infâme trahison.

Ils répondirent encore qu'ils étaient sous les ordres de leur général, et qu'ils n'avaient fait qu'obéir.

On aurait pu vous désarmer, a-t-on ajouté, peut-être l'aurait-on dû!

Mais on a eu confiance en vos sermens.

Il vaut mieux pour la gloire de l'Empereur qu'il ait eu à vous combattre que de s'être porté à un acte qui aurait pu être taxé de trop de méfiance.

Vous n'êtes plus couverts par le droit des gens que vous avez violé.

Vous devriez passer par les armes.

L'Empereur veut vous pardonner une seconde fois. »

Au reste, les régimens de Zamora et de la Princesse ont cruellement souffert.

Il en est peu resté aux drapeaux.

De l'Imprimerie de GAUTHIER, rue Jean-Lantier, n°. 2 en face celle des Orfèvres, près le Grenier à Sel.

8.ᵉ BULLETIN
DE L'ARMEE D'ESPAGNE.

Extrait du Moniteur du 29 novembre 1808.

Burgos, le 22 novembre, 1808.

LE duc de Dalmatie poursuit ses succès avec la plus grande activité.

Un convoi chargé d'artillerie, de munitions et de fusils anglais, a été pris dans le port de Cunillas au moment où il voulait appareiller.

On en fait l'inventaire.

On a déjà noté 30 pièces de canon et une grande quantité de malles d'officiers.

Le général Sarrut, à la tête de sa brigade, pousse vivement l'ennemi.

Arrivé à Saint Vicente, et cotoyant la mer, l'ennemi s'aperçut d'une hauteur qui couvrait le défilé de Saint-Vicente, que le général Sarrut n'avait que 900 hommes.

Il crut avoir le temps de tenir pour passer le défilé qui est un pont de 400 toises sur un bras de mer.

Mais il ignorait que ces 900 hommes étaient du deuxième d'infanterie légère ; il ne tarda pas à l'apprendre.

A peine le général Sarrut fut à portée, que ces braves chargèrent ; et l'on vit neuf cents hommes rompre et mettre en désordre six mille hommes bien postés, sans éprouver de pertes et presque sans coup férir.

Cependant le colonel Tascher avait habilement placé cent cinquante hommes de son régiment de chasseurs en colonne serrée, par peloton, derrière cette avant-garde ; et aussi-tôt qu'il vit l'ennemi ébranlé, il chargea, sans délibérer, dans le défilé, tua et jeta dans la mer et le marais, ou prit la plus grande partie de cette colonne.

On avait déjà fait un millier de prisonniers lorsque le dernier compte a été rendu, et la colonne du dénéral Sarrut auait déjà avait déjà dépassé la province de la Montâna et était entrée dans les Asturies.

Les voltigeurs du 36ᵉ. régiment, ont arrêté, dans le port de Santillana, un convoi anglais chargé de sucre, de café, de coton et d'autres denrées coloniales. Le nombre de bâtimens anglais, richement chargés, qui ont été pris sur cette côte, était de 25.

Dans la plaine, le général de division Milhaud annonce que le 19, non loin de Léon, une reconnaissance a chargé, dans le village de Valverde, un bataillon d'étudians, dont un grand nombre a été sabré et le reste dispersé.

Le septième corps de l'armée d'Espagne, que commande le général Gouvion-Saint-Cyr, commence aussi à faire parler de lui.

Le 6 novembre, la place de Roses a été investie par les généraux Reille et Pino.

Les hauteurs de Saint-Pedro ont été enlevées par les Italiens avec cette impétuosité qu'ils avaient au quinzième siècle, et dont les troupes du royaume d'Italie ont donné tant de preuves dans la dernière campagne d'Allemagne.

Un grand nombre de Miquelets et d'Anglais débarqués occupaient le port de Selva.

Le général Fontana, à la tête de trois bataillons d'infanterie légère italienne et des grenadiers et voltigeurs du 7ᵉ. régiment français, se porta sur Selva, chargea les Miquelets et les Anglais, les culbuta dans la mer et s'empara de dix pièces de vingt-quatre, dont quatre de bronze que les Anglais n'eurent pas le temps d'embarquer.

Le 8, la garnison de Roses fit sortir trois colonnes protégées par l'artillerie des vaisseaux anglais,

Le général Mazuchelli les reçut à bout portant et leur tua plus de 600 hommes.

Le 12, les ennemis voulurent encore faire une sortie ils trouvèrent les mêmes braves, et le général Mazuchelli en couvrit ses tranchées.

Depuis ce moment, la garnison a paru consternée et n'a plus voulu sortir.

Dans Barcelone, le général Duhesme fait le plus grand éloge des vélites et des troupes d'Italie qui sont sous ses ordres.

On croit que le quartier-général part cette nuit de Burgos.

De l'Imprimerie de GAUTHIER, rue Jean-Lantier. n°. 2 en face celle des Orfèvres, près le Grenier à Sel.

8ᵉ. BULLETIN
DE L'ARMÉE D'ESPAGNE.

Extrait du Moniteur du 29 novembre 1808.

Burgos, 22 novembre 1808.

LE duc de Dalmatie poursuit ses succès avec la plus grande activité.

Un convoi chargé d'artillerie, de munitions et de fusils anglais, a été pris dans le port de Cynillas au moment où il voulait appareiller.

On en fait l'inventaire.

On a déjà noté 30 pièces de canon et une grande quantité de malles d'officiers.

Le général Sarrut, à la tête de sa brigade, pousse vivement vivement l'ennemi.

Arrivé à Saint-Vicente, et cotoyant la mer, l'ennemi s'aperçut d'une hauteur qui couvrait le défilé de Saint-Vicente, que le général Sarrut n'avait que 900 hommes.

Il crut avoir le temps de tenir pour passer le défilé qui est un pont de 400 toises sur un bras de mer.

Mais il ignorait que ces 900 hommes étaient du deuxième d'infanterie légère; il ne tarda pas à l'apprendre.

A peine le général Sarrut fut à portée, que ces braves chargèrent; et l'on vit neuf cent hommes rompre et mettre en désordre six mille hommes bien postés, sans éprouver de pertes et presque sans coup férir.

Cependant le colonel Tascher avait habilement placé cent cinquante hommes de son régiment de chasseurs en colonne serrée, par peloton, derrière cette avant-garde; et aussi-tôt qu'il vit l'ennemi ébranlé, il chargea, sans délibérer, dans le défilé, tua et jeta dans la mer et le marais, où prit la plus grande partie de cette colonne.

On avait déjà fait un millier de prisonniers, lorsque le dernier compte a été rendu, et la colonne du général Sarrut avoit déjà dépassé la province de la Montâna, et était entrée dans les Asturies.

Les voltigeurs du 36e. régiment, ont arrêté, dans le port de Santillana, un convoi anglais chargé de sucre, de café, de coton et d'autres denrées coloniales. Le nombre de bâtimens anglais, richement chargés, qui ont été pris sur cette côte, était déjà de 25.

Dans la plaine, le général de division Milhaud annonce que le 19, non loin de Léon, une reconnaissance a chargé, dans le village de Valverde, un bataillon d'étudians, dont un grand nombre a été sabré et le reste dispersé.

Le 7e. corps de l'armée d'Espagne, que commande le général Gouvion-Saint-Cyr, commence à faire parler de lui.

Le 6 novembre, la place de Roses a été investie par les généraux Reille et Pino.

Les hauteurs de Saint-Pedro ont été enlevées par les Italiens avec cette impétuosité qu'ils avaient au quinzième siècle, et dont les troupes du royaume d'Italie ont donné tant de preuves dans la dernière campagne d'Allemagne.

Un grand nombre de Miquelets et d'Anglais débarqués occupaient le port de Selva.

Le général Fontana, à la tête de trois bataillons d'infanterie légère italienne et des grenadiers et voltigeurs du 7e. régiment français, se porta sur Selva, chargea les Miquelets et les Anglais, les culbuta dans la mer et s'empara de dix pièces de vingt quatre, dont quatre de bronze que les Anglais n'eurent pas l tems d'embarquer.

Le 8, la garnison de Roses fit sortir trois colonnes protégées par l'artillerie des vaisseaux anglais. Le général Mazuchelli le reçut à bout portant et leur tua plus de six cents hommes.

Le 12, les ennemis voulurent encore faire une sortie; il rouvèrent les mêmes braves, et le général Mazuchelli en couvrit les tranchées.

Depuis ce moment, la garnison a paru consternée et n'a plus voulu sortir.

Dans Barcelone, le général Duhesme fait le plus grand éloge des vélites et des troupes d'Italie qui sont sous ses ordres.

On croit que le quartier-général part cette nuit de Burgos

―――――――――

De l'Imprimerie de GAUTHIER, rue Jean Lantier, n. 2ª.

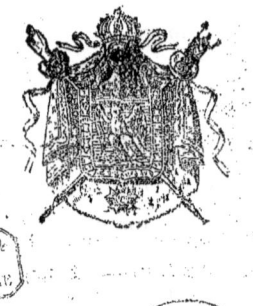

10ᵉ. BULLETIN
DE L'ARMÉE D'ESPAGNE.

Extrait du Moniteur du 4 Décembre 1808.

Aranda de Duero, le 26 novembre 1808.

IL paraît que les forces espagnoles s'élèvent à 180,000 hommes effectifs.

80,000 hommes effectifs faisant 60,000 hommes sous les armes qui composaient les arméer de Galice et d'Estramadure, et que commandaient Blake, la Romana et Galuzzo, ont été dispersés et mis hors de combat.

L'armée d'Andalousie, de Valence, de la nouvelle-

Castille et d'Arragon, que commandaient Castanos, Penas et Palalox, et qui paraissait être également de 80,000 gommes, c'est-à-dire de 60,000 hommes sous les armes, aura sous peu de jours accompli ses desseins.

Le maréchal duc de Montebello a ordre de l'attaquer de front avec 30,000 hommes, tandis que les ducs d'Elchingen et de Bellune sont déjà placés sur ses derrières.

Reste cinquante mille hommes effectifs qui peuvent donner quarante mille hommes sous les armes, dont trente mille sont en Catalogne et dix mille existent à Madrid, à Valence et dans les autres lieux de dépôt, ou sont en mouvement.

Avant de faire un pas au-delà du Duero, l'Empereur a pris la résolution de faire anéantir les armées du centre et de gauche, et de faire subir le même sort à celle de droite du général Castanos.

Lorsque ce plan aura été exécuté, la marche sur Madrid ne sera plus qu'une promenade. Ce grand dessein doit à l'heure qu'il est être accompli.

Quant au corps de Catalogne, étant en partie composé des troupes de Valence, Murcie et Grenade, ces provinces menacées retireront leurs troupes, si toutefois l'état des communications le permet; dans tous les cas, le 7e. corps, après avoir terminé le siége de Roses, en rendra bon compte.

A Barcelonne, le général Duhesme, avec quinze mille hommes approvisionnés pour six mois, répond de cette importante place.

Nous n'avons pas parlé des forces anglaises. Il paraît qu'une division est en Galice, et qu'une autre s'est montrée à Badajos vers la fin du mois passé.

Si les anglais ont de la cavalerie; nous devrions nous en appercevoir; car nos troupes légères sont presque parvenues aux frontières du Portugal. S'ils ont de l'infanterie, ils ne sont pas probablement dans l'intention de s'en servir en faveur de leurs alliés, car voilà 50 jours que la campagne est ouverte; trois fortes armées ont été détruites, une immense artillerie a été enlevée, les provinces de Castille, de la Montana, d'Aragon, de Soria, etc., sont conquises; enfin le sort de l'Espagne et du Portugal est décidé, et l'on n'entend parler d'aucun mouvement des troupes anglaises.

Cependant la moitié de l'armée française n'est point encore arrivée : une partie du 4e. corps d'armée, le 5e. et le 8e. corps entiers, six régimens de cavalerie légère, beaucoup de compagnie d'artillerie et de sapeurs, et un grand nombre d'hommes des régimens qui sont en Espagne, n'ont pas encore passé la Bidassoa.

A la vérité et sans faire tort à la bravoure de nos soldats, on doit dire qu'il n'y a pas de plus mauvaises troupes que les troupes espagnoles : elles peuvent comme les Arabes tenir derrière des maisons : mais elles n'ont aucune discipline, aucune connaissance des manœuvres, et il est impossible de résister sur un champ de bataille. Les montagnes même ne leur ont offert qu'une faible protection. Mais grace à la puissance de l'inquisition, à l'influence des moines, à leur adresse à s'emparer de toutes les plumes et à faire parler toutes les langues, on croit encore dans une grande partie de l'Espagne que Blake a été vainqueur, que l'armée française a été détruite, que la garde impériale a été prise.

Quelque soit le succès momentané de ces misérables ressources et de ces ridicules efforts, le règne de l'inquisition est fini ; ses tribunaux révolutionnaires ne tourmenteront plus aucune contrée de l'Europe ; en Espagne comme à Rome l'inquisition sera abolie, et l'affreux spectacle des auto-da-fé ne se renouvellera pas ; cette réforme s'opéra malgré le zèle religieux des Anglais, malgré l'alliance qu'ils ont contractée avec les moines imposteurs, qui ont fait parler la Vierge d'el Pilar et les saints de Valladolid.

L'Angleterre a pour alliés le monopole, l'inquisition et les franciscains ; tout lui est bon, pourvu qu'elle divise les peuples et qu'elle ensanglante le continent.

Le brick anglais le Ferrets, parti de Portsmouth le 11 de ce mois, a mouillé le 22 dans le port de Saint-Ander, qu'il ne savait pas être occupé par les Français ; il avait à bord des dépêches importantes, et beaucoup de papiers anglais dont on s'est emparé.

On a trouvé à Saint Ander une grande quantité de quinquina et de denrées coloniales qui ont été envoyées à Bayonne.

Le duc de Dalmatie est entré dans les Asturies ; plusieurs villes et beaucoup de villages ont demandé à se soumettre pour sortir enfin de l'abîme creusé par les conseils des étrangers, et par les passions de la multitude.

De l'Imprimerie de GAUTHIER, rue Jean Lantier, n°. 2.

Extrait du Moniteur du 4 Décembre 1808.

10ᵉ BULLETIN
DE
L'ARMÉE D'ESPAGNE

Aranda de Duero, le 26 novembre 1808.

Il paraît que les forces espagnoles s'élèvent à cent quatre vingt mille hommes effectifs.

Quatre-vingt mille hommes effectifs faisant soixante mille hommes sous les armes qui composaient les armées de Galice et d'Estramadure, et que commandaient Blake, la Romana et Galuzzo, ont été dispersés et mis hors de combat.

L'armée d'Andalousie, de Valence, de la Nouvelle Castille et d'Aragon, que commandaient Castanos, Penas et Palafox, et qui paraissait être également de quatre-vingt mille hommes, c'est-à-dire de soixante mille hommes sous les armes, aura sous peu de jours accompli ses destins. Le maréchal duc de Montebello a ordre de l'attaquer de front avec trente mille hommes, tandis que les ducs d'Elchingen et de Bellune sont déjà placés sur ses derrières.

Reste 60,000 hommes effectifs qui peuvent donner 40,000 hommes sous les armes, dont 30,000 sont en Catalogne et 10,000 existent à Madrid, à Valence et dans les autres lieux de dépôt, ou sont en mouvement.

Avant de faire un pas au-delà du Duero, l'Empereur a pris la résolution de faire anéantir les armées du centre et de gauche, et de faire subir le même sort à celle de droite du général Castanos.

Lorsque ce plan aura été exécuté, la marche sur Madrid ne sera plus qu'une promenade. Ce grand dessein doit, à l'heure qu'il est, être accompli.

Quant au corps de Catalogne, étant en partie composé des troupes de Valence, Murcie et Grenade, ces provinces menacées retireront leurs troupes, si toutefois l'état des communications le permet; dans tous les cas, le septième corps, après avoir terminé le siège de Roses, en rendra bon compte.

A Barcelonne, le général Duhesme, avec 15,000 hommes approvisionnés pour six mois, répond de cette importante place.

Nous n'avons pas parlé des forces anglaises. Il paraît qu'une division est en Galice, et qu'une autre s'est montrée à Badajoz vers la fin du mois passé.

Si les Anglais ont de la cavalerie, nous devrions nous en appercevoir; car nos troupes légères sont presque parvenues aux frontières du Portugal.

S'ils ont de l'infanterie, ils ne sont pas probablement dans l'intention de s'en servir en faveur de leurs alliés, car voilà 30 jours que la campagne est ouverte; trois fortes armées ont été détruites, une immense artillerie a été enlevée; les provinces de Castille, de la Montana, d'Aragon, de Soria, etc., sont conquises; enfin le sort de l'Espagne et du Portugal est décidé, et l'on n'entend parler d'aucun mouvement des troupes anglaises.

Cependant la moitié de l'armée française n'est point encore arrivée : une partie du 4e. corps d'armée, le 6e. et le huitième corps entiers, six régimens de cavalerie légère, beaucoup de compagnies d'artillerie et de sapeurs, et un grand nombre d'hommes des régimens qui sont en Espagne, n'ont pas encore passé la Bidassoa.

A la vérité et sans faire tort à la bravoure de nos soldats, on doit dire qu'il n'y a pas de plus mauvaises troupes que les troupes espagnoles : elles peuvent comme les Arabes tenir derrière des maisons, mais elles n'ont aucune discipline, aucune connaissance des manœuvres, et il leur est impossible de résister sur un champ de bataille.

Les montagnes même ne leur ont offert qu'une faible protection. Mais grace à la puissance de l'inquisition, à l'influence des moines, à leur adresse à s'emparer de toutes les plumes et à faire parler toutes les langues, on croit encore dans une grande partie de l'Espagne que Blake a été vainqueur, que l'armée française a été détruite, que la garde impériale a été prise. Quel que soit le succès momentané de ces misérables ressources et de ces ridicules efforts, le règne de l'inquisition est fini, ses tribunaux révolutionnaires ne tourmenteront plus aucune contrée de l'Europe; en Espagne, comme à Rome l'inquisition sera abolie, et l'affreux spectacle des autos-da-fé ne se renouvellera pas; cette réforme s'opérera malgré le zèle religieux des Anglais, malgré l'alliance qu'ils ont contractée avec les moines imposteurs, qui ont fait parler la Vierge *del Pilar* et les saints de Valadolid. L'Angleterre a pour alliés le monopole l'inquisition et les franciscains: tout lui est bon, pourvu qu'elle divise les peuples et qu'elle ensanglante le Continent.

Un brick anglais le Ferrets, parti de Portsmouth le 11 de ce mois, à mouillé le 22 dans le port de Saint-Ander qu'il ne savait pas être occupé par les Français; il avait à bord des dépêches importantes, et beaucoup de papiers anglais dont on s'est emparé.

On a trouvé à Saint-Ander une grande quantité de quinquina et de denrées coloniales qui ont été envoyées à Bayonne.

Le duc de Dalmatie est entré dans les Asturies, plusieurs villes et beaucoup de villages ont demandé à se soumettre pour sortir enfin de l'abîme creusé par les conseils des étrangers, et par les passions de la multitude.

De l'Imprimerie d'Aubry, au Palais de Justice.

11. BULLETIN
DE L'ARMÉE D'ESPAGNE.
Extrait du Moniteur du 5 Décembre 1808.

Aranda de Duero, le 27 novembre 1808.

S. M., dans la journée du 19, avoit fait partir le maréchal duc de Montebello avec des instructions pour les mouvemens de la gauche dont elle lui donna le commandement.

Le duc de Montebello et le duc de Conegliano se concertèrent le 20, à Lodosa, pour l'exécution des ordres de S. M.

Le 21, la division du général Lagrange, avec la brigade de cavalerie légère du général Colbert, et de la brigade de cavalerie Dijon, partirent de Logrogno par la droite de l'Èbre.

Au même moment les quatre divisions comppsant le corps de l'armée du duc de Conegliano, passèrent le fleuve à Lodosa, abandonnant tout le pays entre l'Èbre et Pampelune.

Le 22 à la pointe du jour, l'armée française se mit en marche. Elle se dirigea sur Calahora où était la veille le quartier-général de Castanos; elle trouva cette ville évacuée. Elle marcha ensuite sur Alfaro, l'ennemi s'était également retiré.

Le 23, à la pointe du jour, le général de division Lefebvre, à la tête de la cavalerie, et appuyé par la division du général Morlot, faisant l'avant-garde, rencontra l'ennemi. Il en donna sur-le-champ avis au duc de Montebello, qui trouva l'armée ennemie forte de sept divisions, formant 45,000 hommes présen sous les armes, la droite en avant de Tudela, et la gauche occupant une ligne d'une lieue et demie, disposition vicieuse. Les Arragonnais étaient à la droite, les troupes de Valence et de la

Nouvelle-Castille étaient au centre, et les trois divisions d'Andalousie, que commandait plus spécialement le général Castanos, formaient la gauche. Quarante pièces de canon couvraient la ligne ennemie.

A neuf heures du matin, les colonnes de l'armée française commencèrent à se déployer avec cet ordre, cette régularité, ce sang-froid qui caractérisent de vieilles troupes. On choisissait les emplacemens pour établir en batterie une soixantaine de pièces de canon ; mais l'impétuosité des troupes et l'inquiétude de l'ennemi n'en donnèrent pas le tems ; l'armée espagnole était déjà vaincue par l'ordre et par les mouvemens de l'armée française.

Le duc de Montebello fit enfoncer le centre par la division du général Maurice Mathieu. Le général de division Lefebvre, avec sa cavalerie, passa aussitôt au trot par cette trouée, et enveloppa, par un quart de conversion à gauche, toute la durée de l'ennemi.

Le moment où la moitié de la ligne ennemie se trouva ainsi tournée et culbutée, fut celui où le général Lagrange attaqua le village de Cascante, où était placée la ligne de Castanos, qui ne fit pas meilleure contenance que la droite, et abandonna le champ de bataille en laissant son artillerie et un grand nombre de prisonniers. La cavalerie poursuivit les débris de l'armée ennemie jusqu'à Mallen, dans la direction de Sarragosse, et jusqu'à Tarraçone, dans la direction d'Agreda. Sept drapeaux, trente pièces de canon avec leurs attelages et leurs caissons, 12 colonels 300 officiers et 3000 hommes ont été pris. 4000 Espagnols sont restés sur le champ de bataille ou ont été jetés dans l'Èbre.

Notre perte a été légère ; nous avons eu soixante hommes tués et quatre cents blessés ; parmi ces derniers se trouve le général de division Lagrange, qui a été atteint d'une balle au bras.

Nos troupes ont trouvé à Tudela beaucoup de magasins.

Le maréchal duc de Conegliano s'est mis en marche sur Sarragosse.

Pendant qu'une partie des fuyards se retirait sur cette place, la gauche, qui avait été coupée, fuyait en désordre sur Tarraçone et Agreda.

Le duc d'Elchingen, qui était le 22 à Soria, devait être le 23 à Agreda ; pas un homme n'aurait échappé ; mais ce corps d'armée se trouvant trop fatigué, séjourna le 23 et le 24 à Soria. Il arriva.

le 25 à Agreda assez à tems pour s'emparer encore d'une grande quantité de magasins.

Un nommé Palafox, ancien garde du corps, homme sans talens et sans courage, espèce de mannequin d'un moine, véritable chef du parti qui lui avait fait donner le titre de général, a été le premier à prendre la fuite. Au reste, ce n'est pas la première fois qu'il agit de la sorte ; il a fait de même dans toutes les occasions.

Cette armée de 45,000 hommes a été ainsi battue et défaite, sans que nous ayions eu plus de 6000 hommes engagés.

Le combat de Burgos avait frappé le centre de l'ennemi, et la bataille d'Espinosa la droite ; la bataille de Tudela a frappé la gauche. La victoire a ainsi foudroyé et dispersé toute la ligue ennemie.

Voici le journal de la suite des opérations du siége de Roses.

SIÈGE DE ROSES.

Tranchée de jour. — 7e. corps, 20. brigade.

MM. Soleirol, Lenoir, Boyer ;

Rouzelli, Allicto, officiers de sappeurs italiens.

Les travailleurs distribués dans la tranchée ont perfectionné toute la partie droite, jusqu'à la batterie.

Le terrein sur la gauche étant fort dur, on s'est contenté de creuser assez pour se mettre à couvert.

A 7 heures et quart, le feu de la place a commencé.

A midi, un mortier de notre batterie a tiré sur la frégate qui avait appris position sur la droite.

A midi et demi, un obus éclate dans la tranché sans blesser personne.

A 4 heures et demie, la frégate s'est éloignée.

Trois homme tués, douze blessés.

L'ennemi a tiré 356 coups.

A la tranchée devant Roses, le 19 novembre 1808.

Signé, le colonel du génie, RIBES.

Tranchée de nuit du 19 au 20 novembre.—3e. brigade.

MM. Rougier, Morlaincourt.

Madron, Salton, Sarbourg, officiers de sapeurs.

Les travailleurs distribués dans la communication en arrière de la parallèle, en ont ébauché environ 300 mètres. Le terrain dans cet endroit étoit pierreux, et on a trouvé l'eau à un pied de profondeur; on a pris le parti d'élargir cette communication, pour trouver assez de terre pour se couvrir.

Les sapeurs ont été occupés à perfectiodner la paaallèle sur crête de son parapet; le reste des travailleurs ont été employés à élargir jusqu'à 12 pieds la partie gauche de la parallèle.

Tranchée de 6 heures du matin, du 20 jusqu'à la même heure du 21.— Ire. brigade.

MM. Fretelle, Theviotte, Lafitte;

Poulain, Euzenate, officiers de sapeurs.

La gauche de la tranchée, jusqu'au chemin qui conduit à la Maison-Rouge, est à-peu-près terminée; elle n'a besoin que d'être polie par des sapeurs pendant le jour.

Les banquettes ont été ébauchées sur toute la longueur de la parallèle, et entièrement terminées sur la droite; on a écrêté les terres du parapet pour épaissir ce dernier et le réduire à la hauteur prescrite.

On a construit, dans la même nuit, la rampe sur la droite de la parallèle, pour y descendre à couvert.

Dix à douze bombes ont été jetés sur lt tranchée, au moment qu'on relevoit les tirailleurs, mais sans aucun accident.

On a ouvert, en avant de la batterie des mortiers, une enveloppe de cette batterie qui constitue la parallèle sans gêner la manœuvre de l'artillerie.

Le feu a été très-vif toute la journée, sans accident parmi les travailleurs.

Au quartier-général à Palau, le 21 novembre 1808.

Signé, le colonel du génie, RIBES.

De l'Imprimerie de Gauthier, rue Jean-Lantier, n. 2.

12e. BULLETIN
DE L'ARMÉE D'ESPAGNE.

Extrait du Moniteur du 6 Décembre 1808.

Aranda de Duero, le 28 novembre 1808.

A la bataille de Tudela, le général de division Lagrange, chargé de l'attaque de Castante, fit marcher sa division par échelons, et se mit à la tête du premier échelon composé du 25e régiment d'infanterie légère, qui aborda l'ennemi avec une telle décision, que 200 espagnols furent percés dans la première charge par les bayonnettes. Les autres échelons ne purent donner. Cette singulière opiniâtreté avait jeté la consternation et le désordre dans les troupes de Castanos. C'est dans cette circonstance que le général Lagrange, qui était à la tête de son premier échelon, a reçu une balle qui l'a blessé assez dangereusement.

Le 26, le duc d'Elchingen s'est porté par Tarraçonne, sur Borja. L'ennemi avait mis le feu à un parc d'artillerie de 60 caissons que les espagnols avaient à Taraçone.

Le général Mathieu Maurice est arrivé le 25 à Borja, poursuivant l'ennemi et ramassant à chaque instant de nouveaux prisonniers dont le nombre est déjà de 5000. Ils appartiennent tous aux troupes de ligne. Le soldat n'a pardonné à aucun paysan armé.

Le nombre des pièces de canon prises est de 37.

Le désordre et le délire se sont emparés des meneurs. Pour première mesure, ils ont fait un manifeste violent par lequel ils déclarent la guerre à la France. Ils lui imputent tous les désordres de leur cour, l'abâtardissement de la race qui régnait, et la lâcheté des grands qui, pendant tant d'années, se sont prosternés de la manière la plus abjecte aux pieds de l'idole qu'ils accablent de toute leur rage, aujourd'hui qu'elle est tombée.

On se feroit en Allemagne, en Italie, en France. une bien fausse idée des moines espagnols, si on les comparait aux moines qui ont existé dans ces contrées. On trouvoit parmi les bénédictins, les Bernardins, etc. de France et d'Italie, une foule d'hommes remarquable dans les sciences et dans les lettres. Ils se distinguaient et par leur éducation et par la classe honorable et utile d'où ils étaient sortis. Les moines espagnols, au contraire, sont tirés de la lie du peuple, ils sont ignares et crapuleux. On ne sauroit leur trouver de ressemblance qu'avec des artisans employés dans les boucheries; ils en ont l'ignorance, le ton et la tournure. Ce n'est que sur le bas peuple qu'ils exercent leur influence. Une maison bourgeoise se seroit crue déshonorée en admettant un moine à sa table.

Quant aux malheureux paysans espagnols; on ne peut les comparer qu'aux fallahs d'Égypte; ils n'ont aucune propriété; tout appartient, soit aux moines, soit à quelques maisons puissante. La faculté de tenir une auberge est un droit féodal; et dans un pays aussi favorisé de la nature, on ne trouve ni postes, ni hôtelleries. Les impositions mêmes ont été aliénées et appartiennent aux seigneurs. Les grands ont tellement dégénéré qu'ils sont sans énergie, sans mérite et même sans influence.

On trouve tous les jours à Valladolid et au-delà des magasins d'armes considérables. Les Anglais ont bien exécuté cette partie de leurs engagemens. Ils avaient promis des fusils, des poignards, des libelles, et ils en ont envoyé avec profusion. Leur esprit inventif s'est signalé, et ils ont poussé fort loin l'art de répandre des libelles, comme, dans ces derniers temps, ils s'étaient distingués par leurs fusées incendiaires. Tous les maux, tous les fléaux qui peuvent affliger les hommes viennent de Londres.

SIÈGE DE ROSES.

Tranchée du 21 au 22 novembre. — 7ᵉ corps, 2ᵉ brigade.

MM. Soleirol, Lenoir, Boyer ;
Rouzelli, Alietto, officiers de sappeurs italiens.

Pendant le jour, on a continué le travail de la partie circulaire devant la batterie n° 2. On a perfectionné la parallèle dans les endroits difficiles, et formé les banquettes dans presque tout le développement.

Depuis le jour, on travaillait à la communication de la batterie n° 1; à neuf heures elle était finie.

On travailla tout le jour à celle qui était tracée dans les vignes.

A cinq heures, MM. Lenoir et Soleirol furent reconnaître l'attaque de gauche avec le major de tranchée; elle avait environ 700 mètres de développement à construire; à six heures et demie les troupes arrivèrent à la tranchée, savoir :

   Le 56ᵉ régiment,
   La 5ᵉ légion,
   Un bataillon du 6ᵉ italien.

Le général Joba fit placer en avant de l'attaque de droite, les grenadiers et voltigeurs du 56ᵉ, ainsi que les voltigeurs italiens ; en sorte que les troupes destinées à l'attaque de gauche, se composèrent :

De trois compagnies de la légion,

Et des compagnies du centre du 6ᵉ italien.

On se mit en marche pour l'attaque de gauche à 8 heures, et le travail commença.

La position de nos postes en avant de la parallèle dispensa de placer des troupes pour protéger les travailleurs : on les distribua, une partie contiguë à l'ancienne parallèle, laquelle leur servait de communication, sur une longueur d'environ 300 pas ; l'autre, à partir de la maison brûlée, ayant sa retraite par les chemins creux, sur environ la même étendue.

A 2 heures, le général Joba envoya chercher une troisième compagnie de la légion, et renvoya, à 3 heures, les voltigeurs italiens.

Le matin, la légion qui tenait la droite était couverte.

L'ennemi a tiré, de jour, 368 coups ; de nuit, 10.

Six hommes tant tués que blessés.

Signé, le colonel du génie, RIBES.

De l'Imprimerie de Gauthier, rue Jean-Lautier, n. 2.

13ᵉ. BULLETIN
DE L'ARMÉE D'ESPAGNE.

Extrait du Moniteur du 12 Décembre 1808.

Saint-Martin près Madrid, le 2 décembre 1808.

LE 29, le quartier-général de l'Empereur a été porté au village de Boseguillas.

Le 30, à la pointe du jour, le duc de Bellune s'est présenté au pied de Somo-Sierra.

Une division de 13,000 hommes de l'armée de réserve espagnole défendait le passage de cette montagne.

L'ennemi se croyait inexpugnable dans cette position.

Il avait retranché le col que les espagnols appellent Puerto, et y avait placé 16 pièces de canon.

Le 9e. d'infanterie légère couronna la droite.

Le 96e. marcha sur la chaussée; et le 14e suivit, à mi-côte les hauteurs de gauche.

Le général Senarmont, avec six pièces d'artillerie, avança par la chaussée.

La fusillade et la canonnade s'engagèrent.

Une charge que fit le général Montbrun, à la tête des chevaux-légers polonais, décida l'affaire ; charge brillante s'il en fut, où ce régiment s'est couvert de gloire, et a montré qu'il était digne de faire partie de la garde impériale.

Canons, drapeaux, fusils, soldats, tout fut enlevé, coupé ou pris.

Huit chevaux-légers polonais ont été tués sur les pièces, et seize ont été blessés.

Parmi ces derniers, le capitaine Dzievanoski a été si grièvement blessé, qu'il est presque sans espérance.

Le major Ségur, maréchal-des-logis de la maison de l'Empereur, chargeant parmi les Polonais, a reçu plusieur blessures, dont une assez grave.

Les seize pièces de canons, dix drapeaux, une trentaine de caissons, deux cents charriots de toute espèce de bagage, les caisses des régimens, sont les fruits de cette brillante affeire.

Parmi les prisonniers, qui sont très-nombreux, se trouvent tous les colonels et les lieutenans-colonels des corps de la division espagnole.

Tous les soldats auraient été pris, s'ils n'avaient pas jeté leurs armes et ne s'étaient pas éparpillés dans les montagnes.

Le premier décembre, le quartier-général de l'Empereur était à Saint-Augustin, et le 2, le duc d'Istrie, avec la cavalerie, est venu couronner les hauteur de Madrid.

L'Infanterie ne pourra arriver que le 3.

Les renseignemens que l'on a pris jusqu'à cette heure portent à penser que la ville est livrée à toute espèce de désordre, et que les portes sont barricadées.

Le temps est très-beau.

De l'Imprimerie de Gauthier, rue Jean-Lantier, n. 2.

Paris, le 15 Décembre 1808.

14. BULLETIN
DE L'ARMÉE D'ESPAGNE.

Madrid, 5 Décembre 1808.

Le 2, à midi, S. M. arriva de sa personne sur les hauteurs qui couronnent Madrid, et où étaient placées les divisions de dragons des généraux Latour-Maubourg et Lahoussaye et la garde impériale à cheval. L'aniversaire du couronnement; cette époque qui a signalé tant de jours à jamais heureux pour la France, réveilla dans tous les cœurs les plus doux souvenirs, et inspira à toutes les troupes un enthousiasme qui se manifesta par mille acclamations. Le temps était superbe et semblable à celui dont on jouit en France dans les plus belles journées du mois de mai.

Le maréchal duc d'Istrie envoya sommer la ville, où s'était formée une Junte militaire, sous la présidence du général Castellar, qui avait sous ses ordres le général Morla, capitaine général de l'Andalousie et inspecteur général de l'artillerie. La ville renfermait un grand nombre de paysans armés qui s'y étaient rendus de tous côtés, 6000 hommes de troupes de ligne et 100 pièces de canon. Depuis huit jours, on barricadait les rues et les portes de la ville; 60,000 hommes étaient en armes: des cris se faisaient entendre de toutes parts, les cloches de 200 églises sonnaient à la fois, et tout présentait l'image du désordre et du délire.

Un général de troupes de ligne parut aux avans postes pour répondre à la sommation du duc d'Istrie; il était accompagné et surveillé par 30 hommes du peuple, dont le costume, les regards et le farouche langage rappelaient les assassins de septembre. Lorsqu'on demandait au général espagnol s'il voulait exposer des femmes, des enfans, des vieillards aux horreurs d'un assaut, il manifestait à la dérobée la douleur dont il était pénétré; il faisait connaître par des signes qu'il gémissait sous l'oppression, ainsi que tous les honnêtes gens de Madrid, et lorsqu'il élevait la voix, ses paroles étaient dictées par les misérables qui le surveillaient. On ne peut avoir aucun doute de l'excès auquel était portée la tyrannie de la multitude, lorsqu'on les vit dresser procès-verbal de ses propres discours, et les faire attester par la signature des spadassins qui l'environnaient.

L'aide-de-camp du duc d'Istrie qui avait été envoyé dans la ville, saisi par des hommes de la dernière classe du peuple, allait être massacré, lorsque les troupes de ligne indignées le prirent sous leur sauve-garde et le firent remettre à son général.

Un garçon boucher de l'Estramadure, qui commandait une des portes, osa demander que le duc d'Istrie vint lui-même dans la ville les yeux bandés: le général Montbrun repoussa cette audace avec indignation; il fut aussitôt entouré et il n'échappa qu'en tirant son sabre. Il faillit être victime de l'imprudence avec laquelle il avait oublié qu'il n'avait point à faire à des ennemis civilisés.

Peu de temps après, des déserteurs des Gardes-Vallones se rendirent au camp. Leurs dépositions donnèrent la conviction que les propriétaires, les hommes honnêtes étaient sans influence; et l'on dut croire que toute conciliation était impossible.

La veille, le marquis de Perales, homme respectable qui avait paru jouir jusqu'alors de la confiance du peuple, fut accusé d'avoir fait mettre du sable dans les cartouches. Il fut aussitôt étranglé et ses membres déchirés furent envoyés comme des trophées dans tous les quartiers de la ville. On arrêta que toutes les cartouches .... moines fure conduits au Retiro et employés à ce travail. Il avait été ordonné que tous les palais, toutes les maisons seraient constamment ouverts aux paysans des environs, qui devaient y trouver de la soupe et des alimens à discrétion.

L'Infanterie française était encore à trois lieues de Madrid. L'Empereur employa la soirée à reconnaître la ville et à arrêter un plan d'attaque qui se conciliât avec les ménagemens que méritent le grand nombre d'hommes honnêtes qui se trouvent toujours dans une grande capitale.

Prendre Madrid d'assaut, pouvait être une opération militaire de peu de difficulté; mais amener cette grande ville à se soumettre en employant tour-à-tour la force et la persuasion, et en arrachant les propriétaires et les véritables hommes de bien à l'oppression sous laquelle ils gémissaient, c'est-là ce qui était difficile.

Tous les efforts de l'Empereur dans ces deux journées n'eurent pas d'autre but ; ils ont été couronnés du plus grand succès.

A sept heures, la division Lapisse, du corps du maréchal duc de Bellune, arriva. La lune donnait une clarté qui semblait prolonger celle du jour. L'Empereur ordonna au général de brigade Maison de s'emparer des faubourgs, le chargea le général de division Lauriston de protéger cette occupation par le feu de quatre pièces d'artillerie de la garde. Les voltigeurs du 16e. régimens s'emparèrent des maisons, et notamment d'un grand cimetière. Au premier feu, l'ennemi montra autant de lâcheté qu'il avait montré d'arrogance pendant toute la journée.

Le duc de Bellune employa toute la nuit à placer son artillerie dans les lieux désignés pour l'attaque.

A minuit, le prince de Neufchâtel envoya à Madrid un lieutenant-colonel d'artillerie espagnole, qui avait été pris à Somo-Sierra, et qui voyait avec effroi la folle obstination de ses concitoyens. Il se chargea de la lettre ci-jointe (no. I.).

Le 3, à neuf heures du matin, le même parlementaire revint au quartier-général avec la lettre ci-jointe (no. II.).

Mais déjà le général de brigade d'artillerie Sénarmont, officier d'un grand mérite, avait placé ses trente pièces d'artillerie, et avait commencé un feu très-vif qui avait fait brèche aux murs du Retiro. Des voltigeurs de la division Villate ayant passé la brèche, leur bataillon les suivit, et en moins d'une heure, 4000 hommes qui défendaient le Retiro furent culbutés. Le palais du Retiro, les postes importans de l'Observatoire, de la manufacture de porcelaine, de la grande caserne, et l'hôtel de Médina-Céli, et tous les débouchés qui avaient été mis en défense, furent emportés par nos troupes.

D'un autre côté, vingt pièces de canon de la garde jetaient des obus et attiraient l'attention de l'ennemi sur une fausse attaque.

On se serait point difficilement le désordre qui régnait dans Madrid, si un grand nombre de prisonniers, arrivant successivement, n'avaient rendu compte des scènes épouvantables et de tout genre dont cette capitale offrait le spectacle. On avait coupé les rues, crenelé les maisons ; des barricades de balles de coton et de laine avaient été formées ; les fenêtres étaient matelassées ; ceux des habitans qui désespéraient du succès d'une aveugle résistance fuyaient dans les campagnes ; d'autres qui avaient conservé quelque raison, et qui aimaient mieux se montrer au sein de leurs propriétés devant un ennemi généreux, que de les abandonner au pillage de leurs propres concitoyens, demandaient qu'on ne s'exposât point à un assaut. Ceux qui étaient étrangers à la ville, où qui n'avaient rien à perdre, voulaient qu'on se défendît à outrance, accusaient les troupes de ligne de trahison, et les obligeaient à continuer le feu.

L'ennemi avait plus de cent pièces de canon en batterie ; un nombre plus considérable de pièces de 2, et de 3 avaient été déterrées, tirées des caves et fixées sur des charrettes ; équipage grotesque qui, seul aurait prouvé le délire d'un peuple abandonné à lui-même. Mais tous moyens de défense étaient devenus inutiles : étant maître du Retiro, sur l'est de Madrid. L'Empereur mit tous ses soins à empêcher qu'on entrât de maison en maison. C'en était fait de la ville, si beaucoup de troupes avaient été employées. On ne laissait avancer que quelques compagnies de voltigeurs, que l'Empereur refusa toujours de faire soutenir. A 11 heures, le prince de Neufchâtel écrivit la lettre ci-jointe (No. III.). S. M. ordonna aussitôt que le feu cessât sur tous les points. A cinq heures, le général Morla, l'un des membres de la junte militaire, et don Bernardo Yriarte, envoyé de la ville, se rendirent dans la tente de S. A. S. le major-général. Ils firent connaître que tous les hommes bien pensans ne doutaient pas, que la ville ne fût sans ressources, et que la continuation de la défense était un véritable délire, mais que les dernières classes du peuple, et que la foule des hommes étrangers à Madrid, voulaient se défendre et croyaient pouvoir le faire. Ils demandaient la journée du 4 pour faire entendre raison au peuple. Le prince major-général les présenta à l'Empereur et Roi, qui leur dit :

« Vous employez en vain le nom du peuple : si vous ne pouvez parvenir à le calmer, c'est parce que vous-mêmes vous l'avez excité, vous l'avez égaré par des mensonges. Rassemblez les curés, les chefs des couvens, les alcades, les principaux propriétaires, et que d'ici à 6 heures du matin la ville rende, ou elle aura cessé d'exister. Je ne veux ni ne dois retirer mes troupes. Vous avez massacré les malheureux prisonniers français qui étaient tombés entre vos mains. Vous avez, il y a peu de jours, laissé traîner et mettre à mort dans les rues deux domestiques de l'ambassadeur de Russie, parce qu'ils étaient nés Français. L'inhabileté et la lâcheté d'un général avaient mis en vos mains de nos troupes qui avaient capitulé sur le champ de bataille, et la capitulation a été violée. Vous, monsieur Morla, quelle lettre avez-vous écrite à ce général ? il vous convenait bien de parler de pillage, vous qui étant entré en Roussillon avez enlevé toutes les femmes et les avez partagées comme un butin entre vos soldats. Quel droit aviez-vous, d'ailleurs, de tenir un pareil langage ? La capitulation vous l'interdisait. Voyez quelle a été la conduite des Anglais, qui sont bien loin de se piquer d'être rigides observateurs du droit des nations. Ils se sont plaints de la convention du Portugal ; mais ils l'ont exécutée. Violer les traités militaires, c'est renoncer à toute civilisation, c'est se mettre sur la même ligne que les Bédouins du Désert. Comment donc osez-vous demander une capitulation, vous qui avez violé celle de Baylen ? Voilà comme l'injustice et la mauvaise foi tournent toujours au préjudice de ceux qui s'en son rendus coupables. J'avais une flotte à Cadix ; elle était l'alliée de l'Espagne, et vous avez dirigé contr'elle les mortiers de la ville où vous commandiez. J'avais une armée espagnole dans mes rangs : j'ai mieux aimé la voir passer sur les vaisseaux anglais, et être obligé de la précipiter du haut des rochers d'Espinosa, que de la désarmer ; j'ai préféré avoir 7000 ennemis de plus à combattre que de manquer à la bonne foi et à l'honneur. Retournez à Madrid. Je vous donne jusqu'à demain 6 heures du matin. Revenez alors, si vous n'avez à me parler du peuple que pour m'apprendre qu'il est soumis. Si non vous et vos troupes, vous serez tous passés par les armes. »

Le 4, à six heures du matin, le général Morla et le général don Fernando de la Vera, gouverneur de la ville, se présentèrent à la tente du prince major-général. Les discours de l'Empereur, répétés au milieu des notables ; la certitude qu'il commandait en personne ; les pertes éprouvées pendant la journée précédente avaient porté le repentir et la douleur dans tous les esprits ; pendant la nuit, les plus mutins s'étaient soustraits aux dangers par la fuite, et une partie des troupes s'étaient débandée.

A dix heures, le général Belliard prit le commandement de Madrid ; tous les postes furent remis aux Français, et un pardon général fut proclamé.

A dater de ce moment, les hommes, les femmes, les enfans se répandirent dans les rues avec sécurité. Jusqu'à onze heures du soir, les boutiques furent ouvertes. Tous les citoyens se mirent à détruire les barricades et à repaver les rues ; les moines rentrèrent dans leurs couvens, et en peu d'heures Madrid présenta le contraste le plus extraordinaire, contraste inexplicable pour qui ne connaît pas les mœurs des grandes villes. Tant d'hommes qui ne pouvaient se dissimuler à eux-mêmes ce qu'ils auraient fait dans pareille circonstance, s'étonnent de la générosité des Français. 50,000 armes ont été rendues, et 100 pièces de canon sont réunies au Retiro. Au reste, les angoisses dans lesquelles les habitans de cette malheureuse ville ont vécu depuis quatre mois, ne peuvent se dépeindre. La Junte était sans puissance, les hommes qui ont été enrôlés, et les plus forcenés exerçaient le pouvoir, et le peuple, à chaque instant massacrait ou menaçait de la potence ses magistrats et ses généraux.

Le général de brigade Muison a été blessé. Le général Bruyère qui s'était avancé imprudemment dans le moment où l'on avait cessé le feu, a été tué. Douze soldats ont été tués, cinquante ont été blessés. Cette perte si faible pour un événement aussi mémorable, est due au peu de troupes qu'on a engagées ; on la doit aussi, il faut le dire, à l'extrême lâcheté de tout ce qui avait les armes à la main.

L'artillerie a, comme à son ordinaire, rendu les plus grands services.

Dix mille fuyards échappés de Burgos et de Somo-Sierra, et la deuxième division de l'armée de réserve se trouvaient le 3, à trois lieues de Madrid ; mais chargés par un piquet de dragons, ils se sont sauvés en abandonnant 40 pièces de canon et 60 caissons.

Un trait mérite d'être cité : Un vieux général retiré du service et âgé de 80 ans était dans sa maison à Madrid, près de la rue d'Alcala. Un officier français y entre et s'y loge avec sa troupe. Ce respectable vieillard paraît devant cet officier, tenant une jeune fille par la main, et dit : « je suis un vieux soldat, je connais les droits et la licence de la guerre ; voilà ma fille ; je lui donne neuf cent mille livres de dot, sauvez-lui l'honneur et soyez son époux. » Le jeune officier prend le vieillard, sa famille et sa maison sous sa protection. Qu'ils sont coupables ceux qui exposent tant de citoyens paisibles, tant d'infortunés habitans d'une grande capitale à tant de malheurs !

Le duc de Dantzick est arrivé le 3 à Ségovie.

Le duc d'Istrie, avec 4000 hommes de cavalerie s'est mis à la poursuite de la division de Pennas, qui s'était échappée de la bataille de Tudela, s'était dirigée sur Guadalaxara.

Florida-Blanca et la Junte s'étaient enfuis d'Aranjuez et s'étaient sauvés à Tolède ; ils ne se sont pas crus en sûreté dans cette ville, et se sont réfugiés auprès des Anglais.

La conduite des Anglais est honteuse ! Dès le 20, ils étaient à l'Escurial au nombre de 6000, ils y ont passé quelques jours. Ils ne prétendaient pas moins que franchir les Pyrénées et venir sur la Garonne. Leurs troupes sont superbes et bien disciplinées. La confiance qu'elles avaient inspirée aux Espagnols était inconcevable ; les uns espéraient que cette division irait à Somo-Sierra, les autres qu'elle viendrait défendre la capitale d'un allié si cher ; mais tous connaissaient mal les Anglais. A peine eut-on avis que l'Empereur était à Somo-Sierra, que les troupes anglaises battirent en retraite sur l'Escurial. De-là, combinant leur marche avec la division de Salamanque, elles se dirigèrent sur la mer. Des armes, de la poudre, des habits, ils nous en ont donné, disait un espagnol; mais leurs soldats ne sont venus que pour nous exciter, nous égarer, et nous abandonner au au milieu de la crise. — « Mais, répondit un officier français, ignorez-vous donc les faits les plus récens de notre histoire ?

Qu'ont-ils fait pour le Stathouder, pour la Sardaigne, pour l'Autriche? qu'ont-ils fait récemment pour la Russie? qu'ont-ils fait plus récemment encore pour la Suède? ils fomentent partout la guerre, ils distribuent des armes comme du poison, mais ils ne versent leur sang que pour leurs intérêts directs et personnels. N'attendez pas autre chose de leur égoïsme, » — « Cependant, répliqua l'Espagnol, leur cause était la nôtre. 40,000 anglais ajoutés à nos forces à Tudela et à Epinosa pouvaient lancer les destins et sauver le Portugal! Mais à présent que notre armée de Blake à la gauche, que celle du centre, que celle d'Aragon à la droite, sont détruites, que les Espagnes sont presque conquises, et que la raison va achever de les soumettre, que deviendra le Portugal? Ce n'est pas à Lisbonne que les Anglais devaient le défendre, c'est à Epinosa, à Burgos, à Tudela, à Somo-Sierra et devant Madrid. »

N°. I. *A M. le commandant de la ville de Madrid.*
Devant Madrid, le 3 décembre.

Les circonstances de la guerre ayant conduit l'armée française aux portes de Madrid, et toutes les dispositions étant faites pour s'emparer de la ville de vive force, je crois convenable et conforme à l'usage de toutes les nations de vous sommer, monsieur le général, de ne pas exposer une ville aussi importante à toutes les horreurs de la guerre. Voulant ne rien épargner pour vous éclairer sur votre véritable situation, je vous envoie la présente sommation par l'un de vos officiers fait prisonnier, qui a été à portée de voir les moyens qu'à l'armée pour réduire la ville.

Recevez, monsieur le général, l'assurance de ma haute considération.
Le vice-connétable major-général, Signé, ALEXANDRE.

N. II. A S. A. S. el principe de Neuchâtel.
Senor,

Me es indispensable, serenissimo signor, consultar, antes de responder categoricamente à V. A. à las autoridades costituidas en esta corte y aun ademas ver las disposiciones del pueblo impopiendole de las circonstancias del dia : Par esta razon, suplico à V. A. de el dia de hoy de suspension, à fin de que pueda cumplir con esto, deberes, premetiendo que mannana temprano à esta noche embiaro un general y contextare à V. A. asegurandole que le profeso todas las consideraciones debidas à su alto rango y mérito. Madrid, 3 décembre de 1808.
Serenissimo signor, signé *F. marquis del Castel.*

TRADUCTION. — *A S. A. S. le prince de Neuchâtel.*
Monseigneur, avant de répondre cathégoriquement à V. A. je ne puis me dispenser de consulter les autorités constituées de cette ville et de connaître les dispositions du peuple en lui donnant avis des circonstances présentes.

A ces fins, je supplie V. A. de m'accorder cette journée de suspension pour m'acquitter de ces obligations, vous promettant que demain de bonne heure ou même cette nuit, j'enverrai ma réponse à V. A. par un officier général.

Je prie V. A. d'agréer les assurances de toute la considération due à son rang imminent et à son mérite.—Madrid, le 3 décembre 1808.—Sérénissime Seigneur,—Signé, F. marquis de Castelar.

No. 3. Au général commandant Madrid.—Au camp impérial devant Madrid, le 4 décembre 1808, à 11 heures du matin.—M. le général Castelar, défendre Madrid est contraire aux principes de la guerre et inhumain pour les habitans. S. M. m'autorise à vous envoyer une seconde sommation. Une artillerie immense est en batterie, les mineurs sont prêts à faire sauter vos principaux édifices. Des colonnes sont à l'entrée des débouchés de la ville, dont quelques compagnies de voltigeurs se sont rendus maîtres; mais l'Empereur, toujours généreux dans le cours de ses victoires, suspend l'attaque jusqu'à deux heures. La ville de Madrid doit espérer protection et sûreté pour ses habitans paisibles, pour le culte, pour ses ministres; enfin, l'oubli du passé. Arborez un pavillon blanc avant deux heures, et envoyez des commissaires pour traiter de la reddition de la ville. Recevez, M. le général, etc.—Le major général, signé Alexandre.

De l'Imprimerie de CHAUDRILLIÉ, rue St.-Jacques, n. 126, vis-à-vis le Lycée Impérial.

XIVE. BULLETIN
DE L'ARMÉE D'ESPAGNE.

Madrid, le 5 décembre 1808.

Le 2 à midi S. M. arriva de sa personne sur les hauteurs qui couronnent Madrid, et où étaient placées les divisions de dragons des généraux Latour-Maubourg et Lahoussaye et la garde impériale à cheval. L'anniversaire du couronnement, cette époque qui a signalé tant de jours à jamais heureux pour la France, réveilla dans tous les cœurs les plus doux souvenirs, et inspira à toutes les troupes un enthousiasme qui se manifesta par mille acclamations. Le tems était superbe et semblable à celui dont on jouit en France dans les plus belles journées du mois de mai.

Le maréchal duc d'Istrie envoya sommer la ville, où s'était formée une junte militaire sous la présidence du général Castellar, qui avait sous ses ordres le général Morla, capitaine-général de l'Andalousie et inspecteur-général de l'artillerie. La ville renfermait un grand nombre de paysans armés, qui s'y étaient rendus de tous côtés, 6000 hommes de troupes de ligne et 100 pièces de canon. Depuis huit jours on barricadait les rues et les portes de la ville ; 60,000 hommes étaient en armes : des cris se faisaient entendre de toutes parts, les cloches de 200 églises sonnaient à la fois, et tout présentait l'image du désordre et du délire.

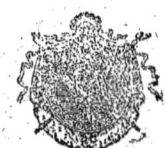

Un général de troupes de ligne parut aux avant-postes pour répondre à la sommation du duc d'Istrie ; il était accompagné et surveillé par 30 hom. du peuple dont le costume, les regards et le farouche langage rappelaient les assassins de septembre. Lorsqu'on demandait au général espagnol s'il voulait exposer des femmes, des enfans, des vieillards aux horreurs d'un assaut, il manifestait à la dérobée la douleur dont il était pénétré ; il faisait connaître par des signes qu'il gémissait sous l'oppression, ainsi que tous les honnêtes gens de Madrid, et lorsqu'il élevait la voix, ses paroles étaient dictées par les misérables qui le surveillaient. On ne put avoir aucun doute de l'excès auquel était portée la tyrannie de la multitude, lorsqu'on le vit dresser procès-verbal de ses propres discours, et les faire attester par la signature des spadassins qui l'environnaient.

L'aide-de-camp du duc d'Istrie, qui avait été envoyé dans la ville, saisi par des hommes de la dernière classe du peuple, allait être massacré, lorsque les troupes de ligne indignées le prirent sous leur sauve-garde, et le firent remettre à son général. — Un garçon boucher de l'Estramadure, qui commandait une des portes, osa demander que le duc d'Istrie vînt lui-même dans la ville les yeux bandés. Le général Montbrun repoussa cette audace avec indignation ; il fut aussitôt entouré, et il ne s'échappa qu'en tirant son sabre. Il faillit être victime de l'imprudence avec laquelle il avait oublié qu'il n'avait point à faire à des ennemis civilisés.

Peu de tems après, des déserteurs des Gardes-Wallones se rendirent au camp. Leurs dépositions donnèrent la conviction que les propriétaires, les hommes honnêtes étaient sans influence ; et l'on dut croire que toute conciliation était impossible. — La veille, le marquis de Perales, homme respectable qui avait paru jouir jusqu'alors de la confiance du peuple, fut accusé d'avoir fait mettre du sable dans les cartouches. Il fut aussitôt étranglé et ses membres déchirés furent envoyés comme des trophées dans tous les quartiers de la ville. On arrêta que toutes les cartouches seraient refaites, et trois ou quatre mille moines furent conduits au Retiro et employés à ce travail. Il avait été ordonné que tous les palais, toutes les maisons seraient constamment ouverts aux paysans des environs, qui devaient y trouver de la soupe et des alimens à discrétion.

L'infanterie française était encore à trois lieues de Madrid. L'empereur employa la soirée à reconnaître la ville et à arrêter un plan d'attaque qui se conciliât avec les ménagemens que mérite le grand nombre d'hommes hon-

Prendre Madrid d'assaut pouvait être une opération militaire de peu de difficulté; mais amener cette grande ville à se soumettre en employans tour-à-tour la force et la persuasion, et en arrachant les propriétaires et les véritables hommes de bien à l'oppression sous laquelle ils gémissaient, c'est là ce qui était difficile. Tous les efforts de l'Empereur dans ces deux journées n'eurent pas d'autre but. Ils ont été couronnés du plus grand succès.

A sept heures, la division Lapisse, du corps du maréchal duc de Bellune, arriva. La lune donnait une clarté qui semblait prolonger celle du jour. L'Empereur ordonna au général de brigade Maison de s'emparer des faubourgs, et chargea le général de division Lauriston de protéger cette occupation par le feu de 4 pièces d'artillerie de la garde. Les voltigeurs du 16e. régiment s'emparèrent des maisons, et notamment d'un grand cimetière. Au premier feu, l'ennemi montra autant de lâcheté qu'il avait montré d'arrogance pendant toute la journée.

Le duc de Bellune employa toute la nuit à placer son artillerie dans les lieux désignés pour l'attaque. A minuit, le prince de Neuchâtel envoya à Madrid un lieutenant-colonel d'artillerie espagnole, qui avait été pris à Somo Sierra, et qui voyait avec effroi la folle obstination de ses concitoyens. Il se chargea de la lettre ci-jointe, (n°. I.) Le 3 à 9 heures du matin, le même parlementaire revint au quartier-général avec la lettre ci-jointe (n°. II.)

Mais déjà le général de brigade d'artillerie Senarmont, officier d'un grand mérite, avait placé ses 50 pièces d'artillerie, et avait commencé un feu très-vif qui avait fait brèche aux murs du Retiro. Des voltigeurs de la division Villate ayant passé la brèche, leur bataillon les suivit, et en moins d'une heure 4000 homm. qui défendaient le Retiro furent culbutés. Le palais du Retiro, les postes importans de l'Observatoire, de la manufacture de porcelaine, de la grande caserne et de l'hôtel de Médina-Céli, et tous les débouchés qui avaient été mis en défense, furent emportés par nos troupes.

D'un autre côté vingt pieces de canon de la garde jetaient des obus et attiraient l'attention de l'ennemi sur une fausse attaque. On se serait peint difficilement le désordre qui régnait dans Madrid, si un grand nombre de prisonniers, arrivant successivement, n'avaient rendu compte des scenes épouvantables et de tout genre dont cette capitale offrait le spectacle. On avait coupé les rues, crenelé les maisons; des barricades de coton et de laine avaient été formées; les fenêtres étaient matelassées; ceux des habitans qui désespéraient du succès d'une aveugle résistance, fuyaient dans les campagnes: d'autres qui avaient conservé quelque raison, et qui aimaient mieux se montrer au sein de leurs propriétés devant un ennemi généreux, que de les abandonner au pillage de leurs propres concitoyens, demandaient qu'on ne s'exposât point à un assaut. Ceux qui étaient étrangers à la ville, ou qui n'avaient rien à perdre, voulaient qu'on se défendît à toute outrance, accusaient les troupes de ligne de trahison et les obligaient à continuer le feu.

L'ennemi avait plus de 100 pieces de canon en batterie; un nombre plus considérable de pieces de 2 et de 3 avaient été déterrées, tirées des caves et ficelées sur des charrettes, équipage grotesque qui seul aurait prouvé le délire d'un peuple abandonné à lui même. Mais tous moyens de défense étaient devenus inutiles: étant maître du Retiro, on l'est de Madrid. L'EMPEREUR mit tous ses soins à empêcher qu'on entrât de maison en maison. C'en était fait de la ville si beaucoup de troupes avaient été employées. On ne laissa avancer que quelques compagnies de voltigeurs que l'EMPEREUR se refusa toujours à faire soutenir.

A 11 heures, le prince de Neufchatel écrivit la lettre ci-jointe (N°. III.). S. M. ordonna aussitôt que le feu cessât sur tous les points. A 5 heures, le général Morla, l'un des membres de la Junte militaire, et don Bernardo Yriarte, envoyé de la ville, se rendirent dans la tente de S. A. S. le major-général. Ils firent connaître que tous les hommes bien pensans ne doutaient pas que la ville ne fût sans ressources, et que la continuation de la défense était un véritable délire; mais que les dernieres classes du peuple et que la foule des hommes étrangers à Madrid, voulaient se défendre et croyaient peuple. Le prince major-général les présenta à S. M. l'EMPEREUR ET ROI, qui leur dit: « Vous employez en vain le nom du peuple, si vous ne pouvez parvenir à le calmer, c'est parce que vous-même, vous l'avez excité, vous l'avez égaré par des mensonges. Rassemblez les curés, les chefs des couvens, les alcades, les principaux propriétaires, et que d'ici à 6 heures du matin la ville se rende, ou elle aura cessé d'exister. Je ne veux ni ne dois retirer mes troupes. Vous avez massacré les malheureux prisonniers français qui étaient tombés entre vos mains. Vous avez, il y a peu de jours, laissé traîner et mettre à mort dans les rues 2 domestiq. de l'ambassadeur de Russie, parce qu'ils étaient nés Français. L'inhabileté et la lâcheté d'un général avaient mis en vos mains des troupes qui avaient capitulé sur le champ de bataille, et la capitulation a été violée.

Vous, monsieur Morla, quelle lettre avez-vous écrite à ce général? il vous convenait bien de parler du pillage, vous qui étant entré en Roussillon, avez enlevé toutes les femmes et les avez partagées comme un butin entre vos soldats. Quel droit aviez-vous, d'ailleurs, de tenir un pareil langage? La capitulation vous l'interdisait. Voyez quelle a été la conduite des Anglais, qui sont bien loin de se piquer d'être rigides observateurs du droit des nations. Ils se sont plaints de la convention du Portugal; mais ils l'ont exécutée. Violer les traités militaires, c'est renoncer à toute civilisation, c'est se mettre sur la même ligne que les Bédouins du Désert. Comment donc osez-vous demander une capitulation, vous qui avez violé celle de Baylen?

Voilà comme l'injustice et la mauvaise foi tournent toujours au préjudice de ceux qui s'en sont rendus coupables. J'avais une flotte à Cadix; elle était l'alliée de l'Espagne, et vous avez dirigé contre elle les mortiers de la ville où vous commandiez. J'avais une armée espagnole dans mes rangs; j'ai mieux aimé la voir passer sur les vaisseaux anglais, et être obligé de la précipiter du haut des rochers d'Espinosa, que de la désarmer: j'ai préféré avoir 7000 ennemis de plus à combattre, que de manquer à la bonne foi et à l'honneur. Retournez à Madrid. Je vous donne jusqu'à demain 6 heures du matin. Revenez alors, si vous n'avez à me parler du peuple que pour m'apprendre qu'il s'est soumis. Sinon, vous et vos troupes, vous serez tous passés par les armes. »

Le 4, à six heures du matin, le général Morla et le général don Fernando de la Vera, gouverneur de la ville, se présentèrent à la tente du prince major-général. Les discours de l'Empereur, répétés au milieu des notables; la certitude qu'il commandait en personne; les pertes éprouvées pendant la journée précédente avaient porté le repentir et la douleur dans tous les esprits; pendant la nuit, les plus mutins s'étaient soustraits au danger par la fuite, et une partie des troupes s'était débandée. A dix heures, le général Belliard prit le commandement de Madrid; tous les postes furent remis aux Français, et un pardon général fut proclamé.

A dater de ce moment, les hommes, les femmes, les enfans se répandirent dans les rues avec sécurité. Jusqu'à onze heures du soir, les boutiques furent ouvertes. Tous les citoyens se mirent à détruire les barricades et à repaver les rues; les moines rentrèrent dans leurs couvens, et en peu d'heures Madrid présenta le contraste le plus extraordinaire, contraste inexplicable pour qui ne connaît pas les mœurs des grandes villes. Tant d'hommes qui ne pouvaient se dissimuler à eux-mêmes ce qu'ils auraient fait dans pareille circonstance, s'étonnent de la générosité des Français, 50,000 armes ont été rendues, et 100 pièces de canon sont réunies au Retiro. Au reste, les angoisses dans lesquelles les habitans de cette malheureuse ville ont vécu depuis quatre mois, ne peuvent se dépeindre. La Junte était sans puissance, les hommes les plus ignorans et les plus forcenés exerçaient le pouvoir, et le peuple, à chaque instant, massacrait ou menaçait de la potence ses magistrats et ses généraux.

Le général de brigade Maison a été blessé. Le général Bruyète qui s'était avancé imprudemment dans le moment où l'on avait cessé le feu, a été tué. Douze soldats ont été tués, cinquante ont été blessés. Cette perte si faible pour un évènement aussi mémorable, est due au peu de troupes qu'on a engagées; on la doit aussi, il faut le dire, à l'extrême lâcheté de tout ce qui plus grands services. Dix mille fuyards échappés de Busgos et de Somo-Sierra et la 2e. division de l'armée de réserve se trouvaient, le 3, à trois lieues de Madrid ; mais chargés par un piquet de dragons, ils se sont sauvés en abandonnant 40 pièces de canon et 60 caissons.

Un trait mérite d'être cité : Un vieux général, retiré du service et âgé de 80 ans était dans sa maison à Madrid, près de la rue d'Alcala. Un officier français y entre et s'y loge avec sa troupe. Ce respectable vieillard paraît devant cet officier, tenant une jeune fille par la main, et dit : « Je suis un vieux soldat, je connais les droits et la licence de la guerre ; voilà ma fille : je lui donne 900,000 liv. de dot ; sauvez-lui l'honneur et soyez son époux. » Le jeune officier prend le vieillard, sa famille et sa maison sous sa protection. Qu'ils sont coupables, ceux qui exposent tant de citoyens paisibles, tant d'infortunés habitans d'une grande capitale à tant de malheurs !

Le duc de Dantzick est arrivée le 3 à Ségovie. Le duc d'Istrie, avec 4000 hommes de cavalerie s'est mis à la poursuite de la division Pennas, qui s'étant échappée de la bataille de Tudela s'était dirigée sur Guadalaxara. Florida-Blanca et la Junte s'étaient enfuis d'Aranjuez, s'étaient sauvés à Tolède : ils ne se sont pas crus en sûreté dans cette ville, et se sont réfugiés auprès des Anglais.

La conduite des Anglais est honteuse ! Dès le 20, ils étaient à l'Escurial, au nombre de 6000 ils y ont passé quelques jours. Ils ne prétendaient pas moins que franchir les Pyrénées et venir sur la Garonne. Leurs troupes sont superbes et bien disciplinées. La confiance qu'elles avaient inspiré aux Espagnols est inconcevable ; les uns espéraient que cette division irait à Somo-Sierra, les autres qu'elle viendrait défendre la capitale d'un allié si cher ; mais tous connaissaient mal les Anglais. À peine eut-on avis que l'Empereur était à Somo-Sierra que les troupes anglaises battirent en retraite sur l'Escurial. De là combinant leur marche avec la division de Salamanque, elles se dirigèrent vers la mer. Des armes, de la poudre, des habits ; ils nous en ont donné ; disait un Espagnol ; mais, leurs soldats ne sont venus que pour nous exciter, nous égarer, et nous abandonner au milieu de la crise. — Mais, répondit un officier français, ignorez vous donc les faits les plus récens de notre histoire ? Qu'ont-ils fait pour la Ssathérine ? pour la Sardaigne ? pour l'Autriche ? qu'ont-ils fait récemment pour la Russie ? Qu'ont-ils fait plus récemment encore, pour la Suède ? Ils fomentent par tout la guerre, ils distribuent des armes comme du poison, mais ils ne versent leur sang que pour leurs intérêts directs et personnels. N'attendez pas autre chose de leur égoïsme. — Cependant, répliqua l'Espagnol, leur cause était la nôtre ; 40,000 Anglais ajoutés à nos forces à Tudela et à Espinosa pouvaient balancer les destins et sauver le Portugal. Mais à présent que notre armée de Blake à la gauche, que celle du centre, que celle d'Arragon à la droite sont détruites, que les Espagnols sont presque conquis, et que la raison va achever de les soumettre, que deviendra le Portugal. Ce n'est pas à Lisbonne que les Anglais devaient le défendre, c'est à Espinosa, à Burgos, à Tudela, à Somo-Sierra et devant Madrid.

N.º I. *A M. le commandant de la ville de Madrid.*
Devant-Madrid, le 3 décembre 1808.
Les circonstances de la guerre ayant conduit l'armée française aux portes de Madrid, et toutes les dispositions étant faites pour s'emparer de la ville de vive force ; je crois convenable et conforme à l'usage de toutes les nations de vous envoyer, monsieur le général, de ne pas exposer une ville aussi importante à toutes les horreurs d'un assaut, et rendre tant d'habitans paisibles victimes des maux de la guerre. Voulant ne rien épargner pour vous éclairer sur votre véritable situation, je vous envoie la présente sommation par un de vos officiers fait prisonnier, qui a été à portée de voir les moyens qu'a l'armée pour réduire la ville. Recevez, M. le général, l'assurance de ma haute considération. *Le vice-connétable, major général, signé* Alexandre.

N.º II. *A S. A. S. et principe de Neuchâtel.*
Señor, Me es indispensable, Serenissimo Signor, consultar, antes de responder categoricamente à V. A., à las autoridades constituidas en esta corte, y aun ademas ver las disposiciones del pueblo imponiendole de las circunstancias del dia. Por esta razon suplico à V. A. de el dia de hoy de suspension, à fin de que pueda cumplir con estos deberes, prometiendo que mañana tempano o esta noche embiare un general y contestare a V. A. asseguirandolo que lo procurer odos las considerationes debidas à su alto rango y merito.
Madrid, 3 diciembre 1808. Serenissimo signor. Signé F. marquis de Castelar.

TRADUCTION.
A S. A. S. le prince de Neuchâtel.
Monseigneur, ayant à répondre catégoriquement à V. A., je ne puis me dispenser de consulter les autorités constituées de cette ville et de connaître les dispositions du peuple, en lui donnant connaissance des circonstances présentes. À ces fins, je supplie V. A. de m'accorder de m'accorder cette journée de suspension, pour m'acquitter de ces obligations, vous promettant que demain de bonne heure, ou même cette nuit, j'enverrai ma réponse à V. A. par un officier général.
Je prie V. A. d'agréer les assurances de toute la considération due à son rang éminent et s'on mérite. Madrid, le 3 décembre 1808. Sérénissime seigneur, signé F. marquis de Castelar.

N. III. *Au général commandant Madrid.*
Au camp impérial devant Madrid, le 4 décemb. 1808. 11 heures du matin.
M. le général Castelar, défendre Madrid est contraire aux principes de la guerre ; et l'amour pour les habitans, S. M. m'autorise à vous envoyer une seconde sommation. Une artillerie immense est en batterie ; des mineurs sont prêts à faire sauter vos principaux édifices. Des corps sont à l'entrée des débouchés de la ville ; donc, quelques compagnies de voltigeurs se sont rendu maîtres. Mais l'Empereur, toujours généreux, dans le cours de ses victoires, suspend l'attaque jusqu'à deux heures. La ville de Madrid doit espérer protection et sûreté pour ses habitans paisibles, pour le culte, pour ses ministres ; enfin, l'oubli du passé. Arborez un pavillon blanc a à deux heures, et envoyez des commissaires pour traiter de la reddition de la ville.

16ᵉ. BULLETIN

DE L'ARMÉE D'ESPAGNE.

Extrait du Moniteur du 19 Décembre 1808.

Madrid, le 8 novembre 1808.

LE duc de Montebello se loue beaucoup de la conduite du général de brigade Pouzet, à la bataille de Tudela; du général de division Lefebvre, du général de brigade d'artillerie Gouin, de son aide-de-camp Gueheneuc qui a été blessé.

Il fait une mention particulière de trois régimens de la Vistule.

Le général de brigade Augereau, qui a chargé à la tête de la division Morlot, s'est fait remarquer.

MM. Vity et Labedoyere ont pris une pièce de canon au milieu de la ligne ennemie.

Le second a été blessé au bras.

S. M. a nommé le colonel Pepin général de brigade, et le major polonais Kliki, colonel.

Le colonel polonais Kasinouski, qui a été blessé, a été nommé membre de la légion d'honneur.

Le général de division Ruffin, ayant passé le Tage à Aranjuez, s'est porté sur Ocanna, et a coupé le chemin aux débris de l'armée d'Andalousie, qui voulaient se retirer en Andalousie, et qui se sont jetés sur Cuença.

Les divisions de cavalerie des généraux Lasalle et Milhaud se sont dirigées sur le Portugal par Talaverna de la Reina.

Le duc de Dantzick arrive aujourd'hui à Madrid avec son corps d'armée.

Le maréchal Ney, avec son corps d'armée, est arrivé à Guadalaxara, venant de Saragosse.

S. M. voulant épargner aux honnêtes habitans de cette ville les horreurs d'un assaut, n'a pas voulu qu'on attaquât Sarragosse jusqu'au moment où la nouvelle des événemens de Madrid, et de la dispersion des armées espagnoles y serait connue. Cependant, si cette ville s'obtinait dans sa résistance, les mines et les bombes en feraient raison.

Le 8e. corps est entré en Espagne. Le général Delaborde va porter son quartier-général à Vittoria.

La division polonaise du général Valence arrive aujourd'hui à Buitrago.

Les Anglais sont en retraite de tous côtés. La division Lasalle a cependant rencontré 16 hommes qu'elle a sabrés. C'était des traîneurs ou des hommes qui s'étaient égarés.

Le maréchal Mortier arrivera le 16 en Catalogne, pour tourner l'armée ennemie et faire sa jonction avec les généraux Duhesme et Saint-Cyr.

Le 23 novembre, la brèche du château de la Trinité de la ville de Roses était au moment de se trouver praticable.

Le même jour, les Anglais ont débarqué quatre cents hommes au pied du château.

Un bataillon italien a marché sur eux, leur a tué dix hommes, en a blessé davantage et a jeté le reste dans la mer.

On a remarqué une trentaine de barques qui sortaient du port de Roses; ce qui porte à penser que les habitans commencent à évacuer la ville.

Le 24, l'avant-garde ennemie, campée sur la Fluvia, forte de cinq à six mille hommes, et commandée par le général Alvarès est venue en plusieurs colonnes attaquer les points de Navata, Puntos, Armodas et Garrigas, occupés par la division du général Sonham.

Le 1er. régiment d'infanterie légère et le 4e bataillon de 3e légère ont soutenu seuls l'effort de l'ennemi et l'ont ensuite repoussé.

L'ennemi a été rejeté au delà de la Fluvia avec une perte considérable en tués et blessés.

On a fait des prisonniers parmi lesquels se trouve le colonel Lebrun, commandant en second l'expédition et colonel du régiment de Tarragonne; le major et un capitaine du même régiment.

Voici la suite du Journal du siége de Roses.
(Nous la donnerons dans le n°. de demain.)

De l'Imprimerie de Gauthier, rue Jean-Lantier, n. 2.

XVI.e BULLETIN

de l'Armée d'Espagne.

Madrid, le 8 décembre 1808.

Le duc de Montebello se loue beaucoup de la conduite du général de brigade Pouzet, à la bataille de Tudela; du général de division Lefebvre, du général de brigade d'artillerie Couin, de son aide-de-camp Gueheneuc qui a été blessé. Il fait une mention particulière de trois régimens de la Vistule. Le général de brigade Augereau qui a chargé à la tête de la division Morlot, s'est fait remarquer. MM. Viry et Labedoyere ont pris une pièce de canon au milieu de la ligne ennemie. Le second a été légèrement blessé au bras.

S. M. a nommé le colonel Pepin général de brigade,

et le major polonais Kliki, colonel. Le colonel polonais Kasinowski qui a été blessé, a été nommé membre de la légion d'honneur.

Le général de division Ruffin, ayant passé le Tage à Aranjuez, s'est porté sur Ocanna, et a coupé le chemin aux débris de l'armée d'Andalousie qui voulaient se retirer en Andalousie, et qui se sont jetés sur Cuença.

Les divisions de cavalerie des généraux Lasalle et Milhaud se sont dirigées sur le Portugal par Talavera de la Reina.

Le duc de Dantzick arrive aujourd'hui à Madrid avec son corps d'armée.

Le maréchal Ney, avec son corps d'armée, est arrivé à Guadalaxara venant de Sarragosse.

S. M. voulant épargner aux honnêtes habitans de cette ville les horreurs d'un assaut, n'a pas voulu qu'on attaquât Sarragosse jusqu'au moment où la nouvelle des événemens de Madrid, et de la dispersion des armées espagnoles y serait connue.

Cependant, si cette ville s'obstinait dans sa résistance, les mines et les bombes en feraient raison.

Le 8e corps est entré en Espagne. Le général Delaborde va porter son quartier-général à Vittoria.

La division polonaise du général Valence arrive aujourd'hui à Buitrago.

Les Anglais sont en retraite de tous côtés. La division Lasalle a cependant rencontré 16 hommes qu'elle a sabrés. C'était des traîneurs ou des hommes qui s'étaient égarés.

Le maréchal Mortier arrivera le 16 en Catalogne, pour tourner l'armée ennemie et faire sa jonction avec les généraux Duhesme et Saint-Cyr.

Le 23 novembre, la brèche du château de la Trinité de la ville de Roses était au moment de se trouver praticable. Le même jour, les Anglais ont débarqué 400 hommes au pied du château. Un bataillon italien a marché sur eux, leur a tué dix hommes, en a blessé davantage et a jeté le reste dans la mer.

On a remarqué une trentaine de barques qui sortaient

du port de Roses, ce qui porte à penser que les habitans commencent à évacuer la ville.

Le 24, l'avant-garde ennemie, campée sur la Fluvia, forte de 5 à 6:000 hommes, et commandée par le général Alvarès, est venue en plusieurs colonnes attaquer les points de Navata, Puntos, Armodas et Garrigas, occupés par la division du général Souham. Le premier régiment d'infanterie légère et le 4.e bataillon de 3e légère, ont soutenu seuls l'effort de l'ennemi et l'ont ensuite repoussé.

L'ennemi a été rejetté au-delà de la Fluvia avec une perte considérable en tués et blessés. On a fait des prisonniers parmi lesquels se trouvent le colonel Lebrun, commandant en-second de l'expédition et colonel du régiment de Tarragone, le major et un capitaine du même régiment.

(Nous donnerons demain la suite du journal du siège de Roses).

Imprimerie d'OGIER, rue Traversière-St.-Honoré, N°. 16.

17ᵉ. BULLETIN

DE L'ARMÉE D'ESPAGNE.

Extrait du Moniteur du 22 Décembre 1808.

Madrid, le 10 décembre 1808.

S. M. a passé hier, au Pardo, la revue du corps du maréchal duc de Dantzick, arrivé avant-hier à Madrid.

Elle a témoigné sa satisfaction à ces braves troupes.

Elle a passé aujourd'hui la revue des troupes de la confédération du Rhin, formant la division commandée par le général Leval.

Les régimens de Nassau et de Hesse se sont bien comportés.

Le régiment de Hesse-Darmstadt n'a pas soutenu la réputation des troupes de ce pays et n'a pas répondu à l'opinion qu'elles avaient données d'elles dans les campagnes de Pologne.

Le colonel et le major paraissent être des hommes médiocres.

Le duc d'Istrie est parti le 6 de Guadalaxara. Il a fait battre toute la route de Sarragosse et de Valence, a fait 500 prisonniers et pris beaucoup de bagages.

Au Bastan, un bataillon de 500 hommes, cerné par la cavalerie, a été écharpé.

L'armée ennemie battue à Tudela, à Catalayud, abandonnée par ses généraux, par une partie de ses officiers et par un grand nombre de soldats, était réduite à 6000 hommes.

Le 8, à minuit, le duc d'Istrie fit attahuer, par le général Montbrun, à Santa-Cruz, un corps qui protégeait la fuite de l'armée ennemie.

Ce corps fut poursuivi l'épée dans les reins, et on lui fit mille prisonniers.

Il voulut se jeter dans l'Andalousie par Madridego.

Il paraît qu'il a été forcé de se disperser dans les campagnes de Cuença.

Voici la suite des opérations du siége de Roses.

Le 28, après-midi, une sommation a été faite; elle est restée sans réponse.

Vingt-deux déserteurs ont appris que la place avait beaucoup souffert; qu'il s'était manifesté une insurrection des habitans qui voulaient capituler, et que la reddition aurait déjà eu lieu, si les anglais n'abusaient pas de la ilberté qu'ils ont de se sauver par la mer pour forcer la place à tenir.

Une action très-brillante et très-honorable pour les troupes de S. M. nous a rendus maîtres de la ville contigue à la place, il en résulte que nous nous trouvons à une très-petite distance du corps de la place, précisément du côté qui a sauté autrefois par l'explosion d'un magasin à poudre, et dont la muraille est mal réparé.

Une batterie de brèche a été établie vis-à-vis de ce bastion ; elle a été tracée le 26 au soir, ainsi qu'une batterie à ricochets contre le même front. On continue ces travaux avec activité ; mais la nature du terrain présente des difficultés assez fortes pour qu'on ne puisse mettre la batterie en état de tirer avant le cinquième jour.

On a établi en outre sur le port, dans la ville, une batterie dont le feu dirigé sur la porte de la marine du fort, doit gêner sa communication avec la mer, et rendre l'embarquement de la garnison difficile, même avec un vent favorable, et impossible avec un vent contraire.

De l'Imprimerie de Ganthier; rue Jean-Lantier, n. 2.

XVIIE. BULLETIN
de l'Armée d'Espagne.

Extrait du Moniteur du 22 décembre 1808.

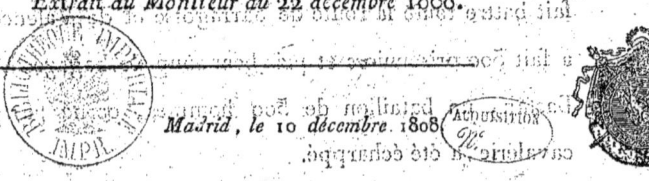

Madrid, le 10 décembre 1808.

S. M. a passé hier, au Prado, la revue du corps du maréchal duc de Dantzick arrivé avant-hier à Madrid. Elle a témoigné sa satisfaction à ces braves troupes.

Elle a passé aujourd'hui la revue des troupes de la confédération du Rhin, formant la division commandée par le général Leval. Les régimens de Nassau et de Bade se sont bien comportés.

Le régiment de Hesse-Darmstad n'a pas soutenu la réputation des troupes de ce pays, et n'a pas répondu à l'opinion qu'elles avaient donnée d'elles dans les campagnes de Pologne. Le colonel et le major paraissent être des hommes médiocres.

Le duc d'Istrie est parti le 6 de Guadalaxara. Il a fait battre toute la route de Sarragosse et de Valence, a fait 500 prisonniers et pris beaucoup de bagages. Au Bastan, un bataillon de 500 hommes, cerné par la cavalerie, a été écharppé.

L'armée ennemie battue à Tudela, à Catalayud, abandonnée par ses généraux, par une partie de ses officiers, et par un grand nombre de soldats, était réduite à 6,000 hommes.

Le 8 à minuit, le duc d'Istrie fit attaquer par le général Montbrun à Santa-Cruz, un corps qui protégeait l'armée ennemie.

Ce corps fut poursuivi l'épée dans les reins, et on lui fit 1,000 prisonniers.

Il voulut se jetter dans l'Andalousie, par Madridego

Il paraît qu'il a été forcé de se disperser dans les montagnes de Cuença.

Voici la suite des opérations du siège de Roses.

Le 28, après midi, une sommation a été faite; elle est restée sans réponse.

Vingt-deux déserteurs ont appris que la place avait beaucoup souffert; qu'il s'était manifesté une insurrection des habitans qui voulaient capituler, et que la reddition aurait déjà eu lieu, si les Anglais n'abusaient pas de la liberté de se sauver par la mer pour forcer la place à tenir.

Une action très-brillante et très-honorable pour les troupes de S. M. nous a rendus maîtres de la ville contigue à la place. Il en résulte que nous nous trouvons à une très-petite distance du corps de la place, précisément du côté qui a sauté autrefois par l'explosion d'un magasin à poudre, et dont la muraille est mal réparée.

Une batterie de brèche a été établie vis-à-vis de ce bastion ; elle a été tracée le 28, au soir, ainsi qu'une batterie à ricochets contre le même front. On continue ces travaux avec activité ; mais la nature du terrain présente des difficultés assez fortes pour qu'on ne puisse mettre la batterie en état de tirer avant le 5e. jour.

On a établi en outre sur le port, dans la ville, une batterie dont le feu dirigé sur la porte de la marine du fort, doit gêner sa communication avec la mer, et rendre l'embarquement de la garnison difficile, même avec un vent favorable, et impossible avec un vent contraire.

Imprimerie d'OGIER, rue Traversière-St.-Honoré, N°. 16.

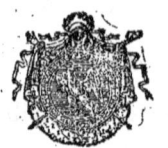

18ᵉ. BULLETIN

DE L'ARMÉE D'ESPAGNE.

Extrait du Moniteur du 25 Décembre 1808.

Madrid, le 12 décembre 1808.

La Junte centrale d'Espagne avait peu de pouvoir.

La plupart des provinces lui répondaient à peine : toutes lui avaient arraché l'administration des finances.

Elle était influencée par la dernière classe du peuple,

elle était gouvernée par la minorité, Florida-Blanca était sans aucun crédit.

La Junte était soumise à la volonté de deux hommes; l'un, nommé Lorenzo-Calvo, marchand épicier de Sarragosse, qui avait gagné en peu de mois le titre d'Evcellence.

C'était un de ces hommes violens qui paraissent dans les révolutions; sa probité était plus que suspecte.

L'autre était un nommé Tilly, condamné autrefois aux galères comme voleur, frère cadet du nommé Gusman, qui a joué un rôle sous Robespierre dans le tems de la terreur, et bien digne d'avoir eu pour frère ce misérable.

Aussitôt que quelque membre de la Junte voulait s'opposer à des mesures violentes, ces deux hommes criaient à la trahison un rassemblement se formait sous les fenêtres d'Aranjuez, et tout le monde signait.

L'extravagance et la méchanceté de ces meneurs se manifestaient de toutes les manières.

Aussitôt qu'ils apprirent que l'Empereur était à Burgos, et que bientôt il serait à Madrid, ils poussèrent le délire jusqu'à faire contre la France une déclaration de guerre remplie d'injures et de traits de folie.

Ce que les honnêtes gens ont eu à souffrir de la dernière classe du peuple, se concevrait à peine, si chaque nation ne trouvait dans ses annales le souvenir de crises semblables.

Récemment, encore, trois respectables habitans de Tolède ont été égorgés.

Lorsque le 11, le général de division Lasalle poursuivant l'ennemi, est arrivé à Talavera de la Reina où les anglais étaient passés en triomphe dix jours auparavant, en annonçant qu'ils allaient secourir la capitale, un spectacle affreux s'est offert aux yeux des Français.

Un cadavre revêtu de l'uniforme de général espagnol était suspendu à une potence, et percé de mille coups de fusil; c'était le général don Benito Sn. Juan que ses soldats dans le désordre de leur terreur panique, et pour donner un prétexte à leur lâcheté, avait aussi indignement sacrifié. Ils n'ont repris haleine à Talavera que pour torturer leur infortuné général qui, pendant tout un jour, a été le but de leur barbarie et de leur adresse atroce.

Talavera de la Reina est une ville considérable située sur la belle vallée du Tage, et dans un pays très-fertile.

Les évêques de Léon et d'Astorga, et un grand nombre d'ecclésiastiques se sont distingués par leur bonne conduite, et par l'exemple des vertus apostoliques.

Le pardon général accordé par l'Empereur, et les disposi_

tions qui marquent l'établissement de la nouvelle dynastie par l'anéantissement des maisons des principaux coupables, ont produit un grand éffet.

La destruction dse droits odieux au peuple, et contraires à la pospérité de l'état, et la mesure qui ne laisse plus à la classe nombreuse des moines aucune incertitude sur son sort, ont un bon résultat.

L'animadversion générale se dirige contre les anglais. Les paysans disent, dans leur langage, qu'à l'approche des Français les anglais sont allés montés sur leurs chevaux de bois.

S. M. a passé hier la revue de plusieurs corps de cavalerie Elle a nommé commandant de la légion d'honneur, le colonel des lanciers polonais Konopka. Le corps que cet officier commande s'est couvert de gloire dans toutes les occasions.

S. M. a témoigné sa satisfaction à la brigade Dijon pour sa bonne conduite à la bataille de Tudela.

De l'Imprimerie de Gauthier; rue Jean-Lantier, n. 2.

20ᵉ. BULETIN

DE L'ARMÉE D'ESPAGNE.

Madrid, le 12 décembre 1808.

Extrait du Moniteur du 30 décembre 1808.

S. M. a passé aujourd'hui en revue l'armée qui est à Madrid, avec ses équipages et son administration.

Soixante mille hommes, cent cinquante pièces d canon.

Plus de quinze cents fourgons chargés de biscuits d'eau-de-vie formaient un ensemble imposant.

La droite de l'armée était appuyée sur Chamartin, et la gauche dépassait Madrid.

Le duc de bellune est toujours à Tolède avec son corps d'armée.

Le duc de Dantzick, avec son corps d'armée, est toujours à Talavera de la Reyna.

Le 8°. corps est arrivé à Burgos.

Le général Saint-Cyr fait sa jonction à Barcelonne avec le général Duhesme.

Nos postes de cavalerie battent le pays jusqu'aux confins de l'Andalousie.

L'Empereur a accordé à l'armée quelques jours de repos.

De très-beaux ouvrages de fortification se construisent sur les hauteurs de Madrid.

Six mille hommes y travaillent.

Le petit équipage de siége, composé de pièces de 24 légères et de petits mortiers, est arrivé.

On a trouvé à Talavera de la Reyna une cinquantaine d'hommes dans les hôpitaux, deux ou trois cents selles et quelques restes de magasins appartenant aux troupes anglaises.

Quelques détachemens de cavalerie se sont fait voir du côté de Valladolid ; c'est le premier signe d'existence que les anglais aient donné ; ils ont beaucoup de malades et de déserteurs.

Le 13 de ce mois, leur armée était encore à Salamanque.

Une si noble retenue, une si singulière immobilité pendant les six semaines qui viennent de s'écouler, paraissent fort extraordinaires.

S. M. jouit de la meilleure santé.

De l'Imprimerie de Gauthier, rue Jean-Lantier,

21ᵉ. BULLETIN

DE L'ARMÉE D'ESPAGNE.

Extrait du Moniteur du 8 Janvier 1809.

Les anglais sont entrés en Espagne le 29 octobre.

Ils ont vu dans les mois de novembre et de décembre détruire l'armée de Galice à Espinosa, celle d'Espinosa à Burgos, celle d'Aragon et de Valence à Tudela, celle de réserve à Somo-Sierra : enfin ils ont vu prendre Madrid, sans faire aucun mouvement, et sans secourir aucune des armées espagnoles, pour lesquelles une division de troupes anglaises eut été cependant un secours considérable.

Dans les premiers jours du mois de décembre, on apprit que les colonnes de l'armée anglaise étaient en retraite, et se dirigeaient vers la Corogne, où elles devaient se rembarquer.

De nouvelles informations firent ensuite connaître qu'elles s'étaient arrêtées, et que le 16 elles étoient parties de Salamanque pour entrer en campagne.

Dès le 15, la cavalerie légère ayant paru à Valladolid, toute l'armée anglaise passa le Duero, et arriva le 23 devant le duc de Dalmatie, à Saldagua.

Aussitôt que l'Empereur fut instruit à Madrid de cette résolution inespérée des Anglais, il marcha pour leur couper la retraite et se porter sur leurs derrières; mais quelque diligence que fissent les troupes françaises; le passage de la montagne de Guadarama, qui était couverte de neige, les pluies continuelles, et le débordement des torrens, retardèrent leur marche de deux jours.

Le 12, l'Empereur était parti de Madrid, son quartier-général était le 23 à Villa-Castin, le 25 à Tordesillas, et le 27 à Medina del Rio-Secco.

Le 24, à la pointe du jour, l'ennemi s'était mis en marche pour déborder la gauche du duc de Delmatie; mais dans la matinée ayant appris le mouvement qui se faisait de Madrid, il se mit sur-le-champ en retraite, abandonnant ceux de ses partisans du pays, dont il avait réveillé les passions, les restes de l'armée de Gallice, qui avaient conçu de nouvelles espérances, une partie de ses hôpitaux et de ses bagages, et un grand nombre de traînards.

Cette armée a été dans un péril imminent; douze heures de différence, elle était perdue pour l'Angleterre.

Elle a commis beaucoup de ravages, résultat inévitable des marches forcées des troupes en retraite; elle a enlevé les couvertures, les mules, les mulets, et beaucoup d'autres effets ; elle a pillé un grand nombre d'églises et de couvens. L'abbaye de Sahagun, qui contenait 60 religieux, et qui avait toujours été respectée par l'armée française, a été ravagée par les Anglais : par-tout les moines et les prêtres ont fui à leur approche. Ces désordres ont exaspéré le pays contre les Anglais ; la différence de la langue, des mœurs et de la religion, n'a pas peu contribué à cette disposition des esprits ; ils reprochent aux Espagnols de n'avoir plus d'armée à joindre à la leur, et d'avoir trompé le gouvernement anglais ; les Espagnols leur répondent que l'Espagne a eu des armées nombreuses, mais que les Anglais les ont laissé détruire sans faire aucun effort pour les secourir.

Dans les quinze jours qui viennent de s'écouler, on n'a pas tiré un coup de fusil ; la cavalerie légère a seulement donné quelques coups de sabre.

Le général Durosnel, avec 400 chevaux-légers de la garde, donna à la nuit tombante dans une colonne d'infanterie anglaise en marche, sabra un grand nombre d'hommes, et jeta le désordre dans la colonne.

Le général Lefebvre Desnouettes, colonel des chasseurs de la Garde, détaché depuis deux jours, du quartier-général, avec trois escadrons de son régiment, ayant pris beaucoup de bagages, de femmes, de trainards, et trouvant le pont de l'Exla coupé, crut la ville de Benavente évacuée : emporté par cette ardeur qu'on a si souvent reprochée au soldat français, il passa la rivière à la nage pour se porter sur Benavente, où il trouva toute la cavalerie de l'arrière-garde anglaise ; alors s'engagea un long combat de 400 hommes contre 2000.

Il fallut enfin céder au nombre : ces braves repassèrent la rivière ; une balle tua le cheval du général Lefebvre Desnouettes, qui avait été blessé d'un coup de pistolet, et qui, resté à pied, fut fait prisonnier.

Dix de ses chasseurs, qui étaient aussi démontés, ont également été pris, cinq se sont noyés, vingt ont été blessés.

Cette échafourré a dû convaincre les Anglais de ce qu'ils auraient à redouter de pareilles gens dans une affaire générale.

Le général Lefevre a sans doute fait une faute; mais cette faute est d'un Français : il doit être à la fois blâmé et récompensé.

Le nombre de prisonniers qu'on a fait à l'ennemi jusqu'à cette heure, et qui sont la plupart des hommes isolés et des traînards, s'élève à trois cents.

Le 28, le quartier-général de l'Empereur était à Valderas;

Celui du duc de Dalmatie, à Mrncilla;

Celui du duc d'Elchingen, à Villafer.

En partant de Madrid, l'Empereur avait nommé le roi Joseph son lieutenant-général commandant la garnison de la capital; les corps des ducs de Dantzick et de Bellune, et les divisions de cavalerie Lasalle, Millaud et Latour-Maubourg, laissés pour la protection du centre.

Le temps rst extrêmement mauvais. A un froid vif ont succédé des pluies abondantes.

Nous souffrons, mais les anglais doivent souffrir bien davantage.

De l'Imprimerie de GAUTHIER, rue Jean-Lantier, n. 2.

22ᵉ BULLETIN

DE L'ARMÉE D'ESPAGNE.

Extrait du Moniteur du 10 Janvier 1809.

Benavente, le 31 décembre 1808.

Dans la journée du 30 la cavalerie, commandée par le duc d'Istrie, a passé l'Ezla. Le 30 au soir, elle a traversé Benavente et a poursuivi l'ennemi jusqu'à Puente de la Velana.

Le même jour, ls quartier-général a été établi à Benavente.

Les anglais ne se sont pas contentés de couper une arche du pont de l'Ezla, ils ont aussi fait sauter les piles avec des mines, dégât inutile, qui est très-nuisible au pays.

Ils se sont livrés au plus affreux pillage.

Les soldats, dans les excès de leur perpétuelle intempérance, se sont portés à tous les désordres d'une ivresse brutale.

Tout, enfin, drns leur conduite, annonçait plutôt une armée ennemie, qu'une armée qui venait secourir un peuple ami.

Le mépris que les Anglais témoignaient pour les Espagnols, a rendu plus profonde encore l'impression causée par tant d'outrages.

Cette expérience est un utile calmant pour les insurrections suscitées par les étrangers.

On ne peut que regretter que les Anglais n'aient pas envoyé une armée en Andalousie.

Celle qui a traversée Benavente, il y a dix jours, triomphait en espérance et couvrait déjà ses drapeaux de trophées ; rien n'égalait sa sécurité et l'audace qu'elle faisait paraître.

A son retour, son attitude était bien changée : elle était harassée de fatigues et paraissait accablée de la honte de fuir sans avoir combattu.

Pour prévenir les justes reproches des Espagnols, les Anglais répétaient sans cesse qu'on leur avait promis de joindre des forces nombreuses à leur armée ; et les Espagnols repoussaient encore cette calomnieuse assertion par des raisons auxquelles il n'y avait rien à répondre.

Lorsqu'il y a dix jours les Anglais traversèrent le pays, ils savaient bien que les armées espagnoles étaient détruites.

Les commissaires qu'ils avaient entretenus aux armées de la gauche, du centre et de la droite, n'ignoraient pas que ce n'était point cinquante mille hommes, mais cent quatre-vingt mille que les Espagnols avaient mis sous les armes ; que ces cent quatre-vingt mille hommes s'étaient batsus, tandis que, pendant six semaines, les Anglais avaient été spectateurs indifférens de leurs combats.

Ces commissaires n'avaient pas laissé ignorer que les armées espagnoles avaient cessé d'exister.

Les Anglais savaient donc que les Espagnols étaient sans armées, lorsqu'il y a dix jours ils se portèrent en avant, enivrés de la folle espérance de tromper la vigilance du général français et donnant dans le piége qu'il leur avaient tendu pour les attirer en rase campagne. Ils avaient fait auparavant quelques marches pour retourner à leurs vaisseaux.

« Vous deviez, ajoutaient les Espagnols, persister dans cette résolution prudente, ou bien il fallait être assez forts pour balancer les destins des Français. Il ne fallait pas sur-tout avancer d'abord avec tant de confiance, pour reculer ensuite avec tant de précipitation ; il ne fallait pas attirer chez nous le théâtre de la guerre, et nous exposer aux ravages de deux armées. Après avoir appelé sur nos têtes tant de désastres, il ne faut pas en jeter la faute sur nous.

» Nous n'avons pas pu résister aux armes françaises, vous ne pouvez pas leur résister davantage : cessez donc de nous accuser, de nous outrager : tous nos malheurs viennent de vous. «

Les Anglais avaient répandu le bruit dans le pays, qu'ils avaient battu 5000 hommes de cavalerie française sur les bords de l'Ezla, et que le champ de bataille était couvert de morts.

Les habitans de Benavente ont été fort surpris, lorsque visitant le champs de bataille, ils n'y ont trouvé que trois anglais et deux français.

Ce combat de 400 hommes contre 2000 fait beaucoup d'honneur aux Français.

Les eaux de la rivière avaient augmenté pendant toute la journée du 29, de sorte qu'à la fin du jour le gué n'était plus ipraticable.

C'est au milieu de la rivière, et dans le temps où il était prêt à se noyer, que le général Lefevre-Desnouettes ayant été porté par le courant sur la rive occupée par les Anglais, a été fai[t pri]sonnier. La perte des ennemis en tués et en blessés dans [cette] affaire d'avant-postes, a été beaucoup plus considéra[ble que] celle des Français. La fuite des Anglais a été si précipitée, [qu'ils] ont laissé à l'hôpital leurs malades et leurs blessés, et qu'il[s ont] été obligés de brûler un superbe magasin de tentes et d['autres] d'habillement.

Ils ont tué tous les chevaux blessés ou fatigués qui les emb[arras]saient.

On ne saurait croire combien ce spectacle, si contraire à [nos] mœurs, de plusieurs centaines de chevaux tués à coups de pistolets, indigne des espagnols.

Plusieurs y voient une sorte de sacrifice, un usage religieux, et cela leur fait naître des idées bizarres sur la religion anglicane.

Les anglais se retirent en toute hâte.

Tous les allemands à leur service désertent.

Notre armée sera ce soir à Astorga et près des confins de la Gallice.

De l'Imprimerie de Gauthier, rue Jean-Lantier, n. 2.

Extrait du Moniteur, du 11 Janvier 1809.

23e BULLETIN
DE
L'ARMÉE D'ESPAGNE.

Benavente, le 1er. janvier 1809.

Le duc de Dalmatie arriva le 30 à Mancilla où était la gauche des ennemis, occupée par les Espagnols du général la Romana. Le général Franceschi les culbuta d'une seule charge leur tua beaucoup de monde, leur prit deux drapeaux, et fit prisonniers un colonel, deux lieutenans-colonels, 50 officiers et 1500 soldats.

Le 31, le duc de Dalmatie entra à Léon; il y trouva deux mille malades. La Romana avais succédé dans le commandement à Blake, après la bataille d'Espinosa. Les restes de cette armée qui, devant Bilbao, était de plus de 50,000 hommes, formaient à peine 5,000 hommes à Mancilla. Ces malheureux sans vêtemens, accablés par la misère, remplissent les hôpitaux.

Les Anglais sont en horreur à ces troupes qu'ils méprisent, aux citoyens paisibles, qu'ils maltraitent et dont ils dévorent la subsistance pour faire vivre leur armée. L'esprit des habitans du royaume de Léon est bien changé; ils demandent à grands cris et la paix et leur roi ; ils maudissent les Anglais et leurs insinuations fallacieuses ; ils leur reprochent d'avoir fait verser le sang espagnol pour nourrir le monopole anglais et perpétuer la guerre du continent. La perfidie de l'Angleterre et ses motifs sont maintenant à la portée de tout le monde et n'échappent pas même à la pénétration du dernier des habitans des campagnes. Ils savent ce qu'ils souffrent et les auteurs de leurs maux étaient sous leurs yeux.

Cependant les Anglais fuient en toute hâte, poursuivis par le duc d'Istrie avec neuf mille hommes de cavalerie.

Dans les magasins qu'ils ont brûlé à Benavente, se trouvaient indépendamment des tentes, quatre mille couvertures et une grande quantité de rhum.

On a ramassé plus de deux cents chariots de bagages et de munitions de guerre abandonnés sur la route de Benavente à Astorga.

Les débris de la division la Romana se sont jettés sur cette dernière ville, et ont encore augmenté la confusion.

Les événemens de l'expédition de l'Angleterre en Espagne fourniront le sujet d'un beau discours d'ouverture du parlement.

Il faudra annoncer à la nation anglaise que son armée est restée trois mois dans l'inaction ; tandis qu'elle pouvait secourir les Espagnols ; que ces chefs, ou ceux dont elle exécutait les ordres, ont eu l'extrême inceptie de la porter en avant lorsque les armées espagnoles étaient détruites ; qu'enfin elle a commencé l'année, fuyant l'épée dans les reins, poursuivie par l'ennemi qu'elle n'a pas osé combattre, et par les malédictions de ceux qu'elle avait excité et qu'elle aurait dû défendre.

De telles entreprises et de semblables résultats ne peuvent appartenir qu'à un pays qui n'a pas de gouvernement.

Fox ou même Pitt n'auraient pas commis de telles fautes. S'engager dans une lutte de terre contre la France qui a cent mille hommes de cavalerie, cinquante mille chevaux d'équipages de tout genre et neuf cents mille hommes d'infanterie, c'est pour l'Angleterre pousser la folie jusqu'à ses derniers excès, c'est être avide de honte, c'est enfin diriger les affaires de la Grande-Bretagne comme pouvait le désirer le cabinet des Thuilleries.

Il fallait bien peu connaître l'Espagne pour attacher quelque importance à des mouvemens populaires, et pour espérer qu'on y soufflant le feu de la sédition, cet incendie aurait quelques résultats et quelque durée.

Il ne faut que quelques prêtres fanatiques pour composer et répandre des libelles, pour porter un désordre momentané dans les esprits; mais ils font autre chose pour constituer une nation en armes.

Lors de la révolution de France, il fallut trois années et le régime de la Convention pour préparer des succès militaires; et qui ne sait encore à quelles chances la France fut exposée ? Cependant elle était excitée, soutenue par la volonté unanime de recouvrer les droits qui lui avaient été ravis dans des tems d'obscurité.

En Espagne c'étaient quelques hommes qui soulevaient le peuple pour conserver la possession exclusive de droits odieux au peuple.

Ceux qui se battaient pour l'Inquisition, les franciscains et les droits féodaux, pouvaient être animés d'un zèle ardent pour leurs intérêts personnels, mais ne pouvaient inspirer à toute une nation une volonté ferme et des sentimens durables.

Malgré les anglais, les droits féodaux, les franciscains et l'inquisition n'existent plus en espagne.

Après la prise de Roses, le général Gouvion-Saint-Cyr s'est dirigé sur Barcelone avec le septième corps, il a dispersé tout ce qui se trouvait aux environs de cette place, et il a fait sa jonction avec le général Duhesme. Cette réunion a porté son armée à quarante mille hommes.

Les ducs de Trévise et d'Abrentès ont enlevé tous les ouvrages avancés de Saragosse. Le général du génie Lacoste prépare ses moyens pour s'emparer de cette ville sans perte.

Le roi d'Espagne s'est rendu à Aranjuez pour passer en revue premier corps commandé par le duc de Bellune.

De l'Imprimerie d'Aubry, Palais de Justice.

24.ᵉ BULLETIN
DE L'ARMEE D'ESPAGNE.

Extrait du Moniteur du 13 Janvier 1809.

Astorga, le 2 janvier 1809.

L'Empereur est arrivé à Astorga le premier janvier.

La route de Benavente à Astorga est couverte de chevaux anglais morts, de voitures d'équipages, de caissons d'artillerie et de munitions de guerre.

On a trouvé à Bstorga des magasins de draps, de couvertures et d'outils de pionniers.

Dans la route d'Astorga à Villa-Franca, le général Colbert, commandant l'avant-garde de cavalerie du duc d'Istrie, a fait 2000 prisonniers; pris des convois de fusils et délivré une quarantaine d'hommes isolés qui étaient tombés entre les mains des Anglais.

Quant à l'armée de la Romana, elle est réduite presqu'à rien.

Ce petit nombre de soldats, sans habits, sans souliers, sans solda, sans nourriture, ne peut plus être compté pour quelque chose.

L'Empereur a chargé le duc de Dalmatie de la mission glorieuse de poursuivre les Anglais jusqu'au lieu de leur embarquement, et de les jeter dans la mer l'épée dans les reins.

Les Anglais sauront ce qu'il en coûte pour faire un mouvement inconsidéré devant l'armée française.

La manière dont ils sont chassés du royaume de Léon et de la Galice, et la destruction d'une partie de leur armée, leur apprendra sans doute à être plus circonspects dans leurs opérations sur le continent.

La neige a tombé à gros floccons pennant toute la journée du premier janvier.

Ce tems, très-mauvais pour l'armée française, est encore plus mauvais pour une armée qui bat en retraite.

En Catalogne, le général Gouvion Saint-Cyr est entré à Barcelone.

A Sarragosse, les ducs de Conegliano et de Trévise se sont emparés, avec peu de perte, du Monte-Torrero.

Ils ont fait un millier de prisonniers, et ont entièrement cerné la ville.

Les mineurs ont commencé leurs travaux.

Dans l'Estramadure, la division du général Sébastiani ayant passé le Tage, le 24, au pont de l'Arzobispo, a attaqué les débris de l'armée d'Estramadure.

Une seule charge du 28e. régiment d'infanterie de ligne a suffi pour les mettre en déroute.

Le duc de Dantzick avait en même tems fait passer le Tage à la division du général Valence sur le pont d'Almaraz.

Quatre pièces de canon, douze caissons, et quatre ou cinq cents prisonniers ont été fruit de cette journée.

On s'est emparé de divers magasins, et notamment d'un immense magasin de tentes.

Tout ce qui reste de troupes espagnoles insurgées, est sans solde depuis plusieurs mois.

De l'Imprimerie de Gauthier, rue Jean-Lantier, n. 2.

24.me. BULLETIN

DE

L'ARMÉE D'ESPAGNE.

(Extrait du Moniteur du 13 Janvier.)

Astorga, le 2 janvier.

L'empereur est arrivé à Astorga, le premier janvier.

La route de Benavente à Astorga est couverte de chevaux anglais morts, de voitures d'équipages, de caissons d'artillerie et de munitions de guerre.

On a trouvé à Astorga des magasins de draps, de couvertures et d'outils de pionniers.

Dans la route d'Astorga à Villa-França, le général Colbert, commandant l'avant-garde de cavalerie du duc d'Istrie, a fait deux mille prisonniers, pris des convois de fusils et délivré une quarantaine d'hommes isolés qui étaient tombés entre les mains des Anglais.

Quant à l'armée de la Romana, elle est réduite presqu'à rien.

Ce petit nombre de soldats, sans habits, sans souliers, sans solde, sans nourriture, ne peut plus être compté pour quelque chose.

L'empereur a chargé le duc de Dalmatie de la mission glorieuse de poursuivre les Anglais jusqu'au lieu de leur embarquement, et de les jeter dans la mer l'épée dans les reins.

Les anglais sauront ce qu'il en coûte pour faire un mouvement inconsidéré devant l'armée française.

La manière dont ils sont chassés du royaume de Léon et de la Galice, et la destruction d'une partie de leur armée, leur apprendra sans doute à être plus circonspects dans leur opérations sur le Continent.

La neige a tombé à gros flocons pendant la journée du premier janvier.

Ce tems, très-mauvais pour l'armée française, est encore plus mauvais pour une armée qui bat en retraite.

En Catalogne, le général Gouvion Saint-Cyr est entré à Barcelonne.

A Sarragosse, les ducs de Cengliano et de Trévise se sont emparés, avec peu de perte, du Monte-Terrero.

Ils ont fait un millier de prisonniers, et ont entièrement cerné la ville.

Les mineurs ont commencé leurs travaux.

Dans l'Estramadure, la division du général Sébastiani ayant passé le Tage, le 24, au pont de l'Arzobispo, a attaqué les débris de l'armée d'Estramadure.

Une seule charge du 28e. régiment d'infanterie de ligne a suffi pour les mettre en déroute.

Le duc de Dantzick avait en même-tems fait passer le Tage à la division du général Valence sur le pont d'Almaraz.

Qnate pièces de canon, douze caissons, et quatre ou cinq cents prissonniers ont été le fruit de cette journée.

On s'est emparé de divers magasins, et notamment d'un immense magasin de tentes.

Tout ce qui reste de troupes Espagnoles insurgées, est sans solde depuis plusieurs mois.

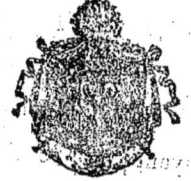

———

De l'imprimerie de Maudet, rue Bailleul, n.° 11.

25ᵉ BULLETIN

DE L'ARMÉE D'ESPAGNE

Extrait du Moniteur du 16 Janvier 1809.

Benavente, le 5 janvier 1809.

La tête de la division Merle, faisant partie du corps du duc de Dalmatie, a gagné l'avant-garde dans la journée du 3 de ce mois. A quatre heures après-midi, elle s'est trouvée en présence de l'arrière-garde anglaise qui était en position sur les hauteurs de Prieros, à une lieue devant Villa-Franca, et qui était composée de 5000 hommes d'infanterie et 600 chevaux. Cette position était fort belle et difficile à aborder. Le général Merle fit ses dispositions. L'infanterie s'approcha, on battit la charge, et les Anglais furent mis dans une entière déroute. La difficulté du terrain ne permit pas à la cavalerie de charger, et l'on ne put faire que 200 prisonniers. Nous avons eu une cinquantaine d'hommes tués ou blessés.

Le général de brigade Colbert, commandant la cavalerie de l'avant-garde, s'était avancé avec les tirailleurs de l'infanterie pour voir si le terrain s'élargissait et s'il pouvait former sa cavalerie. Son heure était arrivée, une balle le frappa au front, le renversa, et il ne vécut qu'un quart d'heure. Revenu un moment à lui, il s'était fait placer sur son séant, et voyant alors la déroute complète des Anglais, il dit : « Je suis bien jeune encore pour mourir, mais du moins ma mort est digne d'un soldat de la Grande-Armée, puisqu'en mourant je vois fuir les éternels ennemis de ma patrie. » Le général Colbert était un officier d'un grand mérite.

Il y a deux routes d'Astorga à Villa-Franca. Les Anglais passaient par celle de droite, les Espagnols suivaient celle de gauche, ils marchaient en ordre ; ils ont été coupés et cernés par les chasseurs hanovriens. Un général de brigade et une division entière, officiers et soldats, ont mis bas les armes. On lui a pris ses équipages, dix drapeaux et six pièces de canon.

Depuis le 27, nous avons déjà fait à l'ennemi plus de dix mille prisonniers, parmi lesquels sont quinze cents Anglais. Nous lui avons pris plus de quatre cents voitures de bagages et de munitions, quinze voitures de fusils, ses magasins et ses hôpitaux de Benavente, Astorga et Bembibre. Dans ce dernier endroit, le magasin à poudre qu'il avait établi dans une église, a sauté.

Les Anglais se retirent en désordre laissant ainsi leurs magasins, leurs blessés, leurs malades, et abandonnant leurs équipages sur les chemins. Ils éprouveront une plus grande perte encore, et s'ils parviennent à s'embarquer, il est probable que ce ne sera qu'après avoir perdu la moitié de leur armée.

S. M. informée que cette armée était réduite au-dessous de vingt mille hommes, a pris le parti de porter son quartier général d'Astorga à Benavente, où elle restera quelques jours, et d'où elle ira occuper une position centrale à Valladolid, laissant au duc de Dalmatie le soin de détruire l'armée anglaise.

On a trouvé dans les granges beaucoup d'Anglais qui avaient été pendus par les Espagnols. S. M. a été indignée; elle a fait brûler les granges. Les paysans, quel que soit le ressentiment dont ils sont animés, n'ont pas le droit d'attenter à la vie des traînards de l'une ou de l'autre armée. S. M. a ordonné de traiter les prisonniers anglais avec les égards dûs à des soldats qui, dans toutes les circonstances, ont manifesté des idées libérales et des sentimens d'honneur. Informée que dans les lieux où les prisonniers sont rassemblés, et où se trouvent dix Espagnols contre un Anglais, les Espagnols maltraitent les Anglais et les dépouillent, elle a ordonné de séparer les uns des autres, et elle a prescrit, pour les Anglais, un traitement tout particulier.

L'arrière-garde anglaise en acceptant le combat de Prieros avait espéré donner le tems à la colonne de gauche, composée pour la plus grande partie d'Espagnols, de faire sa jonction à Villa-Franca. Elle comptait aussi gagner une nuit pour rendre plus complète l'évacuation de Villa-Franca.

Nous avons trouvé à l'hôpital de Villa-Franca 300 Anglais malades ou blessés. Les Anglais avaient brûlé dans cette ville un grand magasin de farine et de bled; ils y avaient détruit beaucoup d'équipages d'artillerie et tué cinq cents de leurs chevaux. On en a déjà compté 1600 laissés morts sur les routes.

Le nombre des prisonniers est assez considérable et s'accroît de moment en moment. On trouve dans toutes les caves de la ville des soldats anglais morts-ivres.

Le quartier-général du duc de Dalmatie était le 4 au soir à dix lieues de Lugo.

Le 2, S. M. a passé en revue, à Astorga, les divisions Laborde et Loison qui formaient l'armée de Portugal. Ces troupes voient fuir les Anglais et brûlent du désir de les joindre.

S. M. a laissé en réserve à Astorga le corps du duc d'Elchingen qui a son avant-garde sur les débouchés de la Galice, et qui est à portée d'appuyer, en cas d'événement, le corps du duc de Dalmatie.

On a reçu la confirmation de la nouvelle de l'arrivée du général Gouvion-Saint-Cyr avec le 7e. corps à Barcelonne. Il y est entré le 17. Le 15, il avait rencontré à Llinas les troupes commandées par les généraux Reding et Vives et les avait mises dans une entière déroute. Il leur a pris six pièces de canon, 30 caissons et trois mille hommes. Moyennant la jonction du 7e. corps avec les troupes du général Duhesme, nous avons une grosse armée à Barcelonne.

Lorsque S. M. était à Tordesillas, elle avait son quartier-général dans les bâtimens extérieurs du couvent royal de Sainte-Claire. C'est dans ces bâtimens que s'était retirée et qu'est morte Charles-quint, surnommée Jeanne la folle. Le couvent de Sainte-Claire a été construit sur un ancien palais des Maures, dont il reste un bain et deux salles d'une belle conservation. L'abbesse a été présentée à l'Empereur. Elle est âgée de 75 ans, et il y avait 65 ans qu'elle n'était sortie de sa clôture. Cette religieuse parut fort émue lorsqu'elle en franchit le seuil; mais elle entretint l'Empereur avec beaucoup de présence d'esprit, et elle obtint un grand nombre de grâces pour tout ce qui l'intéressait.

De l'Imprimerie de Gauthier, rue Jean-Lantier, n. 2.

26ème Bulletin
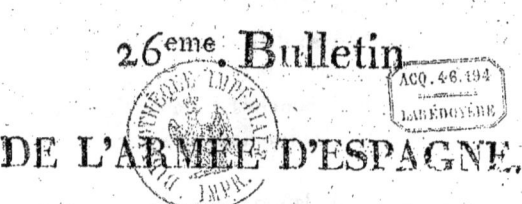
DE L'ARMÉE D'ESPAGNE.

(*Extrait du Moniteur du 17 janvier 1809.*)

Valladolid, le 7 janvier 1809.

Le général Gouvion Saint-Cyr, aussitôt après son entrée à Barcelonne, s'est porté sur Lobregat, a forcé l'ennemi dans son camp retranché, lui a pris 25 pièces de canon, et a marché sur Tarragone dont il s'est emparé.

La prise de cette ville est d'une grande importance.

Les rapports du général Saint-Cyr contiennent le détail des événemens militaires qui ont eu lieu en Catalogne jusqu'au 21 décembre.

Ils font le plus grand honneur au général Saint-Cyr.

Tout ce qui s'est passé à Barcelonne est un titre d'éloge pour le général Duhesme, qui a déployé autant de talent que de fermeté.

Les troupes du royaume d'Italie se sont couvertes de gloire, leur belle conduite a sensiblement touché le cœur de l'Empereur.

Elles sont, à la vérité, composées pour la plupart des corps formés par sa Majesté pendant la campagne de l'an 5.

Les vélites italiens sont aussi sages que braves : ils n'ont donné lieu à aucune plainte, et ils ont montré le plus grand courage.

Depuis les Romains, les peuples d'Italie n'avaient pas fait la guerre en Espagne.

Voilà les garans qu'a cette belle contrée de n'être plus le théâtre de la guerre.

Depuis les Romains, aucune époque n'a été si glorieuse pour les armes italiennes.

L'armée du royaume d'Italie est déjà de 80,000 soldats et bons soldats.

Sa Majesté a porté son quartier-général de Bénavente à Valladolid.

Elle a reçu aujourd'hui toutes les autorités de la ville. Dix de ses plus mauvais sujets de la dernière classe du peuple ont été passé par les armes.

Ce sont les mêmes qui avaient massacré le général Cévallos, et qui pendant si long-temps ont opprimé les gens de bien.

S. M. a ordonné la suppression du couvent des Dominicains, dans lequel un français a été tué.

Elle a témoigné sa satisfaction au convent de San-Benito, dont les moines sont des hommes éclairés qui, bien loin d'avoir prêché la guerre et le désordre, de s'être montrés avides de sang et de meurtre, ont employé tous leurs soins et consacré les efforts les plus courageux à calmer le peuple et à le ramener au bon ordre.

Plusieurs français leur doivent la vie.

L'Empereur a voulu voir ces religieux, et lorsqu'il a appris qu'ils étaient de l'ordre des Bénédictins, dont les membres se sont toujours illustrés dans les lettres et dans les sciences, soit en France, soit en Italie, il a daigné exprimer la satisfaction qu'il éprouvait de leur avoir cette obligation.

En général, le clergé de cette ville est bon.

Les moines vraiment dangereux sont ces dominicains fanatiques qui s'étaient emparés de l'inquisition, et qui ayant baigné leurs mains dans le sang d'un Français, ont eu la lâcheté sacrilége de jurer sur l'Evangile que l'infortuné dont on leur demandait compte n'était point mort et avait été conduit à l'hôpital, et qui ensuite ont avoué qu'après qu'il eut été privé de la vie, on avait jeté son corps dans un puits où on l'a en effet trouvé.

Hommes hypocrites et barbares, qui prêchez l'intolérance, qui suscitez la discorde, qui excitez à verser le sang, vous n'êtes pas les ministres de l'Evangile !

Le tems où l'Europe voyait sans indignation célébrer par des illuminations dans les grandes villes le massacre des protestans, ne peut renaître.

Les bienfaits de la tolérance sont les premiers droits des hommes ; elle est la première maxime de l'Evangile, puisqu'elle est le premier attribut de la charité. S'il fut une époque où quelques faux docteurs de la religion chrétienne prêchaient l'intolérance, alors ils n'avaient pas en vue les intérêts du Ciel, mais ceux de leur influence temporelle ; ils voulaient s'emparer de l'autorité chez des peuples ignorans.

Lorsqu'un moine, un théologien, un évêque, un pontife prêche l'intolérance, il prêche sa propre condamnation, il se livre à la risée des nations.

Le duc de Dalmatie doit être ce soir à Lugo.

De nombreuses colonnes de prisonniers sont en marche pour se rendre ici.

Le général de brigade Davenay s'est porté avec 500 chevaux sur Toro.

Il a rencontré deux à trois cents hommes, restes des débris de l'insurrection : il les a chargés et en a tué ou pris le plus grand nombre.

Le colonel des hussards hollandais a été blessé dans cette charge.

De l'Imprimerie de MORONVAL, rue des Prêtres-St-Severin, N.° 4.

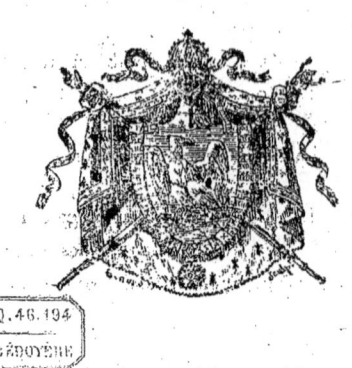

27ᵉ BULLETIN

DE L'ARMÉE D'ESPAGNE.

(Extrait du Moniteur, du 18 janvier 1809.)

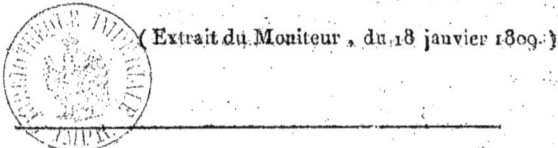

Valladolid le 9 janvier 1809.

Après le combat de Priéros contre l'arrière-garde anglaise, le duc de Dalmatie jugea nécessaire de déposter promptement l'ennemi du col de Piedra-Filla.

Il fit une marche très-longue et il en recueillit le fruit.

Il prit 1500 anglais, 5 pièces de canon, beaucoup de caissons ;

il obligea l'ennemi à détruire considérablement d'affûts, de voitures de bagages et de munitions.

Les précipices étaient remplis de ces débris.

Le désordre était tel que les divisions Lorge et Lahoussaye ont trouvé parmi les équipages abandonnés des voitures remplies d'or et d'argent; c'était une partie du trésor de l'armée anglaise.

On évalue ce qui est tombé entre les mains des divisions à deux millions.

Le 4 au soir, l'avant-garde de l'armée française était à Castillo et à Nocedo.

Le lendemain 5, l'arrière-garde ennemie a été rencontrée à Puente de Ferreya au moment où elle faisait une fougasse pour faire sauter le pont; une charge de cavalerie a rendu cette tentative inutile.

Il en a été de même au pont de Cruciel.

Le 5 au soir, les divisions Lorge et Lahoussaye étaient à Constantin, et l'ennemi à peu de distance de Lugo.

Le 6, le duc de Dalmatie s'est mis en marche pour arriver sur cette ville.

L'armée anglaise souffre considérablement ; elle n'a presque plus de munitions et de bagages, et la moitié de sa cavalerie est à pied.

Depuis le départ de Benavente jusqu'au 5 de ce mois, on a compté sur la route 1000 chevaux anglais tués.

Les débris du corps de la Romana errent par-tout. Dans la journée du premier janvier, le huitième régiment de dragons un carré d'infanterie espagnole et le culbuta.

Les régimens du roi de Mayorca, d'Ibérna, de Barcelone et de Naples, ont été faits prisonniers.

Le général Maupetit ayant rencontré du côté de Zamota, avec sa brigade de dragons, une colonne de huit cents fuyards, l'a chargée et dispersée, et en a pris ou tué la plus grande partie.

Les paysans espagnols de la Galice et du royaume de Léon sont impitoyables pour les traîneurs anglais.

Malgré les sévères défenses qui ont été faites, on trouve tous les jours beaucoup d'Anglais assassinés.

Le quartier général du duc d'Elchingen est à Villa-Franca, sur les confins de la Galice et du royaume de Léon.

Le duc de Bellune est sur le Tage.

Toute la garde impériale se concentre à Valladolid.

Les villes de Valladolid, de Palencia, de Ségovie, d'Avila, d'Astorga, de Léon, etc., envoient de nombreuses députations au roi.

La fuite de l'armée anglaise, la dispersion des restes des armées de la Romana et d'Estramadure, et les maux que les troupes des différentes armées font peser sur le pays, rallient les provinces autour de l'autorité légitime.

La ville de Madrid s'est particulièrement distinguée. Les procès-verbaux constatant le serment prêté devant le Saint-Sacrement par 28,700 chefs de famille, ont été mis sous les yeux de l'Empereur.

Les citoyens de Madrid ont promis à S. M. que si elle place sur le trône le roi son frère, ils le seconderont de tous leurs efforts et le défendront de tous leurs moyens.

Toute la garde impériale se concentre à Valladolid.

De l'Imprimerie de GAUTHIER, rue Jean-Lantier, n. 2.

28ᵉ. **BULLETIN**

DE L'ARMÉE D'ESPAGNE.

(Extrait du Moniteur, du 21 janvier 1809.)

Valladolid le 13 janvier 1809.

La partie du trésor de l'ennemi qui est tombée entre les mains de nos troupes était de 1,800,000 francs. Les habitans assurent que les Anglais ont emporté 8 à 10 millions.

Le général anglais jugeant qu'il était impossible que

que l'infanterie et l'artillerie française l'eussent suivi, et eussent gagné sur lui un certain nombre de marches, sur-tout dans des montagnes aussi difficiles que celles de la Galice, comprit qu'il ne devait avoir à sa poursuite que des voltigeurs et de la cavalerie. Il prit donc la position de Castro, sa droite appuyée à la rivière de Tamboja, qui passe à Lugo, et qui n'est pas guéable.

Le duc de Dalmatie arriva le 6 en présence de l'ennemi. Il employa les journées du 7 et du 8 à le reconnaître et à réunir son infanterie et son artillerie, qui étaient encore en arrière. Il forma son plan d'attaque.

La gauche seule de l'ennemi était attaquable ; il manœuvra sur cette gauche. Ses positions exigèrent quelques mouvemens dans la journée du 8, le duc de Dalmatie étant dans l'intention d'attaquer le lendemain 9. Mais l'ennemi s'en étant douté, fit sa retraite pendant la nuit ; et le matin, notre avant-garde entra à Lugo. L'ennemi a abandonné 300 malades anglais dans les hôpitaux de la ville, un parc de 18 pièces de canon et 300 chariots de munitions. Nous lui avons fait 700 prisonniers. La ville et les environs de Lugo sont encombrés de cadavres de chevaux anglais. Ainsi voilà plus de 2500 chevaux que les Anglais ont tués dans leur retraite.

Il fait un temps affreux ; la neige et la pluie tombent continuellement.

Les Anglais gagnent à toute force la Corogne où ils ont 400 bâtimens de transport pour leur embarquement. Ils ont perdu leurs bagages, leurs munitions ; une partie même du matériel de leur artillerie, et plus de 3000 hommes faits prisonniers.

Le 10, notre avant-garde était à Betancos, à peu de distance de la Corogne.

Le duc d'Elchingen est avec son corps d'armée sur Lugo.

En comptant les malades, les hommes égarés, ceux qui ont été tués par les paysans, et ceux qui ont été faits prisonniers par nos troupes, on peut calculer que les Anglais ont perdu le tiers de leur armée; ils sont réduits à 18,000 hommes, et ne sont pas encore embarqués. Depuis Sahagun, ils ont fait une retraite de 130 lieues par un mauvais tems, dans des chemins affreux, au milieu des montagnes, et toujours l'épée dans les reins.

On a de la peine à concevoir la folie de leur plan de campagne. Il faut l'attribuer non au général qui commande, et qui est un homme habile et âgé, mais à cet esprit de haine et de rage qui anime le ministère anglais. Jeter ainsi en avant 30,000 hommes pour les exposer à être détruits, ou à n'avoir de ressource que dans la fuite, c'est une conception qui ne peut être inspirée que par l'esprit de passion, ou par la plus extravagante présomption.

Le gouvernement anglais, comme le menteur du théâtre, est parvenu à se persuader lui-même; il s'est pris dans son propre siége.

La ville de Lugo a été pillée et saccagée par l'ennemi. On ne peut imputer ces désastres au général anglais; c'est une suite ordinaire et inévitable des marches forcées et des retraites précipitées. Les habitans du royaume de Léon et de la Galice ont les Anglais en horreur. Sous ce rapport, les évènemens qui viennent de se passer équivalent à une grande victoire.

La ville de Zamora, dont les habitans avaient été exaltés par la présence des Anglais, a fermé ses portes au général de cavalerie Maupetit. Le général Darricau s'y est porté avec quatre bataillons. Il a escaladé la ville, l'a prise, et a fait passer les plus coupables par les armes.

De toutes les provinces de l'Espagne, la Galice est celle qui manifeste le meilleur esprit; elle reçoit les Français comme des libérateurs qui l'ont délivré à-la-fois des étrangers et de l'archie. L'évêque de Lugo et le clergé de toute la province manifestent les plus sages dispositions.

La ville de Valladolid a prêté serment au roi Joseph, a fait une adresse à S. M. I. et R.

Six hommes, chefs d'émeute et des massacres contre les Français, ont été condamnés à mort.

Cinq ont été exécutés. Le clergé est venu demander la grace du sixième, qui est père de quatre enfans. S. M. a commué sa peine; elle a dit qu'elle voulait en cela témoigner sa satisfaction pour la bonne conduite que le clergé séculier de Valladolid a tenue en plusieurs occasions.

De l'Imprimerie de GAUTHIER, rue Jean-Lantier, n. 2.

28ᵐᵉ· BULLETIN
DE
L'ARMÉE D'ESPAGNE.

Extrait du Moniteur, du 21 janvier.

Valladolid, le 13 janvier.

La partie du trésor de l'ennemi qui est tombée entre les mains de nos troupes était de un million huit cents mille francs.

Les habitans assurent que les Anglais ont emporté huit à dix millions.

Le général anglais jugeant qu'il était impossible que l'infanterie et l'artillerie française l'eussent suivi, et eussent gagné sur lui un certain nombre de marches, surtout dans des montagnes aussi difficiles que celle de la Galice, comprit qu'il ne devait avoir à sa poursuite que des voltigeurs et de la cavalerie.

Il prit donc la position de Castro, sa droite appuyée à la rivière de Tamboja, qui passe à Lugo, et qui n'est pas guéable.

Le duc de Dalmatie arriva le six en présence de l'ennemi.

Il employa les journées du sept et du huit à le reconnaître, et à réunir son infanterie et son artillerie qui étaient encore en arriere.

Il forma son plan d'attaque.

La gauche seule de l'ennemi était attaquable; il manœuvra sur cette gauche.

Ses dispositions exigerent quelques mouvemens dans la journée du huit, le duc de Dalmatie étant dans l'intention d'attaquer le lendemain neuf.

Mais l'ennemi s'en étant douté, fit sa retraite pendant la nuit, et le matin, notre avant-garde entra à Lugo.

L'ennemi a abandonné trois cents malades anglais dans les hôpitaux de la ville, un parc de dix-huit pieces de canon et trois cents charriots de munitions.

Nous lui avons fait sept cents prisonniers. La ville et les environs de Lugo sont encombrés de cadavres de chevaux anglais. Ainsi voilà plus de deux mille cinq cents chevaux que les Anglais ont tués dans leur retraite.

Il fait un tems affreux; la neige et la pluie tombent continuellement.

Les Anglais gagnent à toute force la Corogne où ils ont quatre cents bâtimens de transport pour leur embarquement.

Ils ont déjà perdu leurs bagages, leurs munitions, une partie même du matériel de leur artillerie, et plus de trois mille hommes faits prisonniers.

Le 10, notre avant-garde était à Betancos, à peu de distance de la Corogne.

Le duc d'Elchingen est avec son corps d'armée sur Lugo.

En comptant les malades, les hommes égarés, ceux qui ont été tués par les paysans, et ceux qui ont été faits prisonniers par nos troupes, on peut calculer que les Anglais ont perdu le tiers de leur armée.

Ils sont réduits à dix-huit mille hommes, et ne sont pas encore embarqués.

Depuis Sahagun, ils ont fait une retraite de cent cinquante lieues par un mauvais tems, dans des chemins affreux, au milieu des montagnes, et toujours l'épée dans les reins.

On a de la peine à concevoir la folie de leur plan de campagne.

Il faut l'attribuer non au général qui commande, et qui est un homme habile et sage, mais à cet esprit de haine et de rage qui anime le ministre anglais.

Jetter ainsi en avant 30,000 hommes pour les exposer à être détruits, ou à n'avoir de ressource que dans la fuite, c'est une conception qui ne peut être inspirée que par l'esprit de passion, ou par la plus extravagante présomption.

Le gouvernement anglais, comme le Menteur du théâtre, est parvenu à se persuader lui-même; il s'est pris dans son propre siège.

La ville de Lugo a été pillée et saccagée par l'ennemi.

On ne peut imputer ces désastres au général anglais; c'est une suite ordinaire et inévitable des marches forcées et des retraites précipitées. Les habitans du royaume de Léon et de la Galice ont les anglais en horreur.

Sous ce rapport, les évenemens qui viennent de se passer équivalent à une grande victoire.

La ville de Zamora, dont les habitans avaient été exaltés par la présence des Anglais, a fermé ses portes au géénéral de cavalerie Maupetit.

Le général Darricau s'y est porté avec quatre bataillons.

Il a escaladé la ville, la prise, et a fait passer les plus coupables par les armes.

De toutes les provinces de l'Espagne, la Galice est celle qui manifeste le meilleur esprit ; elle reçoit les Français comme des libéateurs qui l'ont délivrée à-la-fois des étrangers et de l'anarchie.

L'évêque de Lugo et le clergé de toute la province manifesent les plus sages dispositions.

La ville de Valadolid a prêté serment au roi Joseph, et a fait une adresse à S. M. I. et R.

Six hommes, chefs d'émute et des massacres contre les Français, ont été condamnés à mort.

Cinq ont été exécutés.

Le clergé est venu demander la grace du sixieme qui est pere de quatre enfans. S. M. a commué sa peine.

Elle a dit qu'elle voulait en cela témoigner sa satisfaction pour la bonne conduite que le clergé séculier de Valladolid a tenue en plusieurs occasions importantes.

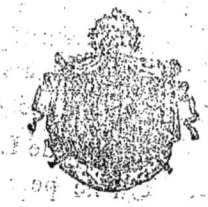

De l'Imprimerie de Maudet, rue Bailleul, n. 11.

29ᵐᵉ. BULLETIN
DE L'ARMÉE D'ESPAGNE.

Extrait du Moniteur du 25 Janvier, 1809.

Valladolid, le 16 janvier 1809.

Le dix janvier, le quartier-général du duc de Bellune Aranjuez.

Instruit que les débris de l'armée battue à Tudela s'étaient réunis du côté de Cuença, et avaient été joints par les nouvelles levées de Grenade, de Valence et de Murcie, le roi d'Espagne conçut la possibilité d'attirer l'ennemi.

A cet effet, il fit replier tous les postes qui s'avançaient jusqu'aux montagnes de Cuença au-delà de Tarançon et de Huete.

L'armée espagnole suivit ce mouvement.

Le 12, elle prit position à Uclès. Le duc de Bellune se porta alors à Tarançon et à Fuente de Pedronaro.

Le 13, la division Vilatte marcha droit à l'ennemi, tandis que le duc de Bellune avec la division Ruffin tournait par Alcazar.

Aussitôt que le général Vilatte découvrit les espagnols, il marcha au pas de charge, et mit en déroute les 12 ou 13,000 hommes qu'avait l'ennemi, et qui cherchèrent à se retirer par Carascosa sur Alcazar; mais déjà le duc de Bellune occupait la route d'Alcazar.

Le 9.e régiment d'infanterie légère, le 24.e de ligne et le 96.e présentèrent à l'ennemi un mur de bayonnettes.

Les espagnols mirent bas les armes.

300 officiers, 2 généraux, 7 colonels, 20 lieutenans-colonels et 12,000 hommes ont été faits prisonniers.

On a pris 30 drapeaux et toute l'artillerie. Le nommé Venegas qui commandait ces troupes, a été tué.

Cette armée avec ces drapeaux et son artillerie, escortée par trois bataillons, fera demain 17 son entrée à Madrid.

Ce succès fait honneur au duc de Bellune et à la conduite des troupes.

Le général Villatte a manœuvré avec habileté. Le général Ruffin s'est distingué.

Il en a été de même du général Latour-Maubourg : ses dragons se sont comportés avec intrépidité.

Le jeune Sopransi, chef d'escadron au 1er de dragons, s'est précipité au milieu des ennemis, en déployant une singulière bravoure.

Il a apporté six drapeaux au duc de Bellune.

Le général d'artillerie Sénarmont s'est conduit comme il l'a fait dans toutes les circonstances.

Lorsque l'armée ennemie se vit coupée, elle changea de direction.

Le général Sénarmont était alors engagé dans une gorge avec son artillerie, et c'est sur cette gorge que l'ennemi se dirigea pour y chercher un passage.

L'artillerie avait peu d'escorte; mais les canonniers de la grande armée n'en ont pas besoin.

Le général Sénarmont plaça ses pièces en bataillons carrés, et tira à mitrailles.

La colonne ennemie changea encore de direction, et se porta sur le point où elle est venue mettre bas les armes.

Le duc de Belluue se loue de M. Château, son premier aide-de-camp, et de M. l'adjudant Aimé. Il donne des éloges au général Semelé et aux colonels Jamin, Meunier, Mouton-Duverney, Lacoste, Pescheux et Combelle, tous officiers dont la bravoure et l'habileté ont été éprouvées dans cent combats.

En Galice, les Anglais continuent à être poursuivis l'épée dans les reins.

Après avoir été chassés de Lugo, les trois quarts ont pris la direction de la Corogne, et un quart celle de Vigo, où les Anglais ont des transports.

Le duc de Dalmatie s'est porté sur la Corogne et le duc d'Elchingen sur Vigo.

« Des députations du conseil d'état d'Espagne, du conseil des Indes, du conseil des finances, du conseil de la guerre, du conseil de marine, du conseil des ordres, de la junte de commerce et des monnaies, du tribunal des alcades de Casa y Corte, de la municipalité de Madrid, du clergé séculier et régulier, du corps de la noblesse, des corporations majeures et mineures, et des habitans des paroisses et des quartiers, parties de Madrid le 11, ont été présentées le 16 à S. M. I. et R. à Valladolid.

De l'Imprimerie de Madame LABARRE, rue St-Germain-l'Auxerrois, N°. 27.

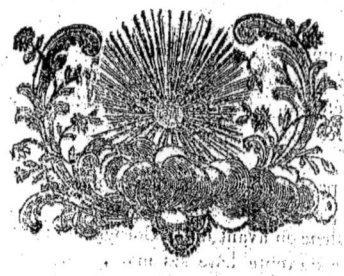

30°. BULLETIN

DE L'ARMÉE D'ESPAGNE.

Extrait du Moniteur, du 30 Janvier 1809.

Valladolid, le 21 janvier 1809.

Le duc de Dalmatie partit le 12 de Betanzos. Arrivé sur le Mero, il trouva le pont de Burgo coupé. L'ennemi fut délogé du village de Burgo. Pendant ce tems, le général Franceschi remonta la rivière, qu'il passa sur le pont de Sela. Il intercepta la grande route de la Corogne à Santyago, et prit 6 officiers et 60 soldats. Le même jour, un poste de 30 marins qui était à Mero, sur le golfe, et qui y faisait de l'eau, fut pris. Du village de Perillo, on put observer la flotte anglaise en rade de la Corogne.

Le 13, l'ennemi fit sauter deux magasins à poudre situés sur les hauteurs de Sainte-Marguerite, à une demi-lieue de la Corogne. La détonation fut terrible, et se fit sentir à plus de trois lieues dans les terres.

Le 14, le pont de Burgo fut raccommodé, et l'artillerie française put y passer. L'ennemi était en opposition sur deux lignes, à une demi-lieue en avant de la Corogne. On le voyait s'occuper à embarquer en toute hâte ses malades et ses blessés, dont les espions et les déserteurs portant le nombre à 3 ou 4000 hommes. Les Anglais s'occupaient en même-temps à détruire les batteries de côte, et à dévaster le pays voisin de la mer. Le commandant du fort de Saint-Philippe, se doutant du sort qu'ils réservaient à sa place, refuse de les y recevoir.

Le 14 au soir, on vit arriver un nouveau convoi de 160 voiles, parmi lesquelles on comptait quatre vaisseaux de ligne.

Le 15 au matin, les divisions Merle et Mermet occupèrent les hauteurs de Villaboa, où se trouvait l'avant-garde ennemie, qui fut attaquée et culbutée. Notre droite fut appuyée au point d'intersection de la route de la Corogne à Lugo, et de la Corogne à Santyago. La droite était placée en arrière du village d'Elvina. L'ennemi occupait en face de très-belles hauteurs.

Le reste de la journée du 15, fut employé à placer une batterie de 12 pièces de canon, et ce ne fut que le 16, à 3 heures après-midi, que le duc de Dalmatie donna l'ordre de l'attaque.

Les Anglais furent abordés franchement par la première

brigade de la division Mermet qui les culbuta et les délogea du village d'Elvina.

Le 2e. régiment d'infanterie légère se couvrit de gloire. Le général Jardon, à la tête des voltigeurs, fit paraître un notable courage. L'ennemi culbuté de ses positions, se retira dans les jardins qui sont autour de la Corogne.

La nuit devenant très-obscure, on fut obligé de suspendre l'attaque. L'ennemi en a profité pour s'embarquer en toute hâte. Nous n'avons eu d'engagé, pendant le combat, qu'environ 6,000 hommes, et tout était disposé pour partir de la position que nos troupes occupaient le soir, et profiter du lendemain pour une affaire générale. La perte de l'ennemi a été immense : deux batteries de notre artillerie l'ont foudroyé pendant la durée du combat. On a compté sur le champ de bataille plus de 800 cadavres anglais, parmi lesquels on a trouvé le corps du général Hamilton, et ceux de deux autres officiers-généraux dont on ignore les noms. Nous avons pris 20 officiers, 300 soldats et 4 pièces de canon.

Les Anglais ont laissé plus de 1500 chevaux qu'ils avaient tués.

Notre perte s'élève à 100 hommes tués; nous avons eu 150 blessés.

Le colonel du 47e régiment s'est distingué.

Un porte-aigle du 31e d'infanterie légère a tué de sa main un officier anglais qui, dans la mêlée, s'était attaché à lui pour tâcher de lui enlever son aigle.

Le général d'artillerie Bourgeat et le colonel Fontenay se sont très-bien montrés.

Le 17, à la pointe du jour, on a vu le convoi anglais mettre à la voile. Le 18, tout avait disparu. Le duc de Dalmatie avait fait canonner les bâtimens des hauteurs du fort de Sandiego. Plusieurs transports ont échoué, et tous les hommes qu'ils portaient ont été pris.

On a trouvé dans l'établissement de la Payoza 8000 fusils anglais. On s'est aussi emparé des magasins de l'ennemi et d'une quantité considérable de munitions et d'effets appartenans à l'armée. On a ramassé, dans les faubourgs, beaucoup de blessés. L'opinion des habitans du pays et des déserteurs est que le nombre des blessés dans le combat excède 2500.

Ainsi s'est terminée l'expédition anglaise envoyée en Espagne. Après avoir fomenté la guerre dans ce malheureux pays, les Anglais l'ont abandonné. Ils avaient débarqué 38,000 hommes et 6000 chevaux; nous leur avons pris, de compte fait 6,500 hommes, non compris les malades.

Ils ont rembarqué très-peu de bagages, très-peu de munitions et très-peu de chevaux; on en a compté cinq mille tués et abandonnés. Les hommes qui ont trouvé un asile sur leurs vaisseaux sont harassés et découragés. Dans une autre saison, il n'en aurait pas échappé un seul.

La facilité de couper les ponts, la rapidité des torrens, qui, pendant l'hiver, deviennent de profondes rivières, le peu de durée des journées et la longueur des nuits, sont très-favorables à une armée en retraite.

Des 38,000 hommes que les anglais avaient débarqués, on peut assurer qu'à peine 24,000 hommes retourneront en Angleterre.

L'armée de la Romana qui, à la fin de décembre, au moyen des renforts qu'elle avait reçus de la Galice, était forte de 16,000 hommes, est réduite à moins de 5,000 hommes, qui errent entre Vigo et Santyago, et sont vivement poursuivis. Le royaume de Léon, la province de Zamora et toute la Galice que les Anglais avaient voulu couvrir, sont conquis et soumis.

Le général de division Lapisse a envoyé en Portugal des patrouilles qui y ont été très-bien reçues.

Le général Maupetit est entré à Salamanque. Il y a encore trouvé quelques malades anglais.

De l'Imprimerie de GAUTHIER, rue Jean-Lantier, n° 2.

BULLETIN

DE L'ARMÉE D'ESPAGNE.

(Extrait du Moniteur, du 30 janvier 1809.)

Valladolid, le 21 janvier 1809

Le duc de Dalmatie partit le 12 de Betanzos. Arrivé sur le Mero, il trouva le pont de Burgo coupé. L'ennemi fut délogé du village de Burgo. Pendant ce tems, le général Franceschi remonta la rivière qu'il passa sur le pont de Sela. Il intercepta la grande route de la Corogne à Santyago, et prit 6 officiers et 60 soldats. Le même jour, un poste de 30 marins qui était à Mero, sur le golfe, et qui y faisait de l'eau, fut pris. Du village de Perillo, on put observer la flotte anglaise en rade de la Corogne.

Le 13, l'ennemi fit sauter deux magasins à poudre situés sur les hauteurs de Sainte-Marguerite, à une demi-lieue de la Corogne. La détonation fut terrible, et se fit sentir à plus de trois lieues dans les terres.

Le 14, le pont de Burgo fut raccommodé, et l'artillerie française put y passer. L'ennemi était en position sur deux lignes, à une demi-lieue en avant de la Corogne. On le voyait s'occuper à embarquer en toute hâte ses malades et ses blessés, dont les espions et les déserteurs portent le nombre à 3 ou 4000 hommes. Les Anglais s'occupent en même-temps à détruire les batteries de côté, et à dévaster le pays voisin de la mer. Le commandant du fort de Saint-Philippe, se doutant du sort qu'ils réservaient à sa place, refusa de les y recevoir.

Le 14 au soir, on vit arriver un nouveau convoi de 060 voiles, parmi lesquelles on comptait quatre vaisseaux de ligne.

Le 15 au matin, les divisions Merle et Mermet occupèrent les hauteurs de Villaboa, où se trouvait l'avant-garde ennemie, qui fut attaquée et culbutée. Notre droite fut appuyée au point d'intersection de la route de la Corogne à Lugo, et de la Corogne à Santyago. La droite était placée en arrière du village d'Elvina. L'ennemi occupait en face de très-belles hauteurs.

Le reste de la journée du 15 fut employé à placer une batterie de 12 pièces de canon, et ce ne fut que le 16, à trois heures après midi, que le duc de Dalmatie donna l'ordre de l'attaque.

Les Anglais furent abordés franchement par la première brigade de la division Mermet qui les culbuta, et les délogea du village d'Elvina. Le 2e. régiment d'infanterie légère se couvrit de gloire. Le général Jardon, à la tête des voltigeurs, fit paraître un notable courage. L'ennemi culbuté de ses positions, se retira dans les jardins qui sont autour de la Corogne.

La nuit devenant très-obscure, on fut obligé de suspendre l'attaque. L'ennemi en a profité pour s'embarquer en toute hâte. Nous n'avons eu d'engagé, pendant le combat, qu'environ 6,000 hommes, et tout était disposé pour partir de la position que nos troupes occupaient le soir, et profiter du lendemain pour une affaire générale. La perte de l'ennemi a été immense : deux batteries de notre artillerie l'ont foudroyé pendant la durée du combat. On a compté sur le champ de bataille plus de 800 cadavres anglais; parmi lesquels on a trouvé le corps du général Hamilton, et ceux de deux autres officiers-généraux dont on ignore les noms. Nous avons pris 20 officiers, 300 soldats et 4 pièces de canon. Les Anglais ont laissé plus de 1500 chevaux qu'ils avaient tués. Notre perte s'élève à 100 hommes tués; nous avons eu 150 blessés. Le colonel du 47e. régiment s'est distingué. Un porte-aigle du 31e. d'infanterie légère a tué de sa main un officier anglais qui, dans la mêlée, s'était attaché à lui pour tâcher de lui enlever son aigle. Le général d'artillerie Bourgeat et le colonel Fontenay se sont très-bien montrés.

Le 17, à la pointe du jour, on a vu le convoi anglais mettre à la voile. Le 18, tout avait disparu. Le duc de Dalmatie avait fait canonner les bâtimens des hauteurs du fort de Sandiego. Plusieurs transports ont échoué, et tous les hommes qu'ils portaient ont été pris.

On a trouvé dans l'établissement de la Payoza 3000 fusils anglais. On s'est aussi emparé des magasins de l'ennemi et d'une quantité considérable de munitions et d'effets appartenans à l'armé. On a ramassé, dans les faubourgs, beaucoup de blessés.

L'opinion des habitans du pays et des déserteurs est que le nombre des blessés dans le combat excède 2,500.

Ainsi s'est terminée l'expédition anglaise envoyée en Espagne. Après avoir fomenté la guerre dans ce malheureux pays, les Anglais l'ont abandonné. Ils avaient débarqué 38,000 hommes et 6,000 chevaux; nous leur avons pris, de compte fait, 6,500 hommes, non compris les malades.

Ils ont rembarqué très-peu de bagages, très-peu de munitions et très-peu de chevaux; on en a compté cinq mille tués et abandonnés. Les hommes qui ont trouvé un asile sur leurs vaisseaux sont harassés et découragés. Dans une autre saison, il n'en aurait pas échappé un seul.

La facilité de couper les ponts, la rapidité des torrens, qui, pendant l'hiver, deviennent de profondes rivières, le peu de durée des journées et la longueur des nuits, sont très-favorables à une armée en retraite.

Des 38,000 hommes que les Anglais avaient débarqués, on peut assurer qu'à peine 24,000 hommes retourneront en Angleterre.

L'armée de la Romana qui, à la fin de décembre, au moyen des renforts qu'elle avait reçus de la Galice, était forte de 16,000 hommes, est réduite à moins de 5,000 hommes, qui errent entre Vigo et Santyago, et sont vivement poursuivis. Le royaume de Léon, la province de Zamora et toute la Galice que les Anglais avaient voulu couvrir, sont conquis et soumis.

Le général de division Lapisse a envoyé en Portugal des patrouilles qui y ont été très-bien reçues.

Le général Maupetit est entré à Salamanque. Il y a encore trouvé quelques malades anglais.

De l'Imprimerie de GAUTHIER, rue Jean-Lantier, n. 2.

Extrait du Moniteur du 30 Janvier 1809.

30e. BULLETIN

DE
L'ARMEE D'ESPAGNE.

Valladolid, le 21 janvier 1809.

Le duc de Dalmatie partit le 12 de Betanzos. Arrivé sur le Mero, il trouva le pont de Burgo coupé. L'ennemi fut délogé du village de Burgo. Pendant ce tems, le général Franceschi remonta la rivière qu'il passa sur le pont de Sela. Il intercepta la grande route de la Corogne à Santyago, et prit 6 officiers et 60 soldats. Ce même jour, un poste de 30 marins qui était à Mero, sur le golfe, et qui y faisoit de l'eau, fut pris. Du village de Perillo, on put observer la flotte anglaise en rade de la Corogne.

Le 15, l'ennemi fit sauter deux magasins à poudre, situés sur les hauteurs de Sainte-Marguerite, à une demi-lieue de la Corogne. La détonation fut terrible, et se fit sentir à plus de trois lieues dans les terres.

Le 14, le pont de Burgo fut raccommodé, et l'artillerie française put y passer. L'ennemi était en position sur deux lignes, à une demi-lieue en avant de la Corogne. On le voyait s'occuper à embarquer en toute hâte ses malades et ses blessés, dont les espions et les déserteurs portent le nombre à 3 ou 4000 hommes. Les anglais s'occupaient en même-temps à détruire les batteries de côte, et à dévaster le pays voisin de la mer. Le commandant du fort de Saint-Philippe, se doutant du sort qu'ils se réservaient à sa place, refusa de les y recevoir.

Le 14 au soir, on vit arriver un nouveau convoi de 160 voiles, parmi lesquelles on comptait quatre vaisseaux de ligne.

Le 15 au matin, les divisions Merle et Mermet occupèrent les hauteurs de Villaboa, où se trouvait l'avant-garde ennemie qui fut attaquée et culbutée. Notre droite fut appuyée au point d'intersection de la route de la Corogne à Lugo, et de la Corogne à Santyago. La droite était placée en arrière du village d'Elvina. L'ennemi occupait en face de très-belles hauteurs.

Le reste de la journée du 15, fut employé à placer une batterie de 12 pièces de canon, et ce ne fut que le 16, à trois heures après-midi que le duc de Dalmatie donna l'ordre de l'attaque.

Les Anglais furent abordés franchement par la première brigade de la division Mermet qui les culbuta et les délogea du village d'Elvina. Le 2e régiment d'infanterie légère se couvrit de gloire. Le général Jardon, à la tête des v ligeurs fit paraître un notable courage. L'ennemi culbuté de ses positions, se retira dans les jardins qui sont autour de la Corogne. La nuit devenant très obscure, on fut obligé de suspendre l'attaque. L'ennemi en a profité pour s'embarquer en toute hâte. Nous n'avons eu d'engagé pendant le combat, qu'environ 6,000 hommes, et tout était disposé pour partir de la position que nos troupes occupaient le soir et profiter du lendemain pour une affaire générale.

La perte de l'ennemi a été immense : deux batteries de notre artillerie les ont foudroyés pendant la durée du combat.

On a compté sur le champ de bataille plus de 800 cadavres anglais, parmi lesquels on a trouvé le corps du général Hamilton, et ceux de deux autres officiers généraux, dont on ignore les noms. Nous avons pris 20 officiers, 300 soldats et 4 pièces de canon. Les Anglais ont laissé plus de 1500 chevaux qu'ils avaient tués; nous avons eu 150 blessés. Le colonel du 47e régiment s'est distingué. Un porte-aigle du 31e d'infanterie légère a tué de sa main un officier anglais qui dans la mêlée, s'était attaché à lui pour tâcher de lui enlever son aigle.

Le général d'artillerie Bourgeat et le colonel Fontenay se sont très-bien montrés.

Le 17, à la pointe du jour, on a vu le convoi anglais mettre à la voile. Le 18, tout avait disparu. Le duc de Dalmatie avait fait canonner les bâtimens des hauteurs du fort de Sandiego. Plusieurs transports ont échoué, et tous les hommes qu'il portaient ont été pris.

On a trouvé dans l'établissement de la Payoza 3000 fusils anglais. On s'est aussi emparé des magasins de l'ennemi et d'une quantité considérable de munitions et d'effets appartenans à l'armée. On a ramassé, dans les faubourgs, beaucoup de blessés. L'opinion des habitans du pays et des déserteurs est que le nombre des blessés dans le combat excède 2500.

Ainsi s'est terminée l'expédition anglaise envoyée en Espagne. Après avoir fomenté la guerre dans ce malheureux pays, les Anglais l'ont abandonné. Ils avoient débarqué 38 000 hommes et 6000 chevaux; nous leur avons pris, de compte fait, 6,500 hommes, non compris les malades. Ils ont rembarqué très peu de bagages, très-peu de munitions et très-peu de chevaux ; on en a compté cinq mille tués et abandonnés.

Les hommes qui ont trouvé un asile sur leurs vaisseaux sont harassés et découragés. Dans une autre saison, il n'en aurait pas échappé un seul. La facilité de couper les ponts, la rapidité des torrens qui, pendant l'hiver, deviennent de profondes rivières, le peu de durée des journées, et la longueur des nuits, sont très-favorables à une armée en retraite.

Des 38,000 hommes que les anglais avaient débarqués, on peut assurer qu'à peine 24,000 hommes retourneront en angleterre.

L'armée de la Romana qui, à la fin de décembre, était, par les renforts qu'elle avait reçus de la Galice, était forte de 16,000 hommes, est réduite à moins de 5000, qui errent entre Vigo et Santyago, et sont vivement poursuivis.

Le royaume de Léon, la province de Zamora et toute la Galice que les Anglais avaient voulu couvrir, sont conquis et soumis.

Le général de division Lapisse a envoyé en Portugal des patrouilles qui y ont été très-bien reçues.

Le général Maupetit est entré à Salamanque. Il y a encore trouvé quelques malades anglais.

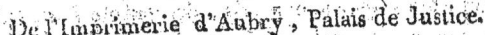

De l'Imprimerie d'Aubry, Palais de Justice.

BULLETIN DE L'ARMEE D'ESPAGNE

(Extrait du Moniteur, du 4 Février 1809.)

Les régimens anglais portant les numéros 42, 50 et 52, ont été entièrement détruits au combat du 16 près de la Corogne. Il ne s'est pas embarqué 60 hommes de chacun de ces corps. Le général en chef Moore a été tué en voulant charger à la tête de cette brigade, pour rétablir les affaires. Efforts impuissans! cette troupe a été dispersée, et son général frappé au milieu d'elle. Le général Baird avait déjà été blessé; il traversa la Corogne pour gagner son vaisseau, et ne se fit panser qu'à bord. Le bruit court qu'il est mort le 19.

Après la bataille du 16, la nuit fut terrible à la Corogne. Les Anglais y entrèrent consternés et pêle-mêle. L'armée anglaise avait débarqué plus de 80 pièces de canons; elle n'en a pas rembarqué douze. Le reste a été pris ou perdu, et de compte fait, nous nous trouvons en possession de 60 pièces de canons anglais.

Indépendamment du trésor de deux millions que l'armée a pris aux Anglais, il paraît qu'un trésor plus considérable a été jeté dans les précipices qui bordent la route d'Astorga à la Corogne. Les paysans et les soldats ont ramassé parmi les rochers une grande quantité d'argent.

Dans les engagemens qui ont eu lieu pendant la retraite, et avant le combat de la Corogne, deux généraux anglais avaient été tués, et trois avaient été blessés. On nomme parmi ces derniers le général Crawfurd. Les Anglais ont perdu tout ce qui constitue une armée: généraux, artillerie, chevaux, bagages, munitions, magasins.

Dès le 17, à la pointe du jour, nous étions maîtres des hauteurs qui dominent la rade de la Corogne, et nos batteries jouaient contre le convoi anglais. Il en est résulté que plusieurs bâtimens n'ont pu sortir, et ont été pris lors de la capitulation de la Corogne. On a trouvé aussi 500 chevaux anglais encore vivans, seize mille fusils et beaucoup d'artillerie de siége abandonnée par l'ennemi.

Un grand nombre de magasins sont pleins de munitions confectionnées que les Anglais voulaient emmener, mais qu'ils ont été forcés de laisser. Un magasin à poudre situé dans la presqu'île, contenant 200 milliers de poudre, nous est également resté. Les Anglais surpris par l'événement du combat du 16, n'ont pas même eu le tems de détruire leurs magasins. Il y avait 500 malades anglais dans les hôpitaux. Nous avons trouvé dans le port, sept bâtimens anglais; trois étaient chargés de chevaux et quatre de troupes. Ils n'avaient pu appareiller.

La place de la Corogne a une enceinte qui la met à l'abri d'un coup de main. Il n'a donc été possible d'y entrer que le 20 par la capitulation ci-jointe. On a trouvé à la Corogne, plus de 200 pièces de canon espagnoles. Le consul français Fourcroy, le général Quesnel et son état-major; M. Bongars, officier d'ordonnance, M. Taboureau, auditeur, et 250 Français, soldats ou marins qui avaient été pris ou à Portugal, ou sur le bâtiment l'Atlas, ont été délivrés. Ils se louent beaucoup des officiers de la marine espagnole.

Les Anglais n'auront rapporté de leur expédition que la haine des Espagnols, la honte et le déshonneur. L'élite de leur armée, composée d'Ecossais, a été blessée, tuée ou prise.

Le général Franceschi est entré à Santyago de Compostelle, où il a trouvé quelques magasins et une garde anglaise qu'il a faite prisonnière. Il a sur-le-champ marché sur Vigo. La Romana paraissait se diriger sur ce port avec 2500 hommes; les seuls qu'il ait pu rallier. La division Mermet marchait sur le Ferrol.

L'air était infecté à la Corogne par 1200 cadavres de chevaux que les Anglais avaient égorgés dans les rues. Le premier soin du duc de Dalmatie a été de pourvoir au rétablissement de la salubrité si importante pour le soldat et pour les habitans.

Le général Alzedo, gouverneur de la Corogne, paraît n'avoir pris parti pour les insurgés, que contraint par la force. Il a prêté avec enthousiasme le serment de fidélité au roi Joseph Napoléon. Le peuple manifeste la joie qu'il éprouve d'être délivré des Anglais.

Convention entre S. Ex. le maréchal duc de Dalmatie, commandant en chef les troupes de S. M. l'Empereur et Roi, en Galice;

Et M. le général don Antony d'Alzedo, gouverneur militaire et politique à la Corogne.

Art. 1er. La place de la Corogne, les ouvrages de fortification, les batteries et forts qui en dépendent, l'artillerie, munitions, magasins, cartes, plans et mémoires, seront remis aux troupes de S. M. l'Empereur et Roi Napoléon; à cet effet, S. Exc. le maréchal duc de Dalmatie sera libre de prendre ce soir possession de la porte dite tour d'en bas et des bastions.

II. La garnison espagnole qui est dans la Corogne, les autorités civiles, soit de justice, soit d'administration, soit de finances, le clergé, et généralement tous les habitans, prêteront serment de fidélité et hommage à S. M. le roi d'Espagne et des Indes, Don Joseph-Napoléon.

III. Les personnes de l'administration civile, soit de justice, soit de finances, l'intendant-général du royaume de Galice et de la province de la Corogne, les corrégidors, alcades et autres fonctionnaires, seront provisoirement maintenus dans leur emploi, et ils exerceront leurs fonctions au nom de S. M. le roi Joseph-Napoléon; tous les actes de l'état civil seront aussi faits au nom de Sadite Majesté.

IV. Les militaires de la garnison, quel que soit leur grade et leur emploi, pourront entrer au service de S. M. le roi Joseph Napoléon, en conservant le même grade, après cependant qu'ils auront prêté le serment de fidélité et d'obéissance, ainsi qu'il est dit dans l'article II. A cet effet, il sera dressé un état nominatif de MM. les officiers, ainsi que des sous-officiers et soldats; cet état sera certifié par S. Exc. M. le général don Antony de Alzedo, gouverneur de la Corogne, afin qu'ensuite il soit donné une destination à ces militaires, d'après les ordres de S. Exc. le ministre de la guerre du royaume d'Espagne; mais, en attendant ces ordres, les militaires dont il s'agit pourront rester à la Corogne; les vivres et le logement leur seront fournis comme aux troupes françaises.

Les officiers et employés de la marine royale qui sont à la Corogne, sont compris dans le présent article, et devront attendre à la Corogne les ordres du ministre de la marine.

V. Les militaires de la garnison, quel que soit leur grade, qui voudront quitter le service, seront libres de se retirer dans leurs foyers, après cependant qu'ils auront reçu leur démission en forme, ou autorisation de S. Exc. le ministre de la guerre du royaume d'Espagne, et qu'ils auront prêté le serment de fidélité prescrit par l'article II.

Ceux qui refuseront de prêter le serment seront considérés comme prisonniers de guerre.

VI. Les propriétés des habitans seront respectées; il ne sera établi aucune contribution, mais il sera pourvu par la province à la subsistance des troupes qui y seront en garnison. Il sera mis des sauve-gardes dans tous les établissemens pieux et d'administration. La religion sera respectée, et ses ministres protégés dans l'exercice du culte.

VII. L'administration des caisses royales sera faite comme par le passé, au nom et pour le compte de S. M. le roi D. Joseph Napoléon ; à cet effet, toutes les autorités ecclésiastiques et civiles, ainsi que les employés pour le roi, continueront à remplir leurs fonctions respectives et seront payés de leurs appointemens.

8. Si quelqu'employé des tribunaux ou d'administration voudrait donner la démission de son emploi, on ne pourra l'en empêcher ; et s'il le desirait, on lui accorderait de sortir de la ville avec ses propriétés et effets, en lui accordant passeport et sûretés nécessaires.

9. Les députés des villes et tous autres individus appelés à faire partie de la Junte du royaume de Galice, pourront se retirer chez eux avec leurs équipages ou demeurer dans la ville, s'ils le trouvaient convenable, et on leur accordera pour leur sûreté personnelle, une escorte, s'ils la demande.

X. On permettra à tout autre habitant de la place de se retirer en tel endroit qu'il choisira, avec ses meubles, effets, et tout ce qui peut lui appartenir, pourvu que ce soit dans l'intérieur du royaume.

XI. Les maisons et propriétés de toutes personnes qui, par ordre, par commission ou pour tout autre motif se trouveraient absens de la place, seront respectées, et elles auront la liberté d'y rentrer quand elles le jugeront convenable.

XII. Le bienfait d'amnitie générale accordé par S. M. l'Empereur et Roi, tant en son nom, qu'en celui de S. M. le roi Joseph Napoléon, sera rendu applicable à la garnison et aux habitans de la Corogne, ainsi qu'aux personnes qui ont agité le royaume, non plus que pour leurs propos ou écrits, ni pour les mesures, résolutions ou ordres qui ont été exécutés pendant ce tems.

Le même bienfait d'amnistie générale sera étendu à toutes les villes, bourgs et communes du royaume de Galice, aussitôt qu'elles se seront soumises et que les habitans auront prêté le serment de fidélité à S. M. le roi Joseph Napoléon.

XIII. Les lois, coutumes, habillemens, seront conservés sans qu'il y soit porté atteinte, les lois seront celles que la constitution du royaume établit ou établira.

Fait double à la Corogne, le 19 janvier 1809.
Signés, Maréchal Duc de Dalmatie.
Antonio de Alzedo.

De l'Imprimerie de GAUTHIER, rue Jean-Lantier, n. 2.

Extrait du Moniteur, du 4 Février 1809.

31e. BULLETIN
DE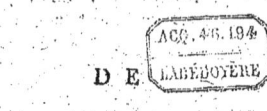
L'ARMÉE D'ESPAGNE.

Les régimens anglais portant les numéros 42, 50 et 52, ont été entièrement détruits au combat du 16 près de la Corogne.

Il ne s'est pas embarqué 60 hommes de chacun de ce corps.

Le général en chef Moore a été tué en voulant charger à la tête de cette brigade pour rétablir les affaires. Efforts impuissans! Cette troupe a été dispersée, et son général frappé au milieu d'elle.

Le général Baird avait déjà été blessé, il traversa la Corogne pour gagner son vaisseau, et ne se fit panser qu'à bord.

Le bruit court qu'il est mort le 19.

Après la bataille du 16, la nuit fut terrible à la Corogne.

Les Anglais y entrèrent consternés et pêle-mêle.

L'armée anglaise avait débarqué plus de 80 pièces de canons, elle n'en a pas rembarqué douze. Le reste a été pris ou perdu, et de compte fait, nous nous trouvons en possession de 60 pièces de canon anglais.

Indépendamment du trésor de deux millions que l'armée a pris aux Anglais, il paraît qu'un trésor plus considérable a été jetté dans les précipices qui bordent la route d'Astorga à la Corogne.

Les paysans et les soldats ont ramassé parmi les rochers une grande quantité d'argent.

Dans les engagemens qui ont eu lieu pendant la retraite, et avant le combat de la Corogne, deux généraux Anglais avaient été tués trois blessés.

On nomme parmie ces derniers, le général Grawfurd.

Les Anglais ont perdu tout ce qui constitue une armée : généraux, artillerie, bagages, munitions, magasins.

Dès le 17, à la pointe du jour, nous étions maîtres des hauteurs qui dominent la rade de la Corogne, et nos batteries jouaient contre de convai anglais il en est résulté que plusieurs bâtimens n'ont pu sortir et ont été pris lors de la capitulation de la Corogne. On a trouvé aussi 500 chevaux anglais encore vivans, 19,000 fusils, et beaucoup d'artillerie de siège abandonné par l'ennemi. Un grand nombre de magasins sont pleins de munitions confectionnées que les Anglais voulaient emmener, qu'ils ont été forcés de laisser. Un magasin à poudre situé dans la pacsqu'île, contenant 200 milliers de poudre, nous est également resté. Les Anglais surpris par l'événement du combat du 16, n'ont pas même eu le tems de détruire leurs magasins. Il y avait 300 malades anglais dans les hôpitaux. Nous avons trouvé dans le port, sept bâtimens anglais; trois étaient chargés de chevaux et quatre de troupes. Ils n'avaient pu appareiller.

La place de la Corogne a une enceinte qui la met à l'abri d'un coup de main. Il n'a donc été possible d'y entrer que la 20 par la capitulation ci-jointe. On a trouvé à la Corogne, plus de 200 pieces de canon espagno'es. Le consul français Fourcroy, le général Quesnel et son état-major; M. Bongars, officier d'ordonnance, M. Taboureau, auditeur, et 350 Français, soldats ou marins, qui avaient été pris ou en Portugal, ou sur le bâtiment l'Atlas, ont été délivrés. Ils se louent beaucoup des officiers de la marine espagnole.

Les Anglais n'auront rapporté de leur expédition que la haine des Espagnols, la honte et le déshonneur. L'élite de leur armée, composée d'Ecossais, a été blessée, tuée ou prise.

Le général Franceschi est entré à Santyago de Compostelle, où il a trouvé quelques magasins et une garde anglaise qu'il a faite prisonnière. Il a sur-le-champ marché sur Vigo. La Romana paraissait se diriger sur ce port avec 2500 hommes; les seuls qu'il ait pu rallier. La division Mermet marchait sur le Ferrol.

L'air était infecté à la Corogne par 1200 cadavres de chevaux que les Anglais avaient égorgés dans les rues. Le premier soin du duc de Dalmatie a été de pourvoir au rétablissement de la salubrité si importante pour le soldat et pour les habitans.

Le général Alzedo, gouverneur de la Corogne, paraît n'avoir pris parti pour les insurgés, que contraint par la force. Il a prêté avec enthousiasme le serment de fidélité au roi Joseph Napoléon. Le peuple manifeste la joie qu'il éprouve d'être délivré des Anglais.

CONVENTION entre S. EX. le maréchal duc de Dalmatie, commandant en chef les troupes de S. M. l'Empereur et Roi, en Galice.

Et M. le général Don Antony d'Alzédo, gouverneur militaire et politique à la Corogne.

Art. 1er. La place de la Corogne, les ouvrages de fortification, les batteries et forts qui en dépendent, l'artillerie, munitions, magasins, cartes, plans et mémoires, seront remis aux troupes de S. M. l'Empereur et Roi Napoléon; à cet effet, S. Exc. le maréchal duc de Dalmatie sera libre de prendre ce soir possession de la porte dite Tour d'en bas et des bastions.

2. La garnison espagnole qui est dans la Corogne, les autorités civiles, soit de justice, soit d'administration, soit de finances, le clergé et généralement tous les habitans, prêteront serment de fidélité et hommage à S. M. le roi d'Espagne et des Indes, don Joseph-Napoléon.

3. Les personnes de l'administration civiles, soit de justice, soit de finances, l'intendant-général du royaume de Galice, et de la province la Corogne, corrégidors, alcades et autres fonctionnaires; seront provisoirement maintenus dans leur emploi, et ils exerceront leurs fonctions au nom de sadite Majesté.

4. Les militaires de le garnison, quel que soit leur grade et leur emploi, pourront entrer au service de sa M. le roi Joseph-Napoléon, en conservant le même grade, après cependant qu'ils auront prêté le serment de fidélité et d'obéissance, ainsi qu'il est dit dans l'article 2.

A cet effet, il sera dressé un état nominatif de MM. les officiers, ainsi que des sous-officiers et soldats; cet état sera certifié par S. Exc. M. le général don Antony de Alzédo, gouverneur de la Corgne afin qu'ensuite il soit donné une destination à ces militaires, d'après les ordres de S. exc. le ministre de la guerre du royaume d'espagne: mais en attendant ces ordres, les militaires dontsagit pourront rester à la Corogne; les vivres et le logement leur seront fournis comme aux troupes françaises.

Les officiers et employé de la marine royale qui sont à la Corogne, sont compris dans le présent article, et devront attendre à la Corogne les ordres du ministre de la marine.

5. Les militaires de la garnison, quelque soit leur grade, qui voudont quitter le service, seront libres de se retirer dans leurs foyers, après cependant qu'ils auront reçu leur démission en forme, ou autorisation de s. Exc. le ministre de la guerre du royaume d'Espagne, et qu'ils auront prêté le serment de fidélité prescrit par l'article 2.

Ceux qui refuseront de prêter le serment seront considérés comme prisonniers de guerre.

6. Les propriétés des habitans seront respectées; il ne sera établi aucune contribution, mais il sera pourvu par la province à la subsistance des troupes qui y seront en garnison. Il sera mis des sauvegardes dans tous les établissemens pieux et d'administration. La religion sera respectée, et ses ministres protégés dans l'exercice du culte.

7. L'administration des caisses royales sera faite comme par le passé,

au nom et pour le compte de S. M. le roi D. Joseph Napoléon; à cet effet, toutes les autorités ecclésiastiques et civiles, ainsi que les employés pour le roi, continueront à remplir leurs fonctions respectives et seront payés de leurs appointemens.

8. Si quelqu'employé des tribunaux ou d'administration voulait donner la démission de son emploi, on ne pourra l'en empêcher; et s'il le desirait, on lui accorderait de sortir de la ville avec ses propriétés et effets, en lui accordant passeport et sûretés nécessaires.

9. Les députés des villes et tous autres individus appelés à faire partie de la Junte du royaume de Galice, pourront se retirer chez eux avec leurs équipages ou demeurer dans la ville, s'ils le trouvoient convenable, et on leur accordera pour leur sûreté personnelle, une escorte, s'ils la demandent.

10. On permettra à tout autre habitant de la place de se retirer, en tel endroit qu'il choisira, avec ses meubles, effets, et tout ce qui peut lui appartenir, pourvu que ce soit dans l'intérieur du royaume.

11. Les maisons et propriétés de toutes personnes qui, par ordre, par commission ou pour tout autre motif se trouveraient absentes de la place, seront respectées, et elles auront la liberté d'y rentrer quand elles le jugeront convenable.

12. Le bienfait d'amnistie générale accordé par S. M. l'Empereur et roi, tant en son nom qu'en celui de S. M. le roi Joseph Napoléon, sera rendu applicable à la garnison et aux habitans de la Corogne, ainsi qu'aux personnes qui ont rempli un emploi quelconque. A cet effet, aucun individu ne sera poursuivi, arrêté ni puni pour avoir pris part aux troubles qui ont agité le royaume, non plus que pour leurs propos ou écrits, ni pour les mesures, résolutions ou ordres qui ont été exécutés pendant ce tems.

Le même bienfait d'amnistie générale sera étendu à toutes les villes, bourgs et communes du royaume de Galice, aussi-tôt qu'elles se seront soumises, et que les habitans auront prêté le serment de fidélité à S. M. le roi Joseph Napoléon.

13. Les lois, coutumes, habillemens, seront conservés sans qu'il y soit porté atteinte; les lois seront celles que la constitution du royaume établit ou établira.

Fait double à la Corogne, le 19 janvier 1809.

Signés, Maréchal Duc de Dalmatie.
ANTONIO DE ALZEDO.

De l'Imprimerie D'AUBRY, au Palais.

32e. BULLETIN

DE L'ARMÉE D'ESPAGNE.

Extrait du Moniteur, du 11 Février 1809.

Le duc de Dalmatie, arrivé devant le Ferrol, fit investir la place. Des négociations furent entamées. Les autorités civiles et les officiers de terre et de mer paraissaient disposés à se rendre ; mais le peuple, fomenté par les espions qu'avaient laissés les Anglais, se souleva.

Le 24, le duc de Dalmatie reçut deux parlementaires. L'un avait été envoyé par l'amiral Melgarejo, commandant l'escadre espagnole ; l'autre, qui passa par les montagnes, avait été envoyé par les commandans des troupes de terre. Ces deux parlementaires étaient partis à l'insu du peuple. Ils firent connaître que toutes les autorités étaient sous le joug d'une populace effrénée, soudoyée et soulevée par les agens de l'Angleterre, et que 8000 hommes de la ville et des environs étaient armés.

Le duc de Dalmatie dut se résoudre à faire ouvrir la tranchée; mais du 24 au 25, différens mouvemens se manifestèrent dans la ville. Le 17e. régiment d'infanterie légère s'étant porté à Mugardos, le 3te. d'infanterie légère étant aux forts de la Palma et de Saint-Martin et à Lagrana, et bloquant le fort Saint-Philippe le peuple commença à craindre les suites d'un assaut et à écouter les hommes sensés. Dans la journée du 26, trois parlementaires, munis de pouvoirs, et porteurs de la lettre ci-jointe, arrivèrent au quartier général et signèrent la reddition de la place.

Le 27, à sept heures du matin, la ville a été occupée par la division Mermet et par une brigade de dragons.

Le même jour, à midi, la garnison a été désarmée : le désarmement a déjà produit 5000 fusils. Les personnes étrangères au Ferrol ont été renvoyées dans leurs villages. Les hommes connus pour s'être souillés de sang pendant l'insurrection ont été arrêtés.

L'amiral O'brégon, que le peuple avait arrêté pendant l'insurrection, a été mis à la tête de l'arsenal.

On a trouvé dans le port 3 vaisseaux de 112 canons; 2 de 80; un de 74; 2 de 64; 3 frégates et un certain nombre de corvettes, de bricks et autres bâtimens désarmés, plus de 1500 pièces de canon de tous calibres, et des munitions de toutes espèces.

Il est probable que sans la retraite précipitée des Anglais, et sans l'événement du 16, ils auraient occupé le Ferrol, et se seraient emparés de cette belle escadre.

Les officiers de terre et de mer ont prêté serment au roi Joseph avec le plus grand enthousiasme. Ce qu'ils racontent de ce qu'ils ont eu à souffrir de la dernière classe du peuple et des boute-feux de l'Angleterre est difficile à concevoir.

L'ordre règne dans les Galices, et l'autorité du roi est rétablie dans cette province, l'une des plus considérables de la monarchie espagnole.

Le général Laborde a trouvé à la Corogne, sur le bord de la

mer, 7 pièces de canon que les anglais avaient enterrées dans la journée du 16, ne pouvant les emmener.

La Romana, abandonné par les anglais et par ses troupes, s'est enfui avec 500 hommes du côté du Portugal, pour se jeter en Andalousie.

Il ne restait à Lisbonne que 4 à 5,000 anglais. Tous les hôpitaux, tous les magasins étaient embarqués, et la garnison se disposait à abandonner ce peuple, aussi indigne de la perfidie des anglais, que révolté par la différence de mœurs et de religion, par la brutale et continuelle intempérance des troupes anglaises, par cet entêtement et par cet orgueil si mal fondés qui rendent cette nation odieuse à tous les peuples du Continent.

Lettre de la municipalité du Ferrol, au duc de Dalmatie.

Excellence,

Pendant le court intervalle écoulé depuis que hier la Junte vous a manifesté les désirs qu'avait la bourgeoisie armée de cette place de la défendre, cette milice a réfléchi, avec la plus grande attention, sur les risques d'un siége, sur les conséquences d'un assaut inévitable, la milice, disons-nous, a représenté à la Junte, comme elle l'attendait de ses réflexions, qu'étant la seule autorité existante, c'était à elle à s'occuper de tirer le meilleur parti possible des circonstances critiques du moment.

En conséquence, la Junte forte de cette détermination, et des prudens avis des militaires, tant de la place que du corps royal de la marine, des autorités et individus les mieux pensans, a résolu de proposer à V. Exc., comme elle a l'honneur de le faire, et pour faire cesser toutes les hostilités, d'accepter la capitulation accordée à la place de la Corogne, et que V. Exc. avait fait offrir,

Pour traiter avec V. Exc. ou la personne et tels autres individus qu'elle désignerait, la Junte envoie avec des pouvoirs le lieutenant-colonel d'artillerie, major-général des troupes de F......

ligne, don Mariano Berson; le capitaine de frégate don Santos Membiela, commandant de la Mestranse armée; et le capitaine et premier adjudant de la milice de cette place, don Bartolomeo Maria Blanco de Andrada. La présente servira aux dénommés de lettres de créance.

La Junte saisit avec plaisir l'occasion de renouveler à V. Exc. les sentimens de respect et de sa haute considération.

Dieu accorde à V. Exc de longues années!

Au Ferrol, le 26 janvier 1809.

Excellence,

Signés, Francesco Melgarejo; Joachim Fidalgo; V. M. Garcia; Joseph Muller; le marquis de Saint-Saturnin; Philippe de Senra; Nicolas-Marie Riobo; Angel Garcia et Fernandez; Benito Diaz de Roble; Antoine de Aniedo; Joseph Dias, secrétaire.

De l'Imprimerie de GAUTHIER, rue Jean-Lantier, n°. 2.

BULLETIN
DE L'ARMÉE D'ESPAGNE.

Extrait du Moniteur, du 2 Mars, 1809.

Le duc de Dalmatie est arrivé, le 10 février, à Tuy. Toute la province est soumise.

Il réunissait tous les moyens pour passer le lendemain le Minho, qui est extrêmement large dans cet endroit. Il a dû arriver du 15 au 20 à Oporto, et du 20 au 28 à Lisbonne.

Les Anglais s'embarquaient à Lisbonne pour abandonner le Portugal; l'indignation des Portugais était au comble, et il y avait journellement des engagemens notables et sanglans entre les Portugais et les Anglais.

En Galice, le duc d'Elchingen achevait l'organisation de la province. L'amiral Massaredo était arrivé au Ferrol, et l'activité commençait à renaître dans cet arsenal important. La tranquilité est rétablie dans toutes les provinces sous les ordres du duc d'Istrie, et situées entre les Pyrénées, la mer, le Portugal, et la chaîne de montagnes qui couvrent Madrid. La sécurité succède aux jours de désordres et d'alarmes.

De nombreuses députations se rendent de toutes parts auprès du roi à Madrid. La réorganisation et l'esprit public font des progrès rapides sous la nouvelle administration.

Le duc de Bellune marche sur Badajox; il désarme et pacifie toute la basse Estramadure.

Sarragosse s'est rendue. Les calamités qui ont pesé sur cette ville infortunée sont un effrayant exemple pour les peuples. L'ordre rétabli dans Sarragosse s'étend à tout l'Arragon, et les deux corps d'armée qui se trouvaient autour de cette ville deviennent disponibles.

Sarragosse a été le véritable siège de l'insurrection de l'Espagne. C'est dans cette ville qu'existait le parti qui voulait appeler un prince de la maison d'Autriche à régner sur le Tage. Les hommes de ce parti avaient hérité de cette opinion, qui fut celle de leurs ancêtres à l'époque de la guerre de la succession, et qui vient d'être étouffée sans retour.

La bataille de Tudela avait été gagnée le 23 novembre, et dès le 27, l'armée française campait à peu de distance de Sarragosse.

La population de cette ville était armée. Celle des campagnes de l'Arragon s'y était jointe, et Sarragosse contenait 50,000 hommes, formés par régiment de 1000 hommes, et par compagnie de 100 hommes. Tous les grades de généraux, d'officiers et de sous-officiers étaient remplis par des moines. Un corps de troupes de 10,000 hommes échappés de la bataille de Tudela s'était renfermé dans la ville, dont les subsistances étaient assurés par d'immenses magasins, et qui était défendue par 200 pièces de canon. L'image de Notre-Dame del Pilar faisait au gré des moines des miracles qui animaient l'ardeur de cette nombreuse population, ou qui soutenaient sa confiance. En plaine, ces 50,000 hommes n'auraient pas tenu contre trois régimens; mais, enfermés dans leur ville, excités par tous les chefs de partis, pouvaient-ils échapper aux maux que l'ignorance et le fanatisme attiraient sur tant d'infortunés?

Tout ce qu'il était possible de faire pour les éclairer, les ramener à la raison, a été entrepris. Immédiatement après la bataille de Tudela, on jugea que l'opinion où on était à Saragosse, que Madrid ferait de la résistance ; que les armées de Somo-Sierra, du Guadarama, de l'Estramadure, de Léon et de la Catalogne, obtiendraient quelques succès, serviraient de prétexte aux chefs des insurgés pour entretenir le fanatisme des habitans. On résolut de ne pas investir la ville, et de la laisser communiquer avec toute l'Espagne, afin qu'elle apprît la déroute des armées espagnoles, et qu'elle connût les détails de l'entrée de l'armée française à Madrid. Mais ces nouvelles ne parvinrent qu'aux meneurs, et demeurèrent inconnues à la masse de la population.

Non-seulement on lui cachait la vérité, mais on l'encourageait par des mensonges. Tantôt les Français avaient perdu 40,000 hommes à Madrid, tantôt la Romana avait entré en France. Enfin l'armée anglaise arrivait en grande hâte, et les Aigles françaises devaient fuir à l'aspect du terrible Léopard.

Ce tems sacrifié à des vues politiques et à l'espoir de voir se calmer des têtes exaltées par le fanatisme et par l'erreur, n'était pas perdu pour l'armée française. Le général du génie Lacoste, aide-de-camp de l'Empereur et officier du plus grand mérite, réunissait à Alagon les outils, les équipages de mines et les matériaux nécessaires à la guerre, à la guerre souterraine que S. M. avait ordonnée.

Le général de division Dedon, commandant l'artillerie, rassembloit une grande quantité de mortiers, de bombes, d'obus et de bouches à feu de tous calibres. On tiroit tous ces objets de Pampelune, éloignée de sept marches de Saragosse.

Cependant on remarqua que l'ennemi mettait le tems à profit pour fortifier le Monte-Torrero et d'autres positions importantes. Le 21 décembre, la division Suchet la chassa des hauteurs de Saint-Lambert, et de deux ouvrages de campagne qui étoient à portée de la place. La division du général Gazan culbuta l'ennemi des hauteurs de Saint-Grégorio, et fit enlever par la 21e d'infanterie légère et le 100e de ligne, les redoutes adossées aux faubourgs qui défendoient les routes de Sueva et de Barcelone. Il s'empara également d'une grande manufacture située près de Galliego, où s'étoient retranchés 500 Suisses. Le même jour, le duc de Corneglianó s'empara des ouvrages et de la position de Monte-Torrero, enleva tous les canons, fit beaucoup de prisonniers et un grand mal à l'ennemi.

Le duc de Corneglianó étant tombé malade, le duc d'Abrantès vint dans le commencement de janvier prendre le commandement du 3e corps. Il signala son arrivée par la prise du couvent de Saint-Joseph, et poursuivit ses succès le 16 janvier en enlevant la tête de pont de la Huerba, où ses troupes se logèrent. Le chef de bataillon Sinal, du 14e de ligne, se distingua à l'attaque du couvent de Saint-Joseph ; et le lieutenant Victor de Buffon monta des premiers à l'assaut.

L'investissement de Saragos n'était cependant pas encore terminé. On persistait toujours dans les mêmes ménagemens et on laissait à dessein les communications, afin que les insurgés pussent apprendre la déroute des Anglais et leur honteuse fuite au-delà des Espagnes. Ce fut le 16 janvier que les Anglais furent jetés dans la mer à la Corogne, et ce fut le 26 que les opérations commencèrent à devenir sérieuses devant Saragosse.

Le duc de Montebello y arriva le 20, pour prendre le commandement supérieur du siége. Lorsqu'il eut acquis la certitude que toutes les nouvelles que l'on faisait parvenir dans la ville ne produisaient aucun effet, et que quelques moines qui s'étaient emparés des esprits, réussissaient ou à empêcher qu'elles vinssent à la connaissance du peuple, ou à les travestir de manière à perpétuer le délire des assiégés, il prit le parti de renoncer à tous les ménagemens,

Quinze mille paysans s'étaient réunis sur la gauche de l'Ebre à Perdiguera. Le duc de Trévise les attaqua avec trois régimens, et malgré la belle position qu'ils occupaient, le 64e. régiment les culbuta et les mit en déroute. Le 10e. régiment de hussards se trouva dans la plaine pour les recevoir, et un grand nombre resta sur le champ de bataille. Neuf pièces de canon et plusieurs drapeaux furent les trophées de cette rencontre.

En même tems le duc de Montebello avait envoyé l'adjudent commandant Gasquet sur Zuera pour y dissiper un rassemblement. Cet officier avec trois bataillons attaqua 4000 insurgés, les culbuta et leur prit 4 pièces de canons avec leurs caissons attelés.

Le général Vattier avait, en même tems, été détaché avec 3000 hommes d'infanterie et 200 chevaux sur la route de Valence. Il rencontra 5000 insurgés à Alcanitz, les força dans la ville même à jeter leurs fusils dans leur fuite, leur tua 600 hommes, et prit des magasins, des subsistances, des munition et des armes : parmi ces derniers se trouvèrent 1000 fusils anglais. L'adjudant-commandant Carrion de Nizas à la tête d'une colone d'infanterie, s'est conduit d'une manière brillante ; le colonel Burthe, du 4e de hussards et le chef de bataillon Camus, du 28e d'infanterie légère, se sont distingués.

Ces opérations se faisoient entre le 20 et le 16 janvier.

Le 26, on commença à attaquer sérieusement la ville, et l'on démasqua les batteries. Le 27, à midi, la brèche se trouva praticable sur plusieurs points de l'enceinte. Les troupes se logèrent dans le couvent de San-in-Gracia. La division Granjean occupa une trentaine de maisons dans la ville. Le colonel Chlopiscki et les soldats de la Vistule se distinguèrent. Dans le même moment, le général de division Morlot, dans une attaque sur la gauche, s'empara de tout le front de défense de l'ennemi.

Cette manière de conduire le siége rendait sa marche lente, mais certaine et moins coûteuse pour l'armée. Pendant que trois compagnies de mineurs et huit compagnies de sapeurs sont seules occupées à cette guerre souterraine dont les résultats sont si terribles, le feu est presque constamment entretenu dans la ville par les mortiers qui lancent des bombes remplies de cloches à feu.

Il n'y avait encore que dix jours que l'attaque avait commencé, et déjà on présageait la prochaine reddition de la ville. On s'était emparé de plus du tiers des maisons et l'on s'y était logé. L'église où se trouvait l'image de Notre-Dame del Pilar, qui par tant de miracles avait promis de défendre la ville, était écrasée par les bombes et n'était plus habitable.

Le duc de Montebello jugea alors nécessaire de s'emparer du faubourg de la rive gauche pour occuper tout le diamètre de la ville, et croiser son feu. Le général de division Gazan enleva la caserne des suisses par une attaque prompte et brillante.

Le 17, une batterie de 50 pièces de canon qu'on avoit établie jona dès le matin. A 3 heures après-midi un bataillon du 28e attaqua un énorme couvent dont les murs en briques avoient trois à quatre pieds d'épaisseur, et s'en empara. Sept mille ennemis défendoient le faubourg.

Le général Gazan se porta rapidement sur le pont par où les insurgés avoient leur retraite dans la ville. Il en tua un grand nombre, et fit 4000 prisonniers, au nombre desquels se trouvoient 2 généraux, 12 colonels, 19 lieutenans colonels et 280 officiers. Il prit 6 canons et 30 pièces de canon. Presque toutes les troupes de ligne de la place occupoient ce point important qui était menacé depuis le 10.

Au même instant, le duc d'Abrantès traversait le Corso par plusieurs caponières, et faisait sauter, au moyen de deux fourneaux de mines, le vaste bâtiment des Écoles.

Le capitaine Guettemau, à la tête des travailleurs et de 36 grenadiers du 44e, est monté à la brèche avec une hardiesse rare. M. Bobieski, officier des voltigeurs de la Vistule, jeune homme âgé de 17 ans, et déjà couvert de sept blessures, s'est présenté le premier à la brèche. Le chef de bataillon Lejeune, aide-de-camp du prince de Neufchâtel, s'est conduit avec distinction et a reçu deux blessures légères. Le chef de bataillon Haxo a aussi été légèrement blessé et s'est également distingué.

Le 30, les couvents de Sainte-Monique et des Grands-Augustins furent enlevés. Soixante maisons furent prises à la sape. Les sapeurs du 14e régiment de ligne se distinguèrent.

Le 1er février, le général Lacoste fut atteint d'une balle, et mourut sur le champ d'honneur. C'était un officier aussi brave qu'instruit. Sa perte a été sensible à toute l'armée, et plus particulièrement encore à l'Empereur. Le colonel Rogniat lui succéda dans le commandement de l'arme du génie et dans la direction du siége.

L'ennemi défendait chaque maison. Trois attaques de mines é a ent conduites de front, et tous les jours trois ou quatre mines faisaient sauter plusieurs maisons, et permettaient aux troupes de se loger dans plusieurs autres.

C'est ainsi qu'on arriva jusqu'au Corso (grande rue de Sarragosse), qu'on se logea sur les quais, et que l'on s'empara de la maison des Écoles et de celle de l'Université. L'ennemi tentait d'opposer mineurs à mineurs; mais, peu habiles dans ce genre d'opérations, ses mineurs étaient sur le champ découverts et étouffés.

La garnison posera les armes le 21, à midi, à la porte de Portillo; après quoi elle sera prisonnière de guerre. Les hommes des troupes de ligne qui voudront prêter serment au Roi Joseph et entrer à son service, pourront y être admis. Dans le cas où leur admission ne serait pas accordée par le ministre de la guerre du Roi d'Espagne, ils seront prisonniers de guerre et conduits en France. La religion sera respectée. Les troupes françaises occuperont, le 21 à midi, le château. Toute l'artillerie et toutes les munitions de toutes espèces, leur seront remises. Toutes les armes serons déposées aux portes de chaque maison, et recueillies par les alcades de chaque quatier ».

Les magasins en blé, riz et légumes qu'on a trouvés dans la place sont très-considérables.

Le duc de Montebello a nommé le général Laval gouverneur de Sarragosse.

Une députation du clergé et des principaux habitans est partie pour se rendre à Madrid.

Palafox est dangereusement malade. Cet homme était l'objet du mépris de toute l'armée ennemie, qui l'accusait de présomption et de la lâcheté. On ne l'a jamais vu dans les postes où il y avait quelques dangers.

Le comte de Fuentes, grand d'Espagne, que les insurgés avaient arrêté dans ses terres, il y a sept mois, a été trouvé dans un cachot de huit pieds carrés, et délivré. On ne peut se faire une idée des maux qu'il a soufferts.

De l'Imprimerie de GAUTHIER, rue Jean-Lautier, n. 2.

Extrait du Moniteur, du 2 Mars 1809.

33e. BULLETIN
DE L'ARMÉE D'ESPAGNE

Le duc de Dalmatie est arrivé, le 10 février, à Tuy. Toute la province est soumise.

Il réunissait tous les moyens pour passer le lendemain le Minho, qui est extrêmement large dans cet endroit. Il a dû arriver du 15 au 20 à Oporto, et du 20 au 28 à Lisbonne.

Les Anglais s'embarquaient à Lisbonne pour abandonner le Portugal; l'indignation des Portugais était à comble, et il y avait journellement des engagemens notables et sanglans entre les Portugais et les Anglais.

En Galice, le duc d'Elchingen achevait l'organisation de la province. L'amiral Massaredo était arrivé au Ferrol, et l'activité commençait à renaître dans cet arsenal important. La tranquillité est rétablie dans toutes les provinces sous les ordres du duc d'Istrie, et situées entre les Pyrénées, la mer, le Portugal, et la chaîne de montagnes qui couvrent Madrid. La sécurité succède aux jours de désordres d'alarmes.

De nombreuses députations se rendent de toutes parts auprès du roi à Madrid. La réorganisation et l'esprit public font des progrès rapides sous la nouvelle administration.

Le duc de Bellune marche sur Badajox; il désarme et pacifie toute la Basse-Estramadure.

Sarragosse s'est rendue. Les calamités qui ont pesé sur cette ville infortunée sont un effrayant exemple pour les peuples. L'ordre rétabli dans Sarragosse s'étend à tout l'Arragon, et les deux corps d'armée qui se trouvaient autour de cette ville deviennent disponibles.

Sarragosse a été le véritable siège de l'insurrection de l'Espagne. C'est dans cette ville qu'existait le parti qui voulait appeler un prince de la maison d'Autriche à régner sur le Tage.

Les hommes de ce parti avaient hérité de cette opinion qui fut celle de leurs ancêtres à l'époque de la guerre de Succession, et qui vient d'être étouffée sans retour.

La bataille de Tudela avait été gagnée le 23 novembre, et dès le 27, l'armée française campait à peu de distance de Sarragosse.

La population de cette ville était armée. Celle des campagnes de l'Arragon s'y était jointe, et Sarragosse contenait 50,000 hommes formés par régiment de 1000 hommes et par compagnies de 100 hommes. Tous les grades des généraux, d'officiers et sous-officiers étaient remplis par des moines. Un corps de troupes de 10,000 hommes échappés de la bataille de Tudela s'était renfermé dans la ville, dont les subsistances étaient assurées par d'immenses magasins, et qui était défendue par 200 pièces de canon, l'image de notre-Dame del Pilar faisait aux gré des moines des miracles qui animaient l'ardeur de cette nombreuse population, ou qui soutenaient sa confiance. En plaines, ces 50,000 hommes n'auraient pas tenu contre trois régimens ; mais enfermés dans leur ville, excités par tous les chefs de partis, pouvaient-ils échapper aux maux que l'ignorance et le fanatisme attiraient sur tant d'infortunés ?

Tout ce qu'il était possible de faire pour les éclairer, les ramener à la raison, a été entrepris. Immédiatement après la bataille de Tudela, on jugea que l'opignon où on était à Sarragosse, que Madrid ferait de la résistance; que les armées de Somo Sierra, du Guadarama, de l'Estramadure, de Léon et de la Catalogne, obtiendraient quelques succès, serviraient de prétexte aux chefs des insurgés pour entretenir le fanatisme des habitans. On résolut de ne pas investir la ville, et de la laisser communiquer avec toute l'Espagne, afin qu'elle apprît la déroute des armées espagnoles, et qu'elle connût les détails de l'entrée de l'armée française à Madrid. Mais ces nouvelles ne parvinrent qu'aux meurs, et demeurèrent inconnues à la masse de la population. Non-seulement on lui cachait la vérité, mais on l'encourageait par des mensonges. Tantôt les Français avaient perdu 40,000 hommes à Madrid, tantôt la Romana était entré en France. Enfin l'armée anglaise arrivait en grande hâte, et les Aigles françaises devaient fuir à l'aspect du terrible Léopard.

Ce tems sacrifié à des vues politiques et à l'espoir de voir se calmer des têtes exaltées par le fanatisme et par l'erreur, n'était pas perdu pour l'armée française. Le général du génie Lacoste, aide-de-camp de l'empereur, et officier du plus grand mérite, réunissait à Alagon, les outils, les équipages de mines et les matériaux nécessaires à la guerre souterraine que S. M. avait ordonnée.

Le général de division Dedon, commandant l'artillerie, rassemblait une grande quantité de mortiers, de bombes, d'obus et de bouches à feu de tous calibres. On tirait tous ces objets de Pampelune, éloignée de sept marches de Saragosse.

Cependant on remarqua que l'ennemi mettait le tems à profit pour fortifier le Monte-Torrero et d'autres positions importantes. Le 21 décembre, la division Suchet le chassa des hauteurs de Saint-Lambert et de deux ouvrages de campagne qui étaient à portée de la place. La division du général Gazan culbuta l'ennemi des hauteurs de Saint-Grégorio, et fit enlever par le vingt-unième, d'infanterie légère et le 100.e de ligne, les redoutes adossées aux faubourgs qui défendaient les routes de Sueva et de Barcelone. Il s'empara également d'une grande manufacture située près de Galliego, où s'étaient retranchés 500 Suisses. Le même jour, le duc de Cornegliano s'empara des ouvrages et de la position de Monte-Torrero, enleva tous les canons, fit beaucoup de prisonniers et un grand mal à l'ennemi.

Le duc de Cornegliano étant tombé malade, le duc d'Abrantes vint dans le commencement de janvier prendre le commandement du 3.e corps. Il signala son arrivée par la prise du couvent de Saint-Joseph, et poursuivit ses succès, le 16 janvier en enlevant la tête du pont de la Huerba, où ses troupes se logèrent. Le chef de bataillon Sthal, du 14.e de ligne, se distingua à l'attaque du couvent de Saint-Joseph, et le lieutenant Victor de Buff n monta des premiers à l'assaut.

L'investissement de Saragosse n'était cependant pas encore terminé. On persistait toujours dans les mêmes ménagemens et on laissait à desseins les communications libres, afin que les insurgés pussent apprendre la déraute des Anglais et leur honteuse fuite au-delà des Espagnes. Ce fut le 16 de janvier que les Anglais furent jetés dans la mer à la Corogne, et ce fut le 26 que les opérations commencèrent à devenir sérieuses devant Saragosse.

Le duc de Montebello y arriva le vingt, pour prendre le commandement supérieur du siège. Lorsqu'il eut acquis la certitude que toutes les nouvelles que l'on faisait parvenir dans la ville ne produisaient aucun effet, et que quelques moines qui s'étaient emparés des esprits, réussissaient ou à empêcher qu'elle vinssent à la connaissance du peuple, ou à les travestir de manière à perpétuer le délire des assiégés, il prit le parti de renoncer à tous les ménagemens.

Quinze mille paysans s'étaient réunis sur la gauche de l'Ebre à Perdiguera, le duc Trévise les attaqua avec trois régimens, et malgré la belle position qu'ils occupaient, le 65e régiment les culbuta et les mit en déroute. Le 10e. régiment de husards se trouva dans la plaine pour les recevoir, et un grand nombre resta sur le champ de bataille. Neuf pièces de canon et plusieurs drapeaux furent les trophées de cette rencontre. En même tems le duc de Montebello avait envoyé l'adjudant commandant Gasquet sur Zuera pour y dissiper un rassemblement. Cet officier avec trois bataillons attaqua 4000 insurgés, les culbuta et leur prit 4 pièces de canon avec leurs caissons attelés.

Le général Vattier avait, en même tems été détaché avec 300 hommes d'infanterie et deux cents chevaux sur la route de Valence. Il rencontra 5000 insurgés à Alcanitz, les força dans la ville même à jetter leurs fusils dans leur fuite, leur tua 600 hommes, et prit des magasins, des subsistances, des munitions et des armes: parmi ces dernières se trouvèrent 1000 fusils anglais. L'adjudant-commandant Carrion de Nizas à la tête d'une colonne d'infanterie, s'est conduit d'une manière brillante; le colonel Burthe, du 4e. de husards, et le chef de bataillon Camus du 28e d'infanterie légère se sont distingués.

Ces opérations se faisaient entre le 20 et le 26 janvier.

Le 26, on commença à attaquer sérieusement la ville, et l'on démasqua les batteries. Le 27 à midi, la brèche se trouva praticable sur plusieurs points de l'enceinte. Les troupes se logèrent dans le couvent de San-in-Grucia. La division Grandjean occupa une trentaine de maisons dans la ville. Le colonel Chlopiscki et les soldats de la Vistule se distinguèrent. Dans le même moment, le général de division Morlot, dans une attaque sur la gauche, s'empara de tout le front de défense de l'ennemi.

Le capitaine Guetteman, à la tête des travailleurs et de 36 grenadiers du 44e, est monté à la brèche avec une hardiesse rare. M. Bobicski, officier des voltigeurs de la Vistule, jeune homme âgé de dix-sept ans, et déjà couvert de sept blessures, s'est présenté le premier à la brèche. Le chef de bataillon, Lejeune, aide-de-camp du prince de Neufchâtel, s'est conduit avec distinction et a reçu deux blessures légères. Le chef de bataillon, Haxo, a aussi été légèrement blessé et s'est également distingué.

Le 30, les couvents de Sainte-Monique et des Grands-Augustins furent enlevés. Soixante maisons furent prises à la sape. Les sapeurs du 14 régiment de ligne se distinguèrent.

Le 1er février, le général Lacoste fut atteint d'une balle, et mourut sur le champ d'honneur. C'était un officier aussi brave qu'instruit. Sa perte a été sensible à toute l'armée, et plus particulièrement encore à l'EMPEREUR. Le colonel Rogniat lui succéda dans le commandement de l'armée du génie et dans la direction du siège.

L'ennemi défendait chaque maison. Trois attaques de mines étaient conduites de front, et tous les jours trois ou quatre mines faisaient sauter plusieurs maisons, et permettaient aux troupes de se loger dans plusieurs autres.

C'est ainsi qu'on arriva jusqu'au Coros (grande rue de Saragosse), qu'on se logea sur les quais, de celle de l'Université. L'ennemi tentait d'opposer mineurs à mineurs;

mais peu habiles dans ce genre d'opérations, ses mineurs étaient sur le champ découverts et étouffés.

Cette manière de conduire le siège rendait sa marche lente, mais certaine, et moins coûteuse pour l'armée. Pendant que trois compagnies de mineurs et huit compagnies de sapeurs sont seules occupées à cette guerre souterraine dont les résultats sont si terribles, le feu est presque constamment entretenu dans la ville par les mortiers qui lancent des bombes remplies de cloches à feu.

Il n'y avait encore que dix jours que l'attaque avait commencé, et déjà on présageait la prochaine reddition de la ville. On s'était emparé de plus du tiers des maisons, et l'on s'y était logé. L'église où se trouvait l'image de Notre-Damme del Pilar, qui par tant de miracles avait promis de défendre la ville, était écrasée par les bombes et n'était plus habitable.

Le duc de Montebello jugea alors nécessaire de s'emparer du faubourg de la rive gauche pour occuper tout le diamètre de la ville, et croiser son feu. Le général de division Gazan enleva la caserne des suisses par une attaque prompte et brillante. Le 17, une batterie de 50 pièces de canon qu'on avait établie joua dès le matin. A 3 heures après-midi un bataillon du vingt-huitième attaqua un énorme couvent dont les murs en briques avaient trois pieds d'épaisseur et s'en empara. Sept mille ennemis défendaient le faubourg. Le général Gazan se porta rapidement sur le pont par où les insurgés avaient leur retraite dans la ville. Il en tua un grand nombre, et fit 4000 prisonniers, au nombre desquels se trouvaient deux généraux, douze colonels, 19 lieutenans-colonels et deux cents trente officiers.

Il prit 30 caissons et 30 pièces de canons. Presque toutes les troupes de ligne de la place occupaient ce point important qui était menacé depuis le dix-

Au même instant, le duc d'Avrantès traversait le Corso par plusieurs caponières, et faisait sauter, au moyen de deux fourneaux de mines, le vaste bâtiment des écoles.

Après ces événemens, la terreur se mit dans la ville. La Junte, pour obtenir quelques délais, et donner le tems à la frayeur des habitans de se dissiper, demanda à parlementer; mais sa mauvaise foi était connue, et cette ruse lui fut inutile. Trente autres maisons furent enlevées à la sape ou par des mines. Enfin, le 21, toute la ville fut occupée par nos troupes. Quinze mille hommes d'infanterie et deux mille hommes de cavalerie ont posé les armes à la porte Portillo, et ont remis quarante drapeaux, et cent cinquante pièces de canon. Les insurgés ont perdu vingt mille hommes pendant le siège; on en a trouvé treize milles dans les hôpitaux. Il en mourait cinq cents par jour. Le duc de Montebello n'a pas voulu accorder de capitulation à la ville de Sarragos, il a seulement fait connaître les dispositions suivantes :

« La garnison posera les armes le 21, à midi, à la porte de Portillo; après quoi elle sera prisonnière de guerre. Les hommes des troupes de ligne qui voudront prêter serment au roi Joseph et entrer à son service, pourront y être admis. Dans le cas contraire où leur admission ne serait pas accordée par le ministre de la guerre du roi d'Espagne, ils seront prisonniers de guerre et conduits en France. La religion sera respectée. Les troupes françaises occuperont, le vingt-un à midi, le château. Toute l'artillerie et toutes les munitions de toutes espèces, leur seront remises. Toutes les armes seront déposées aux portes de chaque maison, et recueillies par les alcades de chaque quartier. »

Les magasins en blé, riz et légumes qu'on a trouvés dans la place sont très-considérables.

Le duc de Montebello a nommé le général Laval gouverneur de Saragosse.

Une députation du clergé et des principaux habitans est partie pour se rendre à Madrid.

Palafox est dangereusement malade. Cet homme était l'objet du mépris de toute l'armée ennemie, qui l'accusait de présomption et de lâcheté. On ne l'a jamais vu dans les postes où il y avait quelques dangers.

Le comte de Fuentes, grand d'Espagne, que les insurgés avaient arrêté dans ses terres, il y a sept mois, a été trouvé dans un cachot de huit pieds carrés, et délivré. On ne peut se faire une idée des maux qu'il a soufferts.

De l'Imprimerie d'Aubry, Palais de Justice.

www.ingramcontent.com/pod-product-compliance
Lightning Source LLC
Chambersburg PA
CBHW071605170426
43196CB00033B/1792